高职高专物流管理类十二五规划教材

# 现代仓储管理实务

MODERN WAREHOUSE MANAGEMENT

主　编　刘春斌　王凌洪
副主编　郭明德　陈璐平
参　编　林　文　周万洋

湖南大学出版社

## 内容简介

本教材立足实践能力的培养，采用“以任务为引领、模块化教学”的模式来整合仓储管理的课程内容。全书分为仓储管理基础、仓储设备与管理、仓库选址与布局等九大模块，吸收了国内外仓储管理理论与实践的新成果，指导学生在具体的项目实践中构建相关理论知识并发展职业能力。

可作为物流管理专业、电子商务专业、市场营销专业及其他管理类专业的教学用书，亦可作为物流和相关行业人员的培训教材。

**图书在版编目（CIP）数据**

现代仓储管理实务/刘春斌，王凌洪主编 .—长沙：湖南大学出版社，2012.12

**ISBN 978-7-5667-0272-2**

Ⅰ.①现… Ⅱ.①刘… ②王… Ⅲ.①仓库管理 Ⅳ.①F253.4

中国版本图书馆 CIP 数据核字（2012）第 255234 号

**现代仓储管理实务**

XIANDAI CANGCHU GUANLI SHIWU

**主　　编**：刘春斌　王凌洪
**责任编辑**：贾志萍　**责任校对**：全　健　**责任印制**：陈　燕
**印　　装**：衡阳顺地印务有限公司
**开　　本**：787×1092　16 开　**印张**：15.75　**字数**：364 千
**版　　次**：2012 年 12 月第 1 版　**印次**：2012 年 12 月第 1 次印刷
**书　　号**：ISBN 978-7-5667-0272-2/F·311
**定　　价**：32.00 元

**出 版 人**：雷　鸣
**出版发行**：湖南大学出版社
**社　　址**：湖南·长沙·岳麓山　**邮　　编**：410082
**电　　话**：0731-88822559(发行部),88821251(编辑室),88821006(出版部)
**传　　真**：0731-88649312(发行部),88822264(总编室)
**网　　址**：http://www.hnupress.com
**电子邮箱**：pressjzp@163.com

# 前　言

PREFACE

仓储是货物流通的重要环节之一，在整个物流系统中具有十分重要的作用，直接影响物流系统的质量和效率。因此，仓储管理技能是高职物流管理专业学生必备核心能力之一。

本教材的总体设计思路为：立足于实践能力的培养，以项目为核心整合课程内容，让学生在完成具体项目的过程中构建相关理论知识并发展职业能力。

本教材始终坚持“理论够用、实践为主”的原则，吸收了国内外仓储管理理论和实践的新成果，在此基础上有创新并凸显以下几个特点：

①编写结构较为新颖。本教材采用“以任务为引领、模块化教学”的模式编写内容，即把教学内容按性质分成一个个可具体实践操作的项目，在项目任务的实施过程中让学生掌握仓储管理的知识和技能。

②理论知识与实践操作相结合。本教材致力于仓储管理操作技能的培养，强调学生主体实践操作，引导学生在做中学、在做中增长技能。

③单项实训与综合实训相结合。学生通过由简单到综合、由校内实训到职场实习，由浅入深地完成各项技能实训，全方位提升操作技能。

本教材主要是针对高职高专学生而编写的，适用课内学时数为50学时，各模块建议学时分配如下：模块一：仓储管理基础（4学时）；模块二：仓储设备与管理（4学时）；模块三：仓库选址与布局（4学时）；模块四：仓储合同管理（6学时）；模块五：仓库作业管理（8学时）；模块六：仓储商品的保管与养护（8学时）；模块七：仓库库存与成本控制（6学时）；模块八：仓库安全管理（6学时）；模块九：仓储管理信息技术（4学时）。

本教材由江西城市职业学院刘春斌、江西科技师范大学王凌洪担任主编，江西城市职业学院郭明德、江西制造职业技术学院陈璐平担任副主编。参加编写的人员有江西城市职业学院刘春斌（编写模块一、模块四、模块八），江西城市职业学院郭明德、林文（编写模块五、模块七、模块九），江西科技师范大学王凌洪（编写模块六），江西制造职业技术学院陈璐平（编写模块二），江西城市职业学院周万洋（编写模块三）。全书由刘春斌、王凌洪负责统稿，并进行修改定稿。

本教材在编写过程中参考了大量资料，得到了江西城市职业学院、湖南大学出版社领导和专家的大力指导与帮助，在此谨向他们表示衷心的感谢！

由于时间仓促以及编者经验和水平所限，书中难免存在不足之处，恳请各有关高职高专院校和读者在使用本教材的过程中给予关注，并提出宝贵意见和建议，以便下次修订时完善。

编　者

2012 年 9 月

# 目 次

CONTENTS

**模块一 仓储管理基础**

任务一 仓储管理 …… 3
任务二 仓库的作用与类型 …… 12
知识复习题 …… 16
实训项目一 2011年中国仓储业发展综合报告摘要 …… 17
实训项目二 西南仓储公司案例分析 …… 21
实训项目三 …… 22

**模块二 仓储设备与管理**

任务一 仓储设施与设备 …… 25
任务二 其他自动化仓储设备 …… 40
任务三 仓储设备管理 …… 44
知识复习题 …… 48
实训项目一 正泰集团的自动化立体仓库 …… 48
实训项目二 北京烟草配送中心的卷烟自动分拣系统 …… 50
实训项目三 …… 51

**模块三 仓库选址与布局**

任务一 仓库的选址 …… 56
任务二 仓库布局设计 …… 61
知识复习题 …… 70
实训项目一 格林集团公司北京分公司中央配送中心的选址建设问题 …… 70
实训项目二 中小型制造企业自营仓库布局设计 …… 74
实训项目三 …… 75

**模块四 仓储合同管理**

任务一 仓储合同基础 …… 78
任务二 仓储合同签订流程 …… 82

任务三　仓储合同当事人的权利和义务 …… 87
任务四　仓单及仓单质押业务 …… 91
知识复习题 …… 97
实训项目一　某汽车装配厂仓储合同是否生效 …… 98
实训项目二　深圳市某实业发展有限公司仓单质押案例 …… 98
实训项目三 …… 99

**模块五　仓库作业管理**

任务一　入库作业管理 …… 103
任务二　盘点作业管理 …… 114
任务三　拣货作业管理 …… 118
任务四　搬运作业管理 …… 121
任务五　出库作业管理 …… 128
知识复习题 …… 132
实训项目一　某外贸仓库作业基本环节 …… 132
实训项目二　某公司仓库商品保管业务流程 …… 134
实训项目三 …… 136

**模块六　仓储商品的保管与养护**

任务一　商品保管基础 …… 138
任务二　仓库温度、湿度管理 …… 143
任务三　商品防护管理 …… 148
任务四　特殊货物仓储管理 …… 160
知识复习题 …… 165
实训项目一　郑州市计算机学校和洞口一中食堂食品仓库保管案例 …… 166
实训项目二　茶叶和啤酒的仓储保管条件分析 …… 166
实训项目三 …… 167

**模块七　仓库库存与成本控制**

任务一　库存控制 …… 170
任务二　仓储成本与计算 …… 173
任务三　仓库运营绩效管理 …… 182
知识复习题 …… 188
实训项目一　布鲁克林酿酒厂对物流成本的控制 …… 188
实训项目二　Y集团解决库存问题的实践 …… 189
实训项目三 …… 192

**模块八　仓库安全管理**

任务一　仓库保卫管理 …… 195

任务二 仓库消防管理 …… 196
任务三 仓库作业安全管理 …… 199
知识复习题 …… 203
实训项目一 广东佛山烟花仓库爆炸案 …… 203
实训项目二 黄岛油库“8·12”特大火灾事故分析 …… 205
实训项目三 …… 207

**模块九 仓储管理信息技术**

任务一 条码技术 …… 211
任务二 无线射频识别技术 …… 214
任务三 电子数据交换技术 …… 215
任务四 仓库管理信息系统 …… 217
知识复习题 …… 219
实训项目一 条码技术在仓库管理中的应用实例 …… 219
实训项目二 中远公司 EDI 系统应用情况 …… 220
实训项目三 …… 222

**附 录**

附录一 仓储管理制度（范例） …… 224
附录二 仓储主要职业岗位工作职责 …… 226
附录三 国家物资储备仓库安全保卫办法 …… 229
附录四 危险化学品安全管理条例（2011 年修订节录） …… 234

**参考文献** …… 241

# 仓储管理基础

学习目标

- 理解仓储管理的概念和目标，了解仓储管理的意义及国内外仓储业的发展状况；能够根据企业要求确定仓储管理目标及仓储管理的内容。
- 理解仓库的定义，掌握仓库的功能及分类；能够分析仓库的基本功能及增值功能，科学合理地判断仓库的类别。

任务一 仓储管理
任务二 仓库的作用与类型

实训项目一 2011年中国仓储业发展综合报告摘要
实训项目二 西南仓储公司案例分析
实训项目三

在物流业快速发展的今天，仓储管理已成为现代物流系统中的重要环节。我们应该对仓储管理的概念、目标和内容有较全面的了解，知道国内外仓储业的发展状况，理解仓库的定义，掌握仓库的功能及分类。

**【引导案例】**

### 英迈公司的仓储管理

2000 年全年，英迈公司全部库房只丢了一根电缆；半年一次的盘库，由公证公司做第三方机构检验，前后统计结果只差几分钱；陈仓损坏率为 0.3%；运作成本不到营业总额的 1%……这些都发生在在全国拥有 15 个仓储中心，每天库存货品上千种、价值可达 5 亿人民币的英迈中国身上。他们是如何做到的呢？近日，记者受邀参观了英迈中国在上海的储运中心，对英迈中国运作部强烈的成本概念和服务意识感触很深。

一、几个数字

（1）一毛二分三：英迈库中所有的货品在摆放时，货品标签一律向外，而且没有一个倒置，这是在进货时就按操作规范统一摆放的，目的是为了出货和清点库存时查询方便。运作部曾经计算过，如果货品标签向内，由一个熟练的库房管理人员操作，将其恢复至标签向外，需要 8 min，这 8 min 的人工成本就是一毛二分三。

（2）3 kg：英迈的每一个仓库中都有一本重达 3 kg 的行为规范指导书，内容细到怎样检查销售单、怎样装货、怎样包装、怎样存档、每一步骤在系统上的页面是怎样的等。这本指导书上都有流程图，有文字说明，任何受过基础教育的员工都可以从规范指导书中查询和了解到每一个物流环节的操作规范，并遵照执行。在英迈的仓库中，只要有动作就有规范，操作流程清晰的观念为每一个员工所熟知。

（3）5 min：统计和打印出英迈上海仓库或全国各个仓库的劳动力生产指标，包括人均收货多少钱、人均收货多少行（即多少单，其中人均每小时收到或发出多少行订单是仓储系统评估的一个重要指标），只需要 5 min。在 Impulse 系统（脉冲系统）中，劳动力生产指标统计实时在线，随时可调出。而如果没有系统支持，这样的一个指标统计至少得花一个月时间。

（4）10 cm：仓库空间是经过精确设计和科学规划的，甚至货架之间的过道也是经过精确计算的。为了尽量增大库存可使用面积，只给运货叉车留出了 10 cm 的空间。叉车司机的驾驶必须稳而又稳，尤其是在拐弯时，因此英迈的叉车司机都要经过此方面的专业培训。

（5）20 min：在日常操作中，仓库员工从接到订单到完成取货，规定时间为 20 min。因为仓库对每一个货位都标注了货号标志并输入 Impulse 系统中，Impulse 系统会将发货产品自动生成产品货号，货号与仓库中的货位一一对应，所以仓库员工在发货时就像邮递员寻找邮递对象的门牌号码一样方便快捷。

（6）4 h：一次，由于库房经理的网卡出现故障，无法使用 Impulse 系统，结果他在库房中寻找了 4 h，也没有找到他想找的网络工作站。依赖 IT 系统对库房进行高效管理，已经成为库房员工根深蒂固的观念。

(7) 1个月：英迈的库房是根据中国市场的现状和生意的需求而建设的，投入要求恰如其分，目标清楚，能支持现有的生意模式并做好随时扩张的准备。每个地区的仓库经理都要求能够在1个月之内完成一个新增仓库的考察、配置与实施，这都是为了迅速地启动物流支持系统。在英迈的观念中，如果人没有准备，有钱也没用。

二、几件小事

(1) 英迈库房中的很多记事本都是收集已打印一次的纸张装订而成的，即使是各层经理的记事本也不例外。

(2) 进出库房都须严格按照流程进行，每一个环节的责任人都必须明确，违反操作流程，即使有总经理的签字也不可以。

(3) 货架上的货品号码标识用的都是磁条，采用的原因是节约成本。以往采用的是打印标识纸条，但因为进仓货品经常变化，占据货位的情况也不断改变，用纸条标识灵活性差，而且打印成本也很高，采用磁条后问题得到了根本性解决。

(4) 英迈要求与其合作的所有货运公司在运输车辆的厢壁上必须安装薄木板，以避免因为板壁不平而使运输货品的包装出现损伤。

(5) 在英迈的物流运作中，厂商的包装和特制胶带都不可再次使用，否则，视为侵害客户权益。因为包装和胶带代表着公司自身知识产权，这是法律问题。如有装卸损坏，必须运回原厂出钱请厂商再次包装。而由英迈自己包装的散件产品，全都统一采用印有其指定国内总代理——怡通公司标识的胶带进行包装，以分清责任。

三、仅仅及格

提起英迈，在分销渠道中都知道其最大优势是运作成本，而这一优势又往往被归由于其采用了先进的Impulse系统。但从以上描述中已可看出，英迈运作优势的获得并非看起来那样简单，而是对每一个操作细节不断改进，日积月累而成。从所有的操作流程看，成本概念和以客户需求为中心的服务观念贯穿始终，这才是英迈竞争的核心所在。英迈中国的系统能力和后勤服务能力在英迈国际的评估体系中仅被打了62分，刚刚及格。据介绍，在美国专业物流市场中，英迈国际能拿到70～80分。

作为对市场销售的后勤支持部门，英迈运作部认为，真正的物流应是一个集中运作体系，一个公司能不能围绕新的业务，通过一个订单把后勤部门全部调动起来，这是一个核心问题。产品的覆盖面不见得是公司物流能力的覆盖面，物流能力覆盖面的衡量标准是应该经得起公司业务模式的转换，换了一种产品仍然能覆盖原有的区域。解决这个问题的关键是建立一整套物流运作流程和规范体系，这也正是大多数国内企业所欠缺的物流服务观念。

# 仓储管理

仓储是专为他人储存、保管货物等的营业活动，是现代化大生产和国际、国内商品货物的流转过程中一个不可或缺的环节。要做好仓储管理工作，应充分把握仓储管理的目标和内容，了解仓储业国内外发展状况，以便对仓储管理有深刻理解。

## 一、仓储管理的概念

仓储管理是对仓库和仓库内储存的货物所进行的管理，是仓储机构为了充分利用所拥有的仓储资源来提供高效的仓储服务而进行的计划、组织、协调与控制的过程。

随着生产水平的提高，社会分工越来越细，仓储管理的含义也随着其在社会经济领域中作用的扩大而变化。仓储管理已不仅仅是对货物进行储存和保管，还应增添对由此而带来的商品包装、分类、分拣、整理和加工等活动的管理。

## 二、仓储管理的目标

仓储管理的根本目标是以最少的投入获取最大的效益。这里所说的效益是指一种综合效益。例如，既有较高的仓储作业效率，又有较高的客户满意水平，这就属于较好的综合效益。在以上基础上，我们可以将仓储管理的目标分为如下几项：

### （一）质量管理目标

仓储管理的根本任务是保证货物的质量。因此，仓储管理的首要目标是保证货物的价值和使用价值。

### （二）数量管理目标

数量管理目标是指在仓储管理活动中，对储存货物的数量进行管理和控制，以优化投入和产出的比例。

### （三）时间管理目标

时间管理目标是指对货物的储存时间和周转周期进行优化管理，以免货物因储存期过长而形成呆滞品报废。

### （四）储存结构管理目标

储存结构管理目标是指根据各种货物的特性和周转速度，合理安排其存放的位置、搭配储存方式和堆码方式，以充分利用库容并避免各种货物相互影响而造成不必要的损失。

### （五）费用管理目标

费用管理目标是指对与仓储管理息息相关的各种费用（如仓租费、保管费、维护费、人员管理费、设备配置费、货物损失费及资金占用的利息等）进行结构优化和管理，以优化仓储资源的投入和产出比例。

## 三、仓储管理的内容

仓储管理的内容大致包括仓库的选址与建设、仓储设备的选择与配置、仓储商务活动的开展、仓储作业组织和流程管理、仓储作业管理、仓储管理技术的应用和仓储成本控制等。下面将对这些内容进行简单介绍。

### （一）仓库的选址与建设

仓库的选址与建设是仓储管理战略层面的问题，对仓库长期经营过程中的服务水平和综合成本有着非常大的影响。仓库的选址与建设具体包括仓库的选址原则、面积确定、仓储布局和人员配置等。

### （二）仓储设备的选择与配置

仓储设备的选择与配置是指恰当地选择和配置进行仓储作业或辅助仓储作业所必需的各种机械设备。现代仓库离不开现代化的仓储设备，如叉车、货架、托盘和各种辅助设备等。

### （三）仓储商务活动的开展

仓储商务活动是指仓储对外的经济联系，具体包括市场调查与分析、市场营销、交易和合同管理、客户关系管理、争议处理等。仓储商务活动的开展是仓储生存和发展的关键工作，也是树立企业良好形象的重要环节。

### （四）仓储作业组织和流程管理

仓储作业组织和流程管理是指对仓储作业部门、人员、作业分工和流程的管理，具体包括组织机构的设置、岗位责任的分工、仓储过程中信息流程和作业流程的确定等。

### （五）仓储作业管理

仓储作业管理具体包括对货物入库作业、库内货物储存、库位安排、货物盘点、出库作业等活动的管理。仓储作业管理是仓库日常工作中最为大量和复杂的管理工作，只有认真做好其中的每一环节，才能保证仓储整体作业的良好运行。

### （六）仓储管理技术的应用

现代仓储管理离不开现代管理技术和手段，具体包括选择合适的编码系统、安装WMS系统（仓库管理系统）、实行JIT（Just In Time，实时）管理法等。现代仓储管理技术极大地改善了商品流通中的信息识别、信息传递与信息处理过程。

### （七）仓储成本控制

仓储成本控制应主要考虑两个方面的问题：首先，考虑如何在确保仓储作业效率的情况下最大限度地降低仓储成本；其次，考虑物流过程中各功能之间的背反效应，以平衡局部利益和全局利益。

## 四、仓储管理的意义

### （一）仓储活动是实现社会再生产过程顺利进行的必要条件

商品由生产地向消费地转移，是依靠仓储活动来实现的。仓储活动正是由于生产与消费在空间、时间、品种和数量等方面存在矛盾而引起的。尤其是在现代化大生产的条件下，专业化程度不断提高，社会分工越来越细，而随着生产的发展，这些矛盾又势必进一步扩大。所以不能在仓储活动中采取简单地把商品生产和消费直接联系起来的方法，而需要对复杂的仓储活动进行精心组织，拓展各部门、各生产单位之间相互交换产品的深度和广度，在流通过程中不断进行商品品种的组合，不断集散商品数量，在地域和时间上进行合理安排。通过搞活流通、搞好仓储活动，发挥仓储活动连接生产与消费的纽带和桥梁作用，借以克服众多的相互分离又相互联系的生产者之间、生产者与消费者之间在商品生产与消费地理上的分离，衔接商品生产与消费时间上的不一致，以及调节商品生产与消费在方式上的差异，使社会简单再生产和扩大再生产能在建立一定的商品资源的基础上，保证社会再生产的顺利进行。具体来讲，仓储活动主要从以下几个方面保证社会再生产过程的顺利进行：

1. 克服生产与消费地理上的分离

从空间方面来说，商品生产与消费的矛盾主要表现在生产与消费地理上的分离。在自给自足的自然经济里，生产者同时也是其自身产品的消费者，其产品仅供本人和家庭范围内消费。随着商品生产的发展，商品的生产者逐渐与消费者分离，其生产的产品不再是为了本人的消费，而是为了满足其他人的消费需要。随着交换范围的扩大，生产与消费空间上的矛盾也逐渐扩大。在社会化大生产的条件下，随着生产力的发展，这种矛盾进一步扩大，这是由社会生产的客观规律所决定的。举例来说，为了不断地提高生产率，工业生产的规模不断扩大，生产的集中化能以更低的成本生产出更多的产品；但是，与此同时，这将使一种产品的生产工厂的数量不断减少。以前由各地甚至是每个家庭生产的产品，现在往往由少数的大工厂来生产。这些工厂生产的产品，不再仅仅是为了满足本地区的需要，许多产品需要销往其他地区，或者在全国范围内销售，甚至销往国外。生产的规模越大、越集中，越需要寻求更大的市场，将商品运送到更远的距离。另外，生产的社会化使不同产品的生产在地区间形成分工。为了更加充分地利用不同地区的自然经济条件和资源，一种商品的生产逐渐趋向于在生产该种商品最经济的地区进行。这样，就必须依靠运输把产品运送到其他市场中去。社会化生产的规律决定了生产与消费的距离不是逐渐缩小而是逐渐扩大。随着商品生产的发展，不但需要运输的商品品种、数量在增加，而且平均运输的距离也在不断增加。商品仓储活动的重要意义之一，就是通过仓储活动平衡运输的负荷。

2. 衔接生产与消费时间上的差距

商品的生产和消费之间，有一定的时间间隔。在绝大多数情况下，当天生产的商品不可能马上就全部卖掉，这就需要产生商品的仓储活动。有的商品是季节生产、常年消费；有的商品是常年生产、季节消费；也有的商品是季节生产、季节消费，或常年生产、常年消费。无论何种情况，在产品从生产过程进入消费过程之间，都存在一定的时间间隔。在这段间隔时间内，商品的暂时停滞形成了，最终商品的仓储形成。同时，商品仓储又是商品流通的必要条件，为保证商品流通过程得以持续进行，就必须有商品仓储活动。为了使商品更加适合消费者的需要，许多商品在最终销售以前要进行挑选、整理、分装、组配等工作。这样便有一定量的商品停留在这段时间内，因此也就形成了商品储存。此外，在商品运输过程中，在车、船等运输工具的衔接上，由于在时间上不可能完全一致，也产生了在途商品对车站、码头等流转性仓库的储存要求。

3. 调节生产与消费之间的矛盾

生产与消费的矛盾还表现在品种与数量方面。专业化生产将生产的产品品种限制在比较窄的范围之内。一方面，生产专业化程度越高，生产的产品品种就越少；另一方面，生产越集中，生产的规模越大，生产出来的产品品种也越少。但是，消费者却要求更广泛和更多样化的商品品种。在生产方面，每个工厂生产出来的产品品种比较单一，但数量却很大；而在消费者方面，每个消费者需要广泛的品牌和较少的数量，因此就要求在流通过程中不断在品种上加以组合，在数量上加以分散。

商品的仓储活动不是简单地把生产和消费直接联系起来，而是需要一个复杂的组织过程，在品种和数量上不断进行调整。只有经过一系列的调整之后，才能使遍及全国各地的零售商店能够向消费者提供品种、规格、花色齐全的商品。

总之，商品生产和消费在空间、时间、品种、数量等方面都存在着矛盾。这些矛盾既不能够在生产领域里得到解决，也不可能在消费领域里得到解决，所以只能在流通领域中通过连接生产与消费的商品仓储活动加以解决。商品仓储活动在推动生产发展、满足市场供应中具有重要意义。

**（二）仓储活动是保持产品原有使用价值和合理使用物资的重要手段**

任何一种产品，当它生产出来以后至消费之前，由于其本身的性质、所处的条件以及自然的、社会的、经济的、技术的因素，都可能使产品使用价值在数量上减少、质量上降低，如果不创造必要的条件加以保存，就不可避免地会对产品造成损害。仓储活动能使处于暂时停滞状态的产品的使用价值得以保持。同时，在产品仓储过程中，应努力做到流向合理，加快物资流转速度，注意产品的合理分配、合理供料，不断提高工作效率，使有限的产品能及时发挥最大效用。

**（三）搞好仓储活动是加快资金周转、节约流通费用、降低物流成本、提高经济效益的有效途径**

仓储活动是物质产品在社会再生产过程中必然会出现的一种形态，这对整个社会再生产，对国民经济各部门、各行业的生产经营活动的顺利进行，都有着巨大的推动作用。然而，在仓储活动中，为了保证产品的使用价值在时空上的顺利转移，必然要消耗一定的物化劳动和活劳动。尽管这些费用的支出是必要的，但由于它不能创造使用价值，因而，在保证产品使用价值得到有效保护、有利于社会再生产顺利进行的前提下，费用支出得越少越好。因此，搞好产品的仓储活动，就可以减少产品在仓储过程中的物质耗损和劳动消耗，加速产品的流通和资金的周转，从而节省费用支出，降低物流成本，开拓“第三利润源泉”，提高社会、企业的经济效益。

## 五、国内外仓储业的发展状况

**（一）国外仓储业的状况**

第二次世界大战以后，特别是 20 世纪 60 年代以来，现代科技突飞猛进，世界经济得到了迅速恢复和发展，商品的流通规模越来越大。因此，国外出现了一些专门的仓储机构，特别是美国和日本。

最为典型的专业仓储是 20 世纪 50 年代始于美国、20 世纪 70 年代在日本高速发展的自动化立体仓库。大型自动化立体仓库开始采用电子计算机和自动化设备进行作业和管理，彻底改变了过去那种传统的手工作业和管理的落后状态，并逐渐向综合化、系统化、全自动化的方向发展。

目前，欧美国家又在发展大型中转仓库，面积可达上万平方米，单层高度达十多米，使货物流转更加畅通和迅捷。

**（二）我国仓储业的现状**

改革开放后，我国经济进入了一个新的发展时期，尤其在 20 世纪 90 年代后，经济的高速发展更加推动了仓储业的快速增长，加大了对仓储业的需求。目前我国仓储业具有下述特点：

1. 业务量增大，业务收入增长速度较快，货物平均库存量增长，周转速度平衡

储运业务收入增长率已连续多年超过GDP增长率。相对而言，具有保税功能的仓储业务发展速度更快。在市场对仓储业需求加大的同时，客户优化供应链意识的提高促使仓储业务结构发生了较大的变化。以降低成本、提高效率为宗旨的各种增值服务在业务收入结构中所占的比例不断扩大，收入增长较快，其中装卸搬运收入增长20%，配送收入增长19%，现货市场收入增长56%，加工业务收入增长100%。再者，由于市场变化的不确定性和生产流通的周期性，以及货物总量的增长，进入仓储、保管、分拨的货物问题逐渐增加。

2. 仓储设施作为物流节点的作用越来越重要，专业化趋势明显

主要表现为：一些大型的生产和流通企业纷纷选择租用或自建区域配送中心，作为自己货物的集散地；大型运输企业投资货运场站，货物分拣中心支撑着零担货运企业的业务发展；众多国际企业在保税区自建和租用大型仓储设施，作为货物分拨的物流平台。如沃尔玛、UPS、FedEx、TNT纷纷采取新建、收购、扩建等方式拥有大型物流中心；普洛斯更是计划在未来5～7年内投资20亿美元建仓储网络；民营物流企业如宝供则继苏州、合肥、广州之后，又在上海投资建设一个占地约20万$m^2$的现代化物流中心；中远、中海、中外运也在加快陆路建设步伐，完善自己的物流中心网络。部分大型零售企业把部分外包业务收回，立足企业物流，也加大了投资力度。

3. 我国自动化仓库利用率低、效果不明显、规模不确定、优势不突出

以上现状使许多库场资源闲置，特别是一些产品批量小且单一的生产企业实现仓库自动化，库场设施设备资源闲置与重复配置矛盾突出，具有明显的部门仓储业特征。这主要是因为：

(1) 没有做好仓库建设和规划的充分调查分析工作，对自动化仓库技术的引进缺乏必要的经济论证和可行性研究。特别是在20世纪80年代初，我国兴起了一股自动化仓库热潮，许多企业和部门纷纷建立自动化仓库，并投入了大量资金、物力和人力，但真正能充分发挥自动化仓库作用的却不多。

(2) 对提高仓库作业机械化、自动化的思想认识不足。由于认识不足，企业对配置的装备不愿使用，思想观念仍停留在人工作业的基础上，对新型的自动化仓库信心不足，并没有把自动化仓储放在一个重要的地位上，从而在思想上放弃了自动化仓储的研究和使用，也导致了仓储技术发展的不平衡。

(3) 外部因素和形势、收发任务、作业量、货物种类都在发生变化，但是仓库设备和管理系统没有跟着变化与升级，久而久之就失去了原有的市场，导致仓库呈闲置状态。

(4) 人员素质跟不上，不注重机械操作人员和维修人员的培训，操作维修人员缺乏，使现有装备发挥不出应有的作用。企业在新建库房设计时没有考虑后续的维护和开发，从而限制了设备的使用、自动化水平的提高；而仓储设施设备安装后，部分系统失灵、损坏，配件和售后服务又跟不上，导致维修十分困难。

4. 仓库的拥有量大，但管理水平较低

由于我国是以行政部门为系统建立仓库，所以不同部门、不同层次、不同领域为满足自身使用的需要都来设立仓库，使得我国的仓库拥有量居世界前列。虽然我国的仓库数目很多，但是仓库管理水平却不高。这主要是因为我国企业在思想上对仓储管理不够重视，片面地认为“手中有货，心中不慌”，把主要精力放在如何争取货源上，一旦货物到手，往仓库里一放，就以为万事大吉，而忽视了对库存物资的管理。再加上我国社会上普遍对仓库工作存在一种偏见，认为仓储管理不需要知识，也不需要技术，致使仓储从业人员的素质不高，直接影响到管理水平。

5. 仓储管理方面的法规法制还不够健全

建立健全以责任制为核心的规章制度是仓储管理的一项基础工作，严格的责任制是现代化大生产的客观要求，也是规范每个岗位职责的依据。随着我国经济的快速发展和科学水平的提高，不少仓储方面的规章制度已经不再适用，需要进行修改和新建。而在仓储管理法制方面，我国起步较晚，至今还没有一部完整的仓储法。同时，我国仓储管理人员的法制观念不强，不会运用法律手段来维护企业的利益。

6. 仓储业装备水平有待进一步提升

在仓储、配送、加工、现货市场、质押监管等业务中，计算机管理得到普遍应用。中储总公司的所有仓库作业均实现全程计算机管理。条码技术和自动识别技术的应用更加广泛；现场作业设备的自动传输系统的应用，使物流指挥调度和现场作业实现无缝连接，大大提高了物流作业速度；自动办公系统也普遍使用，使差错率大大降低。

此外，货架应用得到进一步发展。在一些发达地区，船式仓储配送设施已经出现，罐式仓库的需求日益旺盛。

**（三）我国仓储业的发展趋势**

1. 仓储社会化、功能专业化

我国仓储业目前效率低，利用率不高，作业条件差，缺乏自身发展能力，其根源在于条块性的分割、处于附属的地位、产权及企业体制的约束。在市场经济环境中，任何社会资源只有在市场中自由交换才能充分体现其价值，也只有在自由交换的激励之下，才会创造更大的价值。仓储业需要以“产权明晰、权责明确、政企分开、管理科学”的原则进行现代企业改造，建立科学先进的企业治理结构，成为自主经营、自负盈亏的市场竞争主体，才能彻底改变我国仓储业的不良状况，真正成为市场资源，从而促进仓储业的发展。

社会分工是生产力发展的结果，又是促进生产力发展的动力。我国仓储业的低水平重复和功能接近的现状，只有通过社会分工和专业化的发展才能得以改变。社会对仓储的需要也同对其他社会资源的需要一样，向着专业化、特性化、功能化、个性化的方向发展。同时仓储业内部在市场竞争中也只有通过专业化的发展，提供个性化产品，且将企业资源充分运用到优势项目，才能提高效益，形成竞争优势。

2. 仓储标准化

仓储标准化是指采用法律法规的标准或者社会普遍实行的惯例进行仓储管理。这类标准主要有：国际标准化组织的推荐标准、国家质量技术监督局发布的中华人民共和国国家标准、行业主管部门或者行业协会发布的行业标准、企业制定的企业标准等。仓储业为物资流通提供服务，是物流和商流的具体操作环节。仓储与物流和商流的其他环节的无缝结合，是提高整体物流和商流效率的重要措施，其中整体物流标准化是实现无缝结合的重要手段。物流标准化也就需要仓储标准化。仓储标准化不仅是为了实现仓储环节与其他环节的密切配合，同时也是仓储内部提高作业效率、充分利用仓储设施和设备的有效手段，是开展信息化、机械化、自动化仓储的前提条件。

仓储标准化主要有：包装标准化、标志标准化、托盘成组标准化、容器标准化、计量标准化、条形码的采用和作业工具标准化、仓储信息标准化等技术标准化，服务标准化以及单证报表、合同格式、仓单标准化。

3. 仓储机械化、自动化

随着生产技术的发展，生产机械化已是社会生产的基本要求。一方面，机械具有承重能力强、工作时间久、效率高、损害率低等诸多优势。由于仓储作业大多负荷重、作业量大，时间紧，作业环境恶劣，存在着众多系统性隐患，因而仓储机械化是仓储发展的必然趋势。通过机械化可实现最少使用人力作业，加大作业集成度，减少人身伤害和货物损害，同时提高作业效率。另一方面，随着货物运输包装的大型化、托盘化的发展，仓储也必然需要机械化作业。

仓储自动化是指由计算机管理和控制的仓库的仓储。在自动化仓库中，货物仓储管理、作业控制、环境管理等仓储工作通过信息管理、条形码、扫描技术、射频通信、数据处理等技术指挥仓库堆垛机、传送带、自动导引车、自动分拣机等自动设备完成仓储作业，自动控制空调、制冷设备、监控设备进行环境管理，向运输设备下达运输指令安排运输等，同时完成报表、单证的制作和传送。移动式机器人也作为柔性物流工具在柔性生产中、仓储和产品发送中发挥日益重要的作用。实现系统柔性化，采用灵活的传输设备和物流线路，是实现仓储自动化的趋势。目前，智能仓储系统的基本原理已经在一些实际的物流系统中逐步得到实现。可以预见，21 世纪智能仓储技术将具有广阔的应用前景。

4. 仓储信息化、信息网络化

对于存量巨大、存货品种繁多的物流中心和配送中心，要提高仓库利用率，保持高效率的货物周转，实施精确的存货控制，没有计算机的信息管理和处理是不可想象的。仓储信息化管理包括通过计算机和相关信息输入输出设备，对货物识别、整理、入库、存放、出库进行操作管理，账目处理、结算处理，提供适时的查询，并进行货位管理、存量控制，制作各种单证和报表，甚至于进行自动控制等。可以说，仓储要实现提高效率、降低损耗、降低成本就必须实现信息化。

仓储是物流的节点，是企业存货管理的核心环节，企业生产、经营的决策需要仓储及时和准确地反映存货信息。企业只有在充分掌握物资的储备、存量、存放地点、消费速度的情况下才能准确地进行生产和经营决策。有效的物流管理是建立在对物流的实时控制和支配的基础上的，管理的决策应及时到达仓库，由仓库对物流进行控制和组织。要实现以上目的，就需要在仓库、厂商、物流管理者、物资需求者与运输工具之间建立有效的信息网络，实现仓储信息共享，通过信息网络控制物流，做到仓储信息网络化。

5. 仓储管理科学化

仓储管理包括仓储的管理体制、治理结构、管理组织、管理方法和管理目标几个方面。依管理体制上的不同，仓储活动可以分为向社会提供仓储服务的商业仓储、为企业生产与经营服务的企业自营仓储。无论管理体制如何，仓储管理都需要进行科学化的管理，实现高效率、高效益的仓储。

作为一种经济活动，向社会提供服务的商业仓储也正如其他经济活动主体一样，只有在充分市场化的条件下才能充分发挥其经济价值。也就是说，社会服务仓储活动需要成为独立的市场经济主体，按照独立市场经济主体进行现代企业改造和开展科学化的现代企业管理，使仓储企业产权独立，企业有充分的经营自主权，按照满足社会需要的原则向社会提供产品，企业以追求利润最大化为目标。

为企业生产与经营服务的自营仓储，应该在企业整体发展目标的基础上确定仓储的地位，高度重视仓储的作用和强化对仓储的管理，合理地调配企业资源，使企业仓储部门成为企业生产和经营发展的有效保障。

仓储企业（部门）内部应实施现代企业科学管理，采用高效化的组织机构，实行规章化的岗位责任制，建立促进生产率提高的动态奖励分配制度，实施有效和系统的职工教育培训制度，采取科学化的管理方法，培养积极向上的优秀企业文化。

6. 仓储精细化、国际化

随着客户需求的提高和仓储企业自身的发展，仓储业精细化程度将大幅提高。国际企业进入中国之后，将把物流需求的标准提高到一个新的档次，将有一批仓库实现货物分拣、包装的全自动化作业，自动识别技术的使用将更为普遍。客户满意度、单位准确率和响应及时率将成为评价仓储企业绩效的重要指标。

建设真正用于物流的园区将被政府重新提起。发展物流业，除发展“线”，即道路运输线路之外，最重要的就是发展节点，即物流中心。综合性的物流中心作为进出货物的集散地和为大型厂商采购与分销提供的物流平台，具有内陆口岸功能、货物集散功能、配送功能、流通加工功能、商品检验功能、物流信息服务功能、仓储功能、运输功能以及市场交易、展示展览、电子商务等高级功能，是发展地区经济的基础。没有功能齐全、吞吐能力强、交通便利的物流中心，发展现代物流就是一句空话。以城市为服务对象的物流中心和以货物中转为主要功能的枢纽设施，将加快其规划和建设步伐，这是不可逆转的必然趋势。

7. 仓储业将重新洗牌

外资、民营、集体及国有仓储企业大量涌现，更为激烈的竞争已不可避免。初级的价格竞争依然是最有效的竞争手段之一，但综合服务尤其是金融物流的竞争是优秀企业制胜的王牌。这几年，质押监管融资已被国内银行普遍接受，有的银行质押贷款规模已超过 1 000 亿元。仓储业是天然适于开展质押融资业务的行业，会有较大发展。

# 任务二 仓库的作用与类型

仓库是保管、储存物品的建筑物和场所的总称。它一般是指以库房、货场及其他设施、装置为劳动手段的，对商品、货物、物资进行收进、整理、储存、保管和分发等工作的场所；在工业中则是指储存各种生产所需的原材料、零部件、设备、机具、半成品、成品的场所，如图 1-1 所示。

图 1-1 仓库

## 一、仓库的作用

仓库最基本的作用是储存货物，并对货物实施保管与控制。但随着现代物流业的发展，人们对仓库概念的理解日益深入，仓库的作用也在不断扩大，包括流通加工、配送、信息服务等，其含义远远超出了单一的储存功能。一般来说，仓库具有以下基本功能和增值服务功能：

### （一）基本功能

1. 储存与保管

这是仓库最基本的功能。仓库具有一定的空间，用于储存货物，并且通过相应的仓储设备保证货物的完好性。例如，储存精密仪器的仓库需要配备防潮、防尘、恒温设备等；在仓库作业中，需配备相应的搬运机具，防止搬运和堆放时碰坏或压坏货物，使仓库真正起到储存和保管的作用。

2. 调节供需

仓库在物流中起着“蓄水池”的作用，它可以调节生产与消费的关系，使它们在时间上和空间上得到协调，以保证社会再生产的顺利进行。很多产品具有季节性销售的特性，在销售高峰前才组织大批生产显然不仅不经济而且不可能，只有经过一定时间持续的经济生产，将产品通过仓库进行储存，才能在销售旺季集中向市场供货，并通过仓储点的合理布置实现及时向所有市场供货。同样，也有部分集中生产而常年销售的产品，也需要通过仓库稳定持续地向市场供货。可以说，仓库是物流的时间控制开关，通过仓库的时间调整，货物按市场需要的节奏进行流动，满足了生产与销售平衡的需要。对于一般货物和生产用原材料，适量地进行安全储备，是保证生产稳定进行和促进销售的重要手段，也是对抗突发事件对物流产生破坏的重要应急手段。

3. 流通加工

流通加工是将产品加工工序从生产环节转移到物流中进行的作业安排。货物在仓库中处于停滞状态，因此适合对其进行流通加工，这样既不影响货物的流通速度，同时又能实现产品及时满足市场消费变化的需要和不同客户的需要。流通加工作业包括产品包装、装潢包装、贴标签、改型、上色、定量、组装、成型等。虽然仓库中的流通加工往往比在生产地加工成本高一些，但却能够及时满足销售需要，促进销售，进而降低整体物流成本。

在现代物流中，仓库的职能已经开始由保管型向流通型转变，仓库由原来的储存、保管货物的中心向流通、销售的中心转变。仓库不仅要具备储存、保管货物的设备，而且还要增加许多流通加工设施设备。这样，既扩大了仓库的经营范围，同时也方便了消费者。这种仓库职能的转变是降低综合物流成本、提高物流服务质量的有效途径。

4. 货物集散

仓库可以把生产单位的产品征集起来，形成规模，然后根据需要分散发送到各消费地。通过一集一散，一方面可以连接产需，均衡运输，提高物流速度；另一方面可以实现对运输的调节。因为产品从生产地向销售地的流转主要依靠运输完成，但不同的运输方式在运向、运程、运量及运输线路和运输时间上存在着差异，用一种运输方式一般不能直达目的地，需要在中途改变运输方式、运输线路、运输规模、运输方法和运输工具。为协调运输时间和完成产品倒装、转运、分装、集装等物流作业，还需要货物在仓库中进行停留或换载。

5. 配送和加工

现代仓库还增加了分拣、配套、捆装、移动等设施。这样既提高了物资的综合利用率，又提高了服务质量。因此，配送服务是现代物流中仓库的重要职能之一，也是现代配送中心与传统仓库的一个重要区别。

6. 信息传递

信息传递是伴随着上述作业而发生的。在处理有关仓库管理的各项业务时，需要及时而准确的信息传递作为保证，如仓库利用水平、进出货频率、仓库的地理位置、仓库的运输情况、顾客需求状况以及仓库人员的配置等，这对一个仓库管理能否取得成功至关重要。目前，越来越多的仓库利用计算机和互联网技术，通过使用电子数据交换技术来提高仓库中有关货物的信息传递速度和准确性，以实现仓库管理和物流过程现代化。

**（二）增值服务功能**

从整个物流过程看，仓储是保证这个过程正常运转的基础环节之一。现代仓储的功能又体现在其具有增值功能。

增值功能是指通过高质量的仓储作业和服务，使经营方或供需方获取这一部分以外的利益，这个过程称为附加价值。这是现代物流中心与传统仓库的又一重要区别。增值功能的典型表现方式包括：一是提高客户的满意度。当客户下达订单时，物流中心能够迅速组织货物，并按要求及时送达，提高客户对服务的满意度，从而增加潜在的销售量。二是信息的传递。在仓库管理的各项管理事务中，经营方和供需方都需要及时而准确的仓库信息。这些信息为用户或经营方进行正确的商业决策提供了可靠的依据，提高了用户对市场的响应速度，提高了经营效率，降低了经营成本，从而带来了额外的经济利益。

而实现增值服务的主要途径有：增加便利性的服务；加快反应速度的服务；降低仓储成本的服务；延伸服务等。

## 二、仓库的类型

仓库是物流系统的基础设施，种类繁多，按照不同的划分依据，分类方法也有许多种，下面介绍几种主要的分类方法。

**（一）按仓库使用范围分类**

1. 自用仓库

自用仓库是指企业主要从事内部物流业务的仓库。仓库的建设、物品的管理以及进出库作业均属本公司的管理范畴。采用自用仓库的一个重要因素就是固定成本。因为自用仓库的固定成本与仓库的使用无关，所以企业就必须拥有足够的储存量来分摊固定成本，从而使采用自用仓库的平均成本低于采用公共仓库的平均成本。采用自用仓库的另一个原因就是稳定的需求和市场的集中度以及企业对安全、冷藏、客户服务等方面的控制能力。

2. 营业仓库

营业仓库是指按照相关管理条例取得营业许可，向一般企业提供保管服务的仓库。它面向社会，以经营为手段，以营利为目的。与自用仓库相比，营业仓库的使用效率较高。

3. 公共仓库

公共仓库是指国家和公共团体为了公共利益而建设的仓库。公共仓库业务正成为一个非常有活力、不断变化的行业，尤其是那些大公司进行大宗采购时经常采用。

公共仓库最大的客户是连锁零售店，因为这些连锁店的货流量非常大，并且它们还将仓储同其他一些诸如采购和分销的职能联系起来。企业采用公共仓库的首要原因在于资金，在采用公共仓库时不需或只需投放较少的资金，这样公司可以避免自己经营仓库带来的经济风险。企业采用公共仓库的第二个理由是利用它的灵活性优势。对仓储空间的租用，可使公司对运输服务的质量做出快速反应。公共仓库使公司可以快速进入或退出市场。公共仓库可完成测试、组装、标价、标号等工作，还可提供打包、分拣、完成订单以及 EDI（电子数据交换）数据的发送等服务。

4. 保税仓库

保税仓库是指根据《关税法》保管国外进口而未纳税的进出口货物的仓库。在一些特殊情况下，货物可能进口后再出口而没有进入“商流”。这时，如果仓库以契约形式储存这些货物，商家就能避免交关税了。另一个办法是在货物出口后申请退税。利用自由贸易或自由港的情况也基本相同。

**（二）按仓库的建筑模式分类**

1. 平房仓库

平房仓库是最常见且使用很广泛的一种仓库建筑类型，建筑有效高度一般低于6 m。其构造简单，单层，不设楼梯，全部仓储作业都在一个层面上进行，货物在库内的装卸和搬运比较方便，建筑成本低，适于人工操作。但平房仓库的建筑面积利用率较低，在城市土地使用价格不断上涨的今天，在市区内建平房仓库，其单位货物的储存成本较高。

2. 楼库

楼库是指仓库建筑为两层或两层以上的楼式结构。楼库可以节省土地占用面积，所以在人口比较稠密、土地使用价格较高的国家和地区被广泛采用，比如日本、中国香港地区。但楼库的建筑成本较高，且维护费用较高。

4. 立体库

立体库又称高架仓库，实质上是一种特殊的单层仓库，它利用高层货架堆放货物，一般高度不超过 30 m，库内安装立体货架。立体库包括一般高货架立体仓库和自动化立体仓库。

5. 筒仓

库房为筒状，是用于存放散装的小颗粒或粉末状货物的封闭式仓库，如粮食、水泥和化肥等。

6. 货棚

货棚即用来存放货物的棚子，是一种简易的仓库。其特点是不需要配备养护设施，适用于存放受自然温、湿度影响较小的货物，或不能被雨水淋湿但能经受风吹和日晒的货物，一般用于货物的中转或加工中的临时存放。

7. 露天堆场

用于货物露天堆放的场所，一般堆放大宗原材料或不怕受潮的货物，如煤炭、沙石、原木等。

另外，按所使用的建筑材料，仓库还可以分为钢筋混凝土仓库、钢架金属质仓库、木架砂浆质仓库、轻质钢架仓库等。

### （三）按保管货物的特性分类

由于仓储品的物理、化学、生物、机械等特性不同，它们所要求的保管场所、储存条件、技术设备也不尽相同。从不同的商品维护、保管和仓储业的需要出发，可设计和建造不同类型的仓库，一般可分为以下几种仓库：

1. 通用仓库

通用仓库用以储存一般没有特殊要求的物品，其设备与库房建造都比较简单，适用范围较广。这类仓库备有一般性的保管场所和设施，按照通常的货物装卸和搬运方法进行作业。在物资流通行业的仓库中，这种通用仓库所占的比重是最大的。

2. 专用仓库

专用仓库是专门用以储存某类（种）物品的仓库。由于某类（种）物品本身的特殊性质，如对温、湿度的特殊要求，易对与之共同储存的物品产生不良影响，因此要专库储存。例如，金属材料、机电产品、食品仓库等。

3. 特种仓库

特种仓库用以储存具有特殊性能的、要求特别保管条件的物品，如危险品、石油、冷藏物品等。这类仓库必须备有防火、防爆、防虫等专门设备，其建筑构造、安全设施都与一般仓库不同。例如，冷冻货物仓库、石油仓库、化学危险品仓库等均属于这类仓库。

### （四）按仓库功能分类

1. 储存型仓库

专门长期存放各种储备物资，以保证完成各项储备任务的仓库称为储存型仓库。如战略物资储备、季节物资储备、备荒物资储备、流通调节储备等。

2. 生产型仓库

为企业生产或经营储存原材料、燃料及产品的仓库称为生产型仓库，也称为原料仓库或成品仓库。

3. 配送型仓库

配送型仓库是指货物在配送交付终端客户或消费者之前所进行的短期仓储，是货物在销售或供生产使用之前的最后储备。

4. 运输转换型仓库

运输转换型仓库是指为了保证不同运输方式的无缝衔接，减少货物的装卸和停留时间，而在不同运输方式（如港口、车站、机场等）的交界处进行的仓储。

## 知识复习题

1. 仓储管理的含义及仓储管理的目标是什么？
2. 仓储管理的内容是什么？
3. 简述我国仓储业的发展趋势。

4. 仓库的功能有哪些?

5. 按使用范围分类，仓库有哪些类型?

【实训项目一】

## 2011年中国仓储业发展综合报告摘要

本报告的主要结论：

第一，无论是国家统计数据还是相关行业组织的调查数据都表明：在摆脱金融危机后，2010年仓储业的固定资产投资与增加值、仓储企业的业务规模与主营收入都有较快增长。

第二，各类仓库设施继续大幅增加，其中，物流园区、仓储地产商与流通型企业表现突出，仓储服务企业受条件与实力限制，表现相对逊色。

第三，仓储业的经营业态与经营方式、增值服务与管理方式的发展呈多样化态势，有些领域和企业有重大突破。

第四，仓储业存在的深层次问题仍然没有解决，有些问题越来越突出，迫切需要政府部门减轻税负，规范供应仓储用地，并制定专门的仓储业法规；迫切需要相关行业组织深入推动标准化工作，加强与完善行业统计工作，并通过“仓储业发展指数”引导行业发展；迫切需要仓储企业转变理念，立足需求，科学定位，在仓库建设、业态细分、专业服务与增值服务等方面创新发展。

一、全国仓储业总体发展状况

(1) 国家发改委、国家统计局与中物联发布的全国物流行业统计数据表明，2010年全国物流业整体运行良好，仓储业表现较突出。

①社会物流总费用与GDP的比率略有下降，其中保管费用占比略有上升。2010年社会物流总费用与GDP的比率为17.8%，同比下降了0.3个百分点。这表明，物流行业的整体运行效率有所提高。

②物流业增加值稳步上升，仓储业增速最快。2010年全国物流业增加值为2.7万亿元，按可比价格计算，同比增长13.1%，增幅比上年提高了2.5个百分点。

③物流业固定资产投资额继续增长，仓储业增速最快。

(2) 中国仓储协会调查数据显示，2010年全国骨干仓储企业经营状况已经基本摆脱金融危机的影响，主营收入与仓储设施增长较快。

①从152家提供其主营收入的企业来看，2010年仓储服务企业主营收入较上年增长了68.5%，从2009年的225.16亿元增长到379.49亿元。

②从134家提供了其各项业务成本的企业数据看，2010年各项成本均有不同程度增长。

③从165家提供了自有通用仓库面积的企业情况看，2010年165家企业的仓库总面积为2 045.79万平方米，比上年增长了11.8%。

④随着冷库市场需求增大，食品流通企业及部分公共仓储企业加大了冷库的建设力度。

(3) 中国保税区出口加工区协会的统计数据表明，2010年保税仓储业得到恢复性发展，为我国保税物流与进出口贸易的发展作出贡献。

①入驻保税区与出口加工区的保税物流企业数量增加较快，业务得到恢复。

②保税仓储在各类保税区域内的地位与作用越来越明显，对各类保税区域发展的贡献率明显提高。

二、仓储设施建设的新特点

由于我国仓库设施总量不足，特别是立体仓库与冷库、危险品仓库不足，仓储业的固定资产投资额已经连续多年大幅增长，其中，物流园区、仓储地产商、仓储物流企业与各类流通企业是仓库设施的投资建设主体。金融危机爆发以来，仓储物流企业建设仓库的速度明显趋缓，一些老的仓储企业因为城内仓库区的不断拆迁，自主产权的仓库面积大幅缩减；2010年以来，各类物流园区建设出现新高潮，仓库是园区的基本设施。以普洛斯成功上市为标志，仓储地产业进入新一轮高速发展期；以阿里巴巴高调进入仓储地产业为标志，电子商务公司等各类流通企业成为仓库建设的重要主体。从新增仓库的种类分析，通用立体仓库与各类专用仓库都有增加，冷库容积增加较快，依托化工园区的危险品仓储设施增加较多。

(1) 各类物流园区成为仓储设施的主要集中地。中国仓储协会秘书处从网上检索到2010年规划、开工与竣工的物流园区（基地）有55家（不含占地面积较小、自建自营的配送中心），主要呈现三大特点：园区布局正在向二、三线城市甚至县城发展；园区规模越来越大；园区的功能越来越综合。

(2) 我国仓储地产业的竞争渐趋激烈，开始重组并购，规模化与网络化的趋势已经明显。

(3) 以阿里巴巴高调进入仓储地产业为标志，不仅增加了全国仓储地产业发展的热度，也强化了电子商务公司等流通企业自建仓库或自营物流的趋势。

(4) 随着国家冷链物流发展规划的出台与低温仓储设施的市场需求不断增加，冷库建设掀起高潮。

(5) 危险品仓储设施近年来的建设步伐持续加快，但是仍然满足不了市场对其需求。

(6) 医药、钢材、烟草以及救灾物资等专用仓储设施在2010年也有较大发展。

三、在仓储经营管理方面的新发展

(1) 以国家物资储备系统剥离事业单位的经营活动、组建社会化仓储物流公司为标志，仓储行业的资源整合与业务合作取得新进展。

(2) 仓储增值服务有新进展。昆山飞力达仓储、河南华丰钢铁物流流通加工的规模大、水平高，成为行业经典案例，值得推广。

(3) 肉食品交易市场配套的公共型冷库的管理方式出现重大变革。无锡天鹏菜篮子工程有限公司实行的“货架十信息系统”的集中统一管理模式逐渐成熟，走在了行业同类冷库的前列。

(4) 私人仓储与金融仓储等新的仓储经营业态自2010年以来正在被业内复制，原有企业的规模正在扩大。

(5) 仓储企业的铁路专用线“焕发青春”。在高速公路网络不断完善、物流要求快捷的情况下，铁路专用线仍然以其批量规模大与成本低的优势受到仓储物流企业与货主企业的重视。

(6) 不断提高商品配送服务的规模与水平，成为众多仓储企业的追求。有些企业配送业务的模式已经成熟，并取得效益。

四、仓储设备和技术方面的进步

(1) 低温冷冻仓储设备中节能唱主旋律。目前，大型氨制冷冷库已经开始用直接供液加动力供液的新供液方法取代传统氨泵系统供液，能耗较高的氨泵因此被替换，使系统充氨总量减少 40%～50%。此外，冷库地坪防冻也逐渐采用新的节能技术，利用压缩机油冷却的余热作为冷库地坪防冻的热源。

(2) RFID（射频识别）技术在冷链上的应用。将 RFID 应用到冷链物流跟踪过程中，增加了冷链管理的可追溯性。RFID 温度标签提供温度的监控，保证了冷链物流中货物的质量安全，同时能简化仓储作业流程。

(3) 环保托盘的问世。2010 年 7 月，香港金田古氏集团推出其拥有全球唯一专利发明使用权的“环保太空托盘”。托盘具有重量轻、环保等多项优点，最轻盈的产品重量仅达 5 kg，载重达 6 000 kg。

五、仓储行业目前存在的主要问题

自 2006 年中国仓储协会组织撰写《行业报告》以来，我们分析过仓储业存在的许多问题。2006 年的《报告》提出过“十大”问题，既有企业经营管理中的问题，也有市场环境深层次的问题。经过这几年的发展，有些问题已经引起有关部门的重视；有些问题正在得到解决；更多问题的解决可能会需要一个较长的过程；还有的问题，当时看是问题，经过近些年的探索与反思，换一个角度思考，可能就不是问题。分述如下：

(1) 政策与管理层面的问题。

①仓储税负重的问题已经引起有关部门的重视，但仍然没有得到解决。

②仓储用地的取得方式与价格偏高的问题越来越突出，造成了诸多不良后果。

③仓储业的法规建设已引起有关部门的关注。

(2) 行业与市场层面的问题。

①仓储业的标准化建设稳步推进，但体系还不完善，相关企业对仓储标准化工作的响应程度还不够。

②仓储业的统计制度有待加强与完善。

③市场秩序与行业垄断问题。

(3) 仓储企业自身存在的问题与不足。

①仓储企业的定位问题。

②仓储增值服务问题。

③设备与技术应用问题。

六、仓储业的发展趋势与对策、建议

从以上总结与分析可以看出，我国仓储业近年来取得的进步是很明显的，但存在的问题与不足也很突出，其巨大的发展潜力更是显而易见的。陆续出台的冷链物流规划与商贸物流规划，将仓库设施的建设与各类配送中心的发展作为五年规划的重点。促进我国仓储业持续、快速、健康发展，需要政府部门、行业组织与广大仓储企业的共同努力。

（1）对政府部门的建议。

建议重点有三条：调整仓储业的税种与税率；调整与规范仓库建设用地的供应方式，合理规划仓储用地；制定仓储业的法规制度。为此，中国仓储协会与其他相关协会应该通过调查研究与方案研讨，为政府部门提供决策依据。

（2）中国仓储协会作为全国仓储行业的社团组织，将继续开展以下工作，促进行业自律、提高行业管理水平。

①深入开展仓储业的标准化工作。

②加强与完善仓储业统计工作，建立仓储业指数定期发布制度。

③全面开展仓储从业人员的培训工作。

（3）仓储业的发展趋势与对企业的建议。

①我国各类仓库设施建设仍有较大空间，建议根据市场的多样化需求，合理规划、有序建设现代仓库。根据国外的经验与我国物流业发展的实际情况，我们认为仓库建设应该把握以下几个趋势：第一，仓库的地区布局；第二，仓库的具体选址；第三，各类批发市场、现货交易市场是仓库选址的重要依据，但也不能绝对化；第四，基于现代仓储作业的需求，立体仓库的发展是一个趋势；第五，冷库与危险品仓库发展建设的潜力还较大。

②仓储业的业态细分是一个趋势。

③仓储服务的专业化还有很大潜力。

④库存控制与增值服务是现代仓储区别于传统仓储的根本特征，应成为广大仓储企业追求的基本方向。

⑤仓储的精益化管理应该提上日程，并持之以恒地坚持。近年来仓储业虽然得到发展，但相对于物流其他相关企业，其经济效益并不理想，除了增值服务太少外，最基本的原因是管理不到位。

总之，仓储业既是传统产业，也是现代服务业，其作用与潜力有待深入挖掘。我国仓储业虽然得到重视与发展，但仍存在许多深层次的政策问题、行业问题与企业经营管理的问题。仓储业的现代化任重而道远。

（资料来源：中国仓储协会秘书处）

问题：

1. 本报告的主要结论是什么？

2. 本报告中对我国仓储企业的建议有哪些？

3. 我国仓储业技术进步的主要表现是什么？

**【实训项目二】**

## 西南仓储公司案例分析

西南仓储公司是一家地处四川省成都市的国有商业储运公司。随着市场经济的深入发展，原有的业务资源逐渐减少，该企业在生存和发展过程中，也经历了由专业储运公司到非专业储运公司再到专业储运公司的发展历程。在业务资源和客户资源不足的情况下，这个以仓储为主营业务的企业，其仓储服务是有什么就储存什么，以前是以五金交电为主，后来也储存过钢材、水泥和建筑涂料等生产资料。这种经营方式解决了企业仓库的出租问题。那么，这家企业是如何发展区域物流的呢？

1. 专业化

当仓储资源又重新得到充分利用的时候，这家企业并没有得到更多利益。经过市场调查和分析研究，这家企业最后确定了立足自己的老本行，发展以家用电器为主的仓储业务。

一方面，在家用电器仓储上，加大投入和加强管理，加强与国内外知名家用电器厂商的联系，向这些客户和潜在客户介绍企业确定的面向家用电器企业的专业化发展方向，吸引家电企业进入；另一方面，与原有的非家用电器企业用户协商，建议其转库，同时将自己的非家用电器用户主动地介绍给其他同行。

2. 延伸服务

在家用电器的运输和使用过程中，不断出现损坏的家用电器。以往，每家生产商都是自己进行维修，办公场所和人力方面的成本很高。经过与用户协商，在得到大多数生产商认可的情况下，这家企业在库内开始了家用电器的维修业务，既解决了生产商售后服务的实际问题，也节省了维修品往返运输的成本和时间，并分流了企业内部的富余人员，一举两得。

3. 多样化

除了为用户提供仓储服务之外，这家企业还为一个最大的客户提供办公服务，向这个客户的市场销售部门提供办公场所，为客户提供了前店后厂的工作环境，大大提高了客户的满意度。

4. 区域性物流配送

经过几年的发展，该企业的经营管理水平不断提高，企业内部的资源得到了充分挖掘。同样，企业的仓储资源和其他资源也已经处于饱和状态，资源饱和了，收入的增加从何而来？在国内发展现代物流的形势下，这家企业认识到只有走出库区，走向社会，发展物流，才能提高企业的经济效益，提高企业的实力。发展物流从何处做起？经过调查和分析，该企业决定从学习入手，向比自己先进的企业学习，逐步进入现代物流领域。经过多方努力，他们找到一家第三方物流企业，在这个第三方物流企业的指导下，通过与几家当地的运输企业合作（外包运输），开始了区域内的家用电器物流配送，为一家跨国公司提供物流服务。现在，这家企业的家用电器物流配送已经覆盖了四川（成都市）、贵州和云南。

问题：

1. 通过分析西南仓储公司向现代物流的转变过程，你认为其转变成功的关键是什么？

2. 通过本案例分析，你认为目前中国传统物流企业怎样才能实现向现代物流的转变？

**【实训项目三】**

一、实训任务

本地区（市）仓储企业的现状调查。

二、实训目的及训练要点

1. 了解当地仓储企业仓储管理的内容。

2. 了解当地仓储企业的主要业务。

三、实训设备、仪器、工具及资料

本地区（市）物流园区或仓储企业集中的区域。

四、实训内容及步骤

1. 调查仓储企业的仓储类型及主要业务。

2. 调查仓储企业的仓储功能及其具体表现方式。

3. 收集仓储企业的一些资料。

4. 分组讨论仓储企业改进的建议，可上网搜索相关资料。

5. 撰写实训报告。

# 仓储设备与管理

## 学习目标

- 掌握仓储常用设施和设备的性能、特点和参数；能够依据要求合理选用仓储货架、叉车、输送机、托盘，能够操作叉车和输送机。
- 了解自动化立体仓库、高层货架、巷道式堆垛机的工作原理、构造和操作要求；了解自动化立体仓库、高层货架、巷道式堆垛机的优缺点。
- 掌握仓储设备的选择原则和作用；掌握仓储设备的维修保养要求及其技术改造和更新。


任务一 仓储设施与设备

任务二 其他自动化仓储设备

任务三 仓储设备管理

实训项目一 正泰集团的自动化立体仓库

实训项目二 北京烟草配送中心的卷烟自动分拣系统

实训项目三

仓储设施与设备以及其他相关的配套设备是仓储管理工作的重要内容，它不仅关系到仓储的建设成本和运营管理费用，更关系到仓储管理的效率和效益。仓储管理设备主要有两大类：一是仓储装卸搬运设备，二是保管作业设备。

**【引导案例】**

## 华联配送中心的设备配置

一、华联配送中心的规划目标

合理规划物流配送流程是建设配送中心的重要前提，根据经营商品进销的不同情况和商品的ABC分析，华联配送中心的物流可分成三部分：①储存型物流——这类商品进销频繁，整批采购、保管，经过拣选、配货和分拣，再配送到门店。②中转型物流——这类商品通过计算机网络系统汇总各商场门店的订货信息，然后整批采购，不经储存，直接在配送中心进行拣选、组配和分拣，再配送到门店。③直送型物流——这类商品不经过配送中心，由供货商直接组织货源送往超市门店，而配货、配送信息由配送中心集中处理。

二、华联配送中心的设备配置

（1）仓储立体化。配送中心采用高层立体货架和拆零商品拣选货架相结合的仓储系统，大大提高了仓库空间的利用率。在整托盘（或整箱）储存区，底层为配货区，存放7 000种整箱出货的商品；上面四层为储存区，用于向配货区补货；在拆零商品配货区，拆零货架上放置3 000种已打开物流包装箱的商品，供拆零商品拣选用。

（2）装卸搬运机械化。配送中心采用前移式蓄电池叉车、电动搬运车、电动拣选车和托盘，实现装卸搬运作业机械化。此外，原先每辆送货卡车跟装卸工三人，现在则采用笼车。卡车开到门店，由门店人员自己把笼车卸下来推到店内，既减轻了劳动强度，又大大缩短了卸车的时间，原来一天跑两车货的，现在可以跑三车，提高了卡车的运输效率。同时，由于减少了装卸搬运作业量，既减轻了劳动强度，又降低了物流成本。再则，由于减少了搬运次数，物流配送过程中的货损、货差大幅度下降。

（3）拆零商品配货电子化。近年来，连锁超市对商品“拆零”作业的需求越来越强烈，国外同行业配送中心拣货、拆零的劳动力已占整个配送中心劳动力的70%，华联配送中心拆零商品的配送作业正准备采用电子标签拣选系统。届时，只要把门店的订单输入电脑，作业人员便可按照货位指示灯和品种显示器的指示，从货格里取出商品，放入拣货周转箱，然后揿动按钮，货位指示灯和品种显示器熄灭，订单商品配齐后进入理货环节。电子标签拣选系统大大提高了商品处理的速度，减轻了作业强度，大幅度降低了差错率。

（4）物流管理条码化与配送过程无纸化。配送中心采用无线通信的电脑终端，开发了条形码技术，从收货、验货、入库到拆零、配货，全面实现条形码、无纸化。

（5）组织好“越库中转型物流”“直送型物流”和“配送中心内的储存型物流”，完善“虚拟配送中心”技术在连锁超市商品配送体系中的应用。

通过上述设备的配置，华联配送中心具有了较高的科技含量，满足了用户要求。

# 仓储设施与设备

仓储设施与设备是指仓库进行生产和辅助生产作业以及保证仓库作业安全所必需的各种设施设备的总称，是仓库进行装卸搬运、保管维护、计量检验、安全消防等各项作业的劳动手段。

仓储设施与设备主要包括仓库及与其相关的配套设备，依据仓储设施与设备的用途不同可以分为存取货设施设备、仓库站台设施设备和仓储辅助设备等。存取货设施设备包括货架、叉车、输送机、托盘及其他设备。仓库站台设施设备包括月台、牵引车、拖车及其他设备。仓储辅助设备包括计量设备、养护设备和安全设备。

## 一、货架

货架是指用支架、隔板或托架组成的立体储存货物的设施，在物流领域中占有非常重要的地位。随着物流业的飞速发展，为满足物流量大幅度增加的需要，实现仓库的现代化管理，改善仓库的功能，不仅要求有足够多的货架数量，而且要求货架具有多种功能，并能满足机械化、自动化的要求。

### （一）货架的作用及功能

货架在现代物流活动中起着相当重要的作用。仓库管理能否实现现代化，与货架的种类、功能有直接的关系。货架的作用及功能有如下五个方面：

（1）货架是一种架式结构物，可充分利用仓库空间提高库容利用率，扩大仓库储存能力。

（2）存入货架中的货物互不挤压，物资损耗小，可完整保存货物本身的功能，减少货物的损失。

（3）货架中的货物存取方便，便于清点及计量，可做到先进先出。

（4）保证储存货物的质量，可以采取防潮、防尘、防盗、防破坏等措施，以提高物资储存质量。

（5）很多新型货架的结构及功能有利于实现仓库的机械化及自动化管理。

### （二）货架的分类

1. 按货架的发展分类

（1）传统式货架。包括层架、层格式货架、抽屉式货架、橱柜式货架、U 形货架、悬臂架、栅架、鞍架、气罐钢筒架、轮胎专用货架等。

（2）新型货架。包括旋转式货架、移动式货架、装配式货架、调节式货架、托盘式货架、驶入式货架、高层式货架、阁楼式货架、重力式货架、臂挂式货架等。

2. 按货架的重量分类

（1）轻型货架。每层货架载重量在 150 kg 以下。

（2）中型货架。每层货架载重量为 150～500 kg。

(3) 重型货架。每层货架载重量在 500 kg 以上。

**(三) 几种常用的货架**

1. 托盘式货架

(1) 结构。托盘式货架是最常用的选取式货架 (selective rack)。此种货架是用于存放装有货物托盘的货架，可以自由选取存放在货架任一位置的托盘货物；目前都采用自行组合方式，易于拆卸和移动，可按物品堆码的高度任意调整横梁位置，又可称作可调式托盘货架。托盘式货架的尺寸大小视仓库的大小及托盘尺寸的大小而定，如图 2-1 所示。

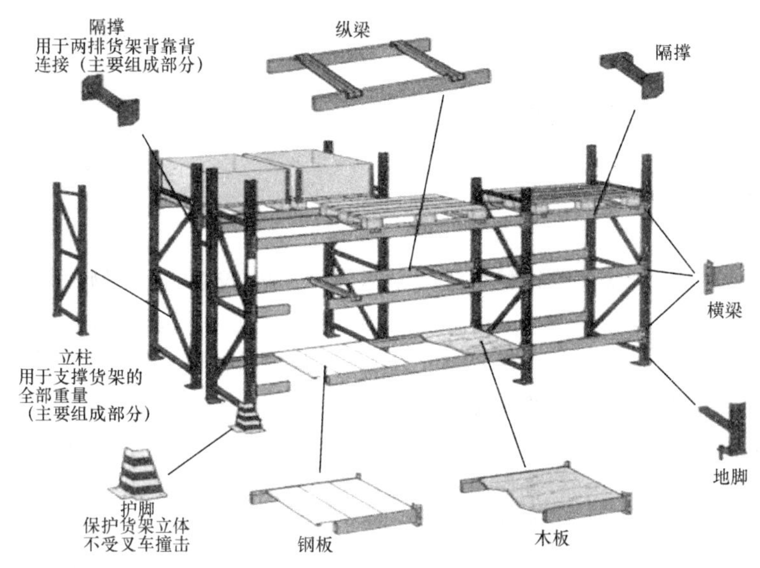


**图 2-1 托盘式货架**

(2) 特点及用途。托盘式货架的主要特点是：可任意调整组合；架设施工简易、费用经济；出入库存取不受物品先后顺序的限制，能满足先进先出的要求；适用于叉车存取；货架高度受限，一般在 6 m 以下；货架撑脚须加装叉车防撞装置。此类货架在仓库中已被广泛使用。

2. 悬臂式长形货架

(1) 结构。悬臂式长形货架又称悬臂架，由三或四格塔形悬臂和纵梁相连而成，分单面和双面两种，如图 2-2 所示。悬臂架用金属材料制造，为防止材料碰到货物产生刻痕，应在金属悬臂上垫上木质衬垫，也可用橡胶带保护。悬臂架的尺寸不定，一般根据所放长形材料的尺寸大小而定。

(2) 特点及用途。悬臂架为边开式货架的一种，可以在架子两边存放货物，但不太便于机械化作业，存取作业强度大，一般适于轻质的长条形材料存放，可用人力存取操作。重型悬臂架用于存放长条形金属材料。

3. 驶入式货架

(1) 结构。驶入式货架取消了位于各排货架之间的通道，将货架合并在一起，使同一层同一列的货物互相贯通，故又称贯通式货架或通廊式货架，其结构如图 2-3 所示。

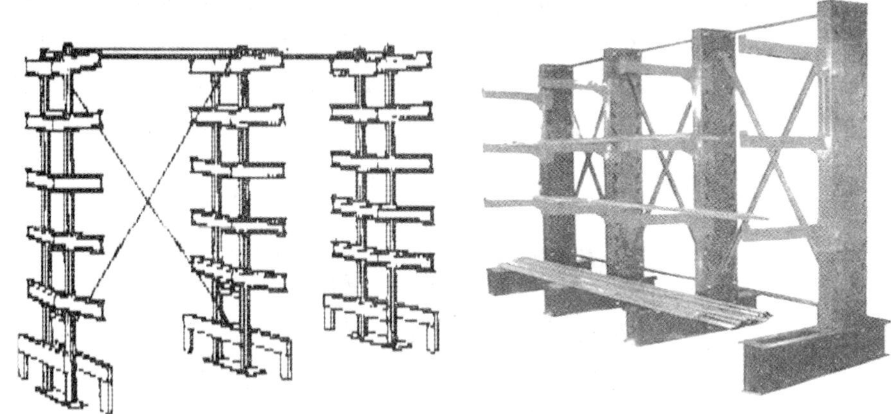

图 2-2　悬臂式长形货架

这种货架采用钢质结构，钢柱上一定位置有向外伸出的水平突出构件。当托盘送入时，突出的构件将托盘底部的两个边拖住，使托盘本身起横梁作用。当架上未放托盘货物时，货架正面便成了无横梁状态，这时就形成了若干通道，可方便地出入叉车等作业车辆。

图 2-3　驶入式货架

（2）特点及用途。这种货架的特点是叉车直接驶入货架进行作业。叉车与架子的正面成垂直方向驶入，在最内部设有卸放托盘货物的位置直至装满，取货时再从外向内按顺序取货。驶入式货架能起保管场所及叉车通道的双重作用，但叉车只能从架子的正面驶入。这样一来，虽然可提高库容率及空间利用率，但是很难实现先进先出。因此，每一巷道只宜保管同一品种货物，并且只适用于保管少品种、大批量以及不受保管时间限制的货物。驶入式货架是高密度存放货物的重要货架，库容利用率可达 90％以上。

4．移动式货架

（1）结构。这种货架又叫动力式货架，通过货架底部的电动机驱动装置，它可在水平直线导轨上移动；一般设有控制装置和开关，在 30 s 内使货架移动，叉车可进入存取货物，如图 2-4 所示。此外，这种货架有变频控制功能，可控制驱动和停止时的速度，以防止货架上的物品抖动、倾斜或倾倒。在其适当位置还安装有定位用的光电传感器和可刹车的齿轮马达，定位精度大幅提高。

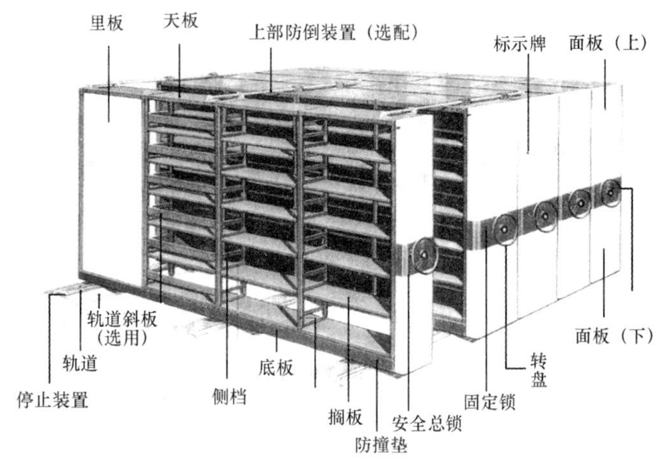


**图 2-4　移动式货架**

（2）特点及用途。

①比一般固定式货架储存量大很多，节省空间。

②适合保管少品种、大批量、进出频率低的货物。

③节省地面面积，地面使用率达 80%。

④可直接存取每一项货品，不受先进先出的限制。

⑤高度可达 12 m，单位面积的储存量可达托盘式货架的两倍左右。

⑥成本高、施工慢。

5. 重力式货架

（1）结构。重力式货架又称流动式货架，是现代物流系统中一种应用广泛的装备。其原理是利用货体的自重，使货体在有一定高度差的通道上从高处向低处运动，从而完成进货、储存、出库的作业。重力式货架和一般层架从正面看基本相似，但是其深度比一般层架深得多，类似许多层架密集靠放。每一层隔板成前端（出货端）低、后端（进货端）高的一定坡度。有一定坡度的隔板可制成滑道形式，货体顺滑道从高端向低端滑动，也可制成滑轨、辊子或滚轮，以提高货体的运动性能，尽量将坡度做得小一些。

如图 2-5 所示是一个带辊子滑道的重力式货架，这种货架的一侧通道作为存放货物用，另一侧作为取货用。货物放在滚轮上，货架向取货方向稍倾斜一个角度，利用货物重力使货物向出口方向自动下滑，以待取出。

（2）特点及用途。

重力式货架采用密集式流道储存货物，空间利用率可达 85%，适用于存放大量且需短时间出货的货品或品项少而批量大的货品，货品可先进先出，储物形态为托盘或储存箱。

图 2-5　辊轮重力式货架

6. 旋转式货架

传统的货架是由人或机械到货格前取货（人至货），而旋转式货架是将货格里的货物移动到人或拣选机旁边，再由人或拣选机取出所需的货物（货至人）。操作者可按指令旋转货架运动，达到存取货物的目的。

这种货架的出现可以解决由于货物品种的迅猛增加所带来的拣选作业工作量大、劳动强度高、系统日益复杂的问题。根据旋转方式的不同，旋转式货架可分为垂直旋转式、水平旋转式、整体旋转式三种。

（1）垂直旋转式货架。

①结构。这种货架类似垂直提升机，在提升机的两个分支上悬挂有成排的货格，提升机可正转，也可以反转。货架的高度为 2～6 m，正面宽 2 m 左右，10～30 层不等，单元货位载重 100～400 kg，回转速度 6 m/min 左右，其结构如图 2-6 所示。

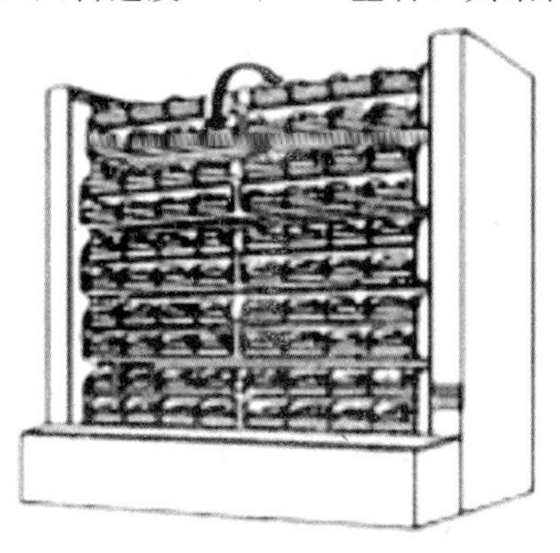

图 2-6　垂直旋转式货架

②特点及用途。垂直旋转式货架主要适用于多品种、拣选频率高的货物。若取消货格改成支架，可用于成卷的货物，如地毯、纸卷、塑料布等的存取。

(2) 水平旋转式货架。

①结构。水平旋转式货架的最佳长度为 10～20 m，高度为 2～4.5 m，单元货物载重 200～250 kg，回转速度约 20～30 m/min。

②特点及用途。多层水平旋转式货架如图 2-7 所示，它是一种拣选型货架。这种货架各层可以独立旋转，每层都有各自的轨道，用计算机操作时可以同时执行几个命令，使各层货物从远到近、有序地到达拣选点，拣选效率很高。此外，这种货架储存货物品种多，多达 2 000 种以上，主要用于出入库频率高、多品种拣选的配送中心等场所。

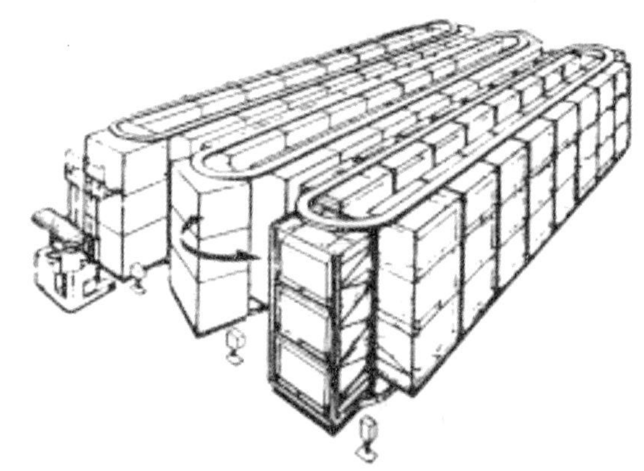

图 2-7 多层水平旋转式货架

(3) 整体旋转式货架。这种货架由多排货架联结，每排货架又有若干层货格，货架做整体水平式旋转，每旋转一次，便有一排货架到达拣货面，可对这一排的各层进行拣货，其结构如图 2-8 所示。

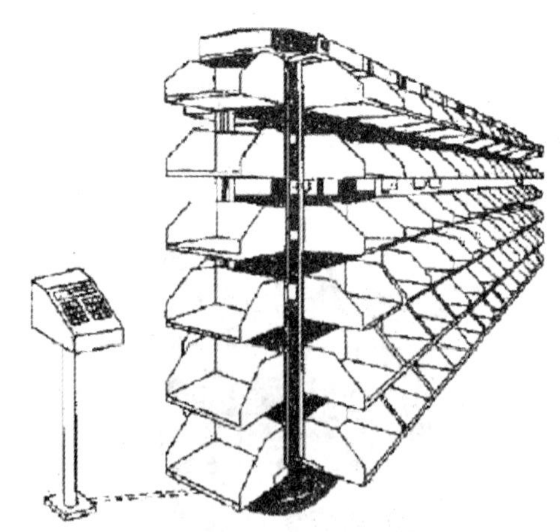

图 2-8 整体旋转式货架

7. 阁楼式货架

(1) 结构。图 2-9 所示为多层堆叠制成阁楼布置的货架。其结构有的是由低层货架承重，上部搭置楼板形成一层新的库面；有的是由立柱承重，上部搭置楼板形成库面。

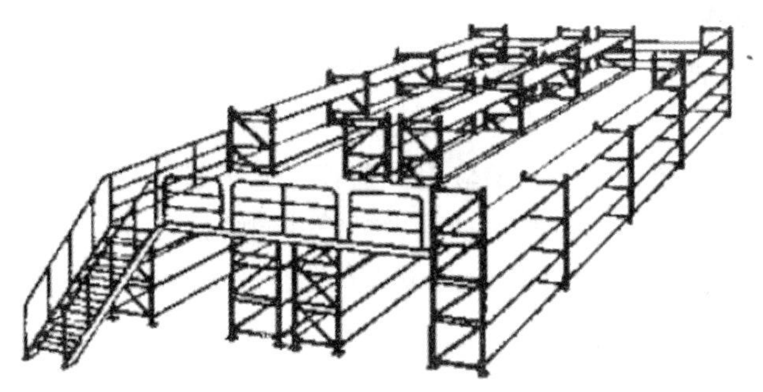

图 2-9　阁楼式货架

（2）特点及用途。阁楼式货架是在已有的仓库工作场地上面建造楼阁，在楼阁上面放置货架或直接放置货物，或将原有的平房库改为两层的楼库，货物提升可用输送机、提升机、电葫芦，也可用升降台。在阁楼上面可用轻型小车或托盘牵引车进行货物的堆码。采用阁楼式货架后可成倍地提高原有仓库利用率，但缺点是存取作业效率低。阁楼式货架主要用于存放储存期较长的中小件货物。

## 二、叉车

叉车（forklift truck）又称铲车，是物流领域装卸搬运设备中应用最广泛的一种设备。它以货叉作为主要的取货装置，依靠液压起升机构升降货物，由轮胎式行驶系统实现货物的水平搬运，具有装卸、搬运的双重功能。叉车的前部装置有标准货叉，可以自由地插入托盘中，用来提取、搬运、堆码单元货物，能够完成成件货物的出库、搬运、装卸、入栈四种复合作业。

按照性能和功用分类，叉车有平衡重式叉车、前移式叉车、侧面式叉车、高货位拣选式叉车、伸缩臂式叉车、插腿式叉车六种。其中以平衡重式叉车的应用最为广泛。

### （一）平衡重式叉车

平衡重式叉车的工作装置位于叉车的前端，货物载于前端的货叉上，为了平衡前端货物的重量，需要在平衡重式叉车的后部装有相匹配的重量。前轮为驱动轮，后轮为转向轮。平衡重式叉车是搬运车辆中应用范围最广泛的一种，它可以由司机单独操作完成货物的装卸、搬运和堆垛作业，并且通过交换属具扩大叉车的使用范围和提高作业效率。平衡重式叉车的外形如图 2-10 所示。

电瓶式

图 2-10　平衡重式叉车

### （二）前移式叉车

前移式叉车具有两条前伸的支腿，支腿较高，其前端有两个轮子。叉车的门架可以带着起升机构沿着支腿内侧轨道前移，便于叉取货物。叉完货物后，起升一小段高度，门架又沿着支腿内侧轨道回到原来的位置。前移式叉车起重量较小，采用电动机进行驱动。这类叉车具有平衡重式叉车和电动堆垛机的共同特征，并具有操作灵活和高荷载的优点，同时体积和自重不会增加很多，可以节省空间，适合于通道较窄的室内仓库作业。其设备外形如图 2-11 所示。

**图 2-11　前移式叉车**

### （三）侧面式叉车

侧面式叉车的门架、起升机构、货物平台和货叉位于叉车的侧面中部，可以沿着横向导轨移动。当货叉沿着门架上升到大于货物平台高度时，门架沿着导轨缩回，降下货叉，货物便放在叉车的货物平台上。车体进入通道，货叉面向货架或货垛，装卸作业不必先转弯再作业。因此这种叉车适合于窄通道作业，且有利于条形长尺寸物品的装卸和搬运，如图 2-12 所示。

**图 2-12　侧面式叉车**

### （四）高货位拣选式叉车

高货位拣选式叉车的主要作用是高位拣货。操作台上的操作者可与装卸装置一起上下运动，并拣选储存在两侧货架内的物品。此类叉车适用于品种多、数量小的货物入库、出库的拣选及高层货架仓库。其起升高度一般为 4～6 m，最高可达 13 m，大大提高了仓库空间利用率。为保证安全，操作台起升时只能微动运行。高货位拣选式叉车的外形如图 2-13 所示。

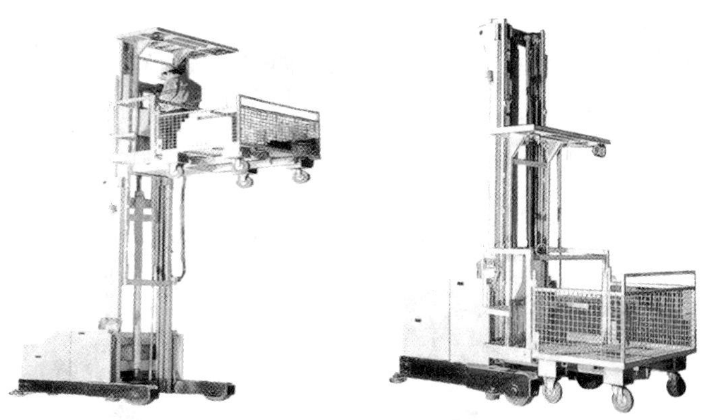

图 2-13　高货位拣选式叉车

**（五）伸缩臂式叉车**

伸缩臂式叉车的货叉安装在一个可以伸缩的长臂前端。它可以跨越障碍进行货物的堆垛作业，通过交换叉车属具进行多种作业。这种叉车还具有稳定性较强、作业人员可以有较好视野的优点。伸缩臂式叉车的外形如图 2-14 所示。

**（六）插腿式叉车**

插腿式叉车一般由电动机驱动，蓄电池供电。其作业特点是起重量小、车速低、结构简单、外形小巧，如图 2-15 所示，适合在通道狭窄的仓库内作业。

图 2-14　伸缩臂式叉车

图 2-15　插腿式叉车

## 三、输送机

输送机是在一定的线路上连续不断地沿同一方向输送物料的物料搬运机械，装卸过程中无需停车。

按安装方式不同，输送机有固定式和移动式两大类。固定式输送机是指整个设备固定安装在一个地方，不能再移动，主要用于固定输送的场合，如专门码头、仓库中货物的移动，以及工厂工序之间的原材料、半成品和成品的输送。它具有输送量大、能耗低、效率高等特点。移动式输送机是指整个设备安装在车轮上，可以移动，具有机动性强、利用率高等特点，适合于中小仓库。常见的输送机有以下几种：

### （一）带式输送机

带式输送机是由电动机作为动力、胶带作为输送带，利用摩擦力连续传送货物的输送机械。带式输送机由金属结构机架，装在头部的驱动滚筒和装在尾部的张紧滚筒，绕过头尾滚筒和沿输送机全长上安装的上支承托辊、下支承托辊的无端输送带，以及包括电动机、减速器等在内的驱动装置、装载装置、卸载装置和清扫装置等组成，如图 2-16 所示。

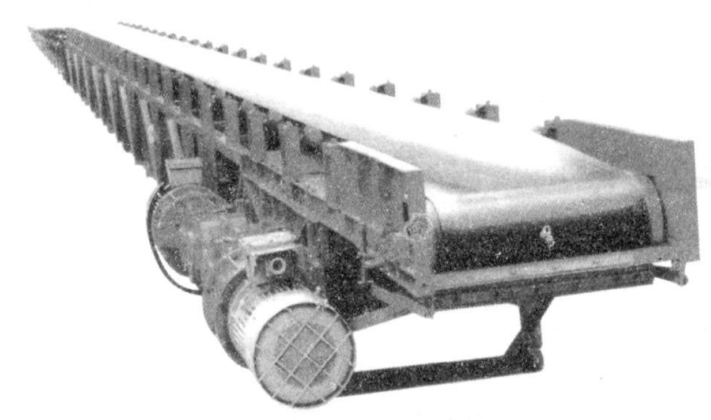

图 2-16　带式输送机

### （二）辊子输送机

辊子输送机是由一系列以一定间距排列的辊子组成的、用于输送成件物品或托盘货物的输送设备，具有结构简单、运转可靠、布置灵活、输送平稳、使用方便、经济节能的优点。它与生产过程和装卸搬运系统能很好地衔接和配置，利用多种功能组成流水作业，可并排组成大宽度的输送机以运送大型成件物品，因而在仓库、港口、货场得到了广泛的应用，如图 2-17 所示。

图 2-17　辊子输送机

### （三）链条输送机

链条输送机由两根套筒辊子链条组成，链条由驱动链轮牵引，链条下面有导轨，支承着链节的套筒辊子。货物直接压在链条上或者利用承载托板承载输送，随着链条的运动而向前移动，如图 2-18 所示。

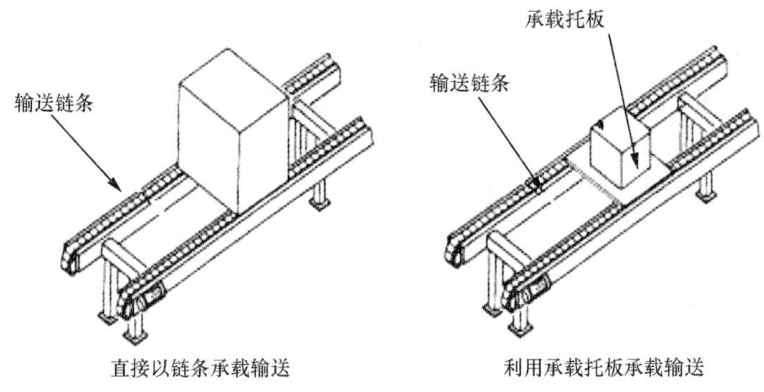


图 2-18　链条输送机

链条输送机的特点：连续式运转，链条必须有轨道支撑；除输送方形规则物外，其他货品必须以承载托板输送；以承载托板输送时，必须加装承载托板的回收装置；输送速度慢；构造简单，维护容易；可应用于自动仓库前段及装配、包装等区域。

## 四、托盘

托盘是一种便于机械化装卸、搬运和堆存货物的集装器具。托盘包装是指将包装件或物资堆码在托盘上，通过捆扎、裹包或胶黏等方法加以固定，形成一个搬运单元或销售单元，以便机械化作业。托盘既起搬运器具的作用，又具有集装容器的功能，是国内外运输包装普遍采用的一种集装器具。

托盘作为一种装卸储运物质的轻便平台，便于利用叉车、搬运车辆或吊车等装卸和搬运单元物品或数量少的物品。托盘的出现促进了集装箱和其他集装方式的形成和发展。目前，托盘和集装箱已成为集装系统的两大支柱。

### （一）托盘的类型和结构

随着托盘的使用范围的扩大和数量的增长，托盘的种类和形式也在不断变化。例如，按材料不同，托盘可分为木制托盘、钢制托盘、铝制托盘、纸制托盘、塑料托盘、胶合板托盘和复合材料托盘等，如图 2-19 所示；按使用方式不同，托盘一般分为通用托盘和专用托盘两种。

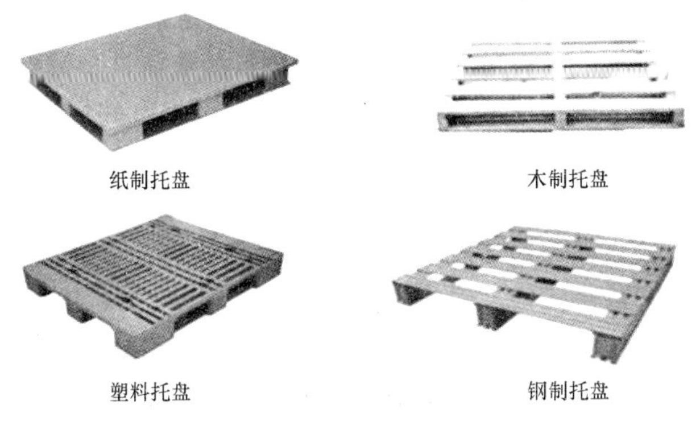


图 2-19　不同材料的托盘

1. 通用托盘

通用托盘是指在企业内外一般货物流通使用，可供互换的托盘。其尺寸和结构一般都符合国际、国家或行业标准的规定。通用托盘按其结构不同可分为平托盘、柱式托盘、箱式托盘、网箱托盘和轮式托盘等。下面分别介绍其类型及结构特征。

（1）平托盘。平托盘是使用范围最广泛的一类。除用得最多的木制托盘外，还有钢制、塑料制的平托盘。钢制平托盘用角钢等异型材焊接而成，其最大的特点是强度高，不易损坏和变形，维修工作量小。塑料制平托盘采用塑料模具制成，一般为两面使用型，其最大特点是本体重量轻，耐腐蚀性强，可着各种颜色分类区分，但其承载能力不如钢制、木制托盘。平托盘按承载面数可分为单面平托盘和双面平托盘两种，按叉车货叉插入方向可分为两向进叉托盘、四向进叉托盘，如图 2-20 所示。

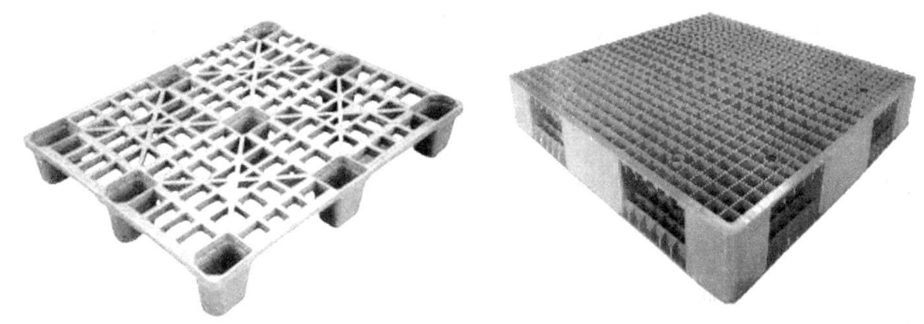

**图 2-20　平托盘**

（2）柱式托盘。柱式托盘是在平托盘的四角处装上立柱构成的，立柱的材料多为钢制，耐荷重 3 t，自重 30 kg 左右，其形态如图 2-21 所示。托盘上的立柱大多为可卸式的，高度为 1 200 mm 左右。柱式托盘是在平托盘基础上发展起来的，其特点是在不压货物的情况下可进行码垛（一般为四层），多用于包装物料和棒料管材等的集装。柱式托盘还可作为可移动的货架、货位，不用时可叠套存放以节约空间。近年来，柱式托盘在国外推广迅速。这种托盘如要进一步简化，可从对角的柱子上端用横梁连接，使柱子成门框形。

（3）箱式托盘。箱式托盘是在平托盘上安装上部构造物（平板状、网状构造物等）制成的箱形设备（图 2-22），箱壁构造物分可拆式、固定式、折叠式三种。箱式托盘是在平托盘基础上发展起来的，多用于散件或散状物料的集装，金属箱式托盘还用于热加工车间集装热料。一般下部可叉装，上部可吊装，并可进行码垛（一般为四层）。这种托盘的特点是使包装简易并可将形式不规则的货物集装，在运输中还有不需要采取防止塌垛措施的优点。

（4）网箱托盘。网箱托盘用于存放形状不规则的物料，可使用托盘搬运车、叉车、起重机等作业，可相互堆叠四层，空箱可折叠，如图 2-23 所示。

（5）轮式托盘。在柱式、箱式托盘下安装小型脚轮，即可形成轮式托盘（图 2-24）。轮式托盘一般分为常用于杂物配送的滚轮箱式托盘和用于低温货物管理的滚轮保冷箱式托盘两种。

图 2-21　柱式托盘

图 2-22　箱式托盘

图 2-23　网箱托盘

图 2-24　轮式托盘

2. 专用托盘

专用托盘是一种集装特定物料（或工件）的储运器具。它和通用托盘的区别在于具有适合特定物料（或工件）装载的支撑结构，以避免在搬运作业过程中的磕、碰、划现象。

由于物料（或工件）的形状和重量的差异，以及生产工艺要求和作业方式的不同，专用托盘的形状也多种多样，一般分为插孔式、插杆式、箱格式、悬挂式和架放式五种。

## （二）托盘的规格尺寸

托盘主要技术参数如图 2-25 所示，主要参数有五个，即长度、宽度、总高度、叉孔高和自由叉孔（插口）高。其中总高度一般为 100～150 mm，单面取 140 mm，双面取 150 mm；叉孔高 70 mm，叉孔宽度为 95～127 mm；自由叉孔（插口）则专门为托盘搬运车插腿插入所用，高度为 100 mm。托盘的尺寸在上述三者上基本统一。

但是托盘的长度和宽度尺寸世界各国都不相同，而这两个关键尺寸与货架、搬运设备、运输工具等密切相关。对托盘尺寸进行标准化至关重要，目前主要规格尺寸如下：

（1）800 mm×1 200 mm 为欧式托盘。

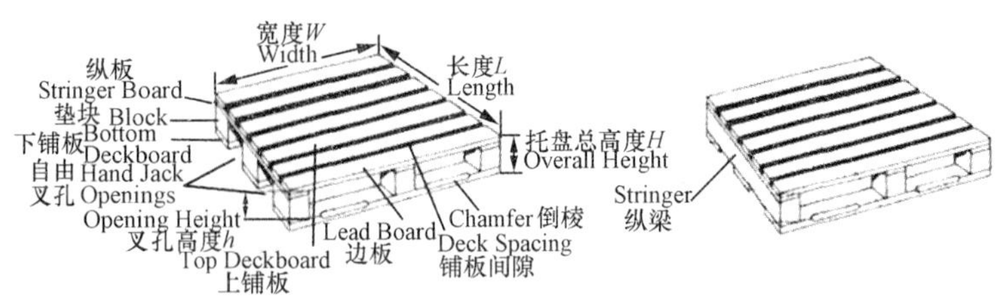


图 2-25　木制平托盘主要技术参数

(2) 1 000 mm×1 200 mm 为通用标准托盘。

(3) 1 016 mm×1 219 mm (40 in×48 in) 为美式托盘。

(4) 1 140 mm×1 140 mm 为日、韩、中国台湾采用的日式托盘。

国际标准择优采用 800 mm×1 200 mm 和 1 000 mm×1 200 mm 两种尺寸。1996 年我国颁布了平托盘规格尺寸的国家标准 (GB2934—1996)，除了上述 (1) 和 (2) 两类外，还有 800 mm×1 000 mm 的规格。

## 五、站台设施及设备

### (一) 站台设备

站台设施及设备主要是指用于货运车站、仓库、物流中心及港口码头各种箱包类货物装卸、转运、分拣等的设施设备。这类设施设备包括库房、库门、牵引车、箱包转运车、站台登车桥、地面登车桥、叉车、站台拖车、液压升降台等，如图 2-26 所示。

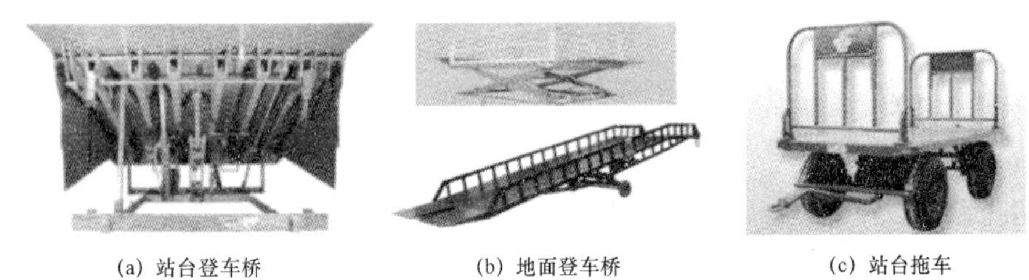

(a) 站台登车桥　(b) 地面登车桥　(c) 站台拖车

图 2-26　收发站台设备

### (二) 站台

站台是指和仓库相连的线路或进入仓库内部的线路，以及线路与仓库的连接点，也称月台、码头，是仓库进发货的必经之路。这些设施既是仓库进行出入库作业的基本保证条件，又是仓库高效工作不可忽视的部位。

1. 站台的主要形式

(1) 高站台。站台高度与车辆货台高度一样，一旦车辆停靠后，车辆货台与站台处于同一水平面，有利于使用作业车辆进行水平装卸，使装卸合理化。

(2) 低站台。站台和地面一样高，往往是和仓库地面处于同一高度，以利于站台与仓库之间的搬运。低站台与车辆之间的装卸作业不如高站台方便。但是，如果采用传送装置装卸货，由于传送装置安装需要一定高度，此时采用低站台，传送装置安装后即可与陈列货台保持同等高度。此外，采用低站台也有利于叉车作业。

2. 站台高度的确定

在一个库区内可考虑停靠车辆的种类，有若干不同高度的停靠位置，也可考虑车中平均高度，尽可能缩小货车车厢底板与站台的高度差，以达到提高作业效率的目的。不同车辆的参考高度参见表 2-1。

**表 2-1　不同车辆适合的站台高度**

| 车型 | 站台高度（米） | 车型 | 站台高度（米） |
| --- | --- | --- | --- |
| 平板车 | 1.32 | 冷藏车 | 1.32 |
| 长途挂车 | 1.22 | 作业拖车 | 0.91 |
| 市区卡车 | 1.17 | 载重车 | 1.17 |
| 国标标准装箱拖车 | 1.40 | — | — |

3. 站台作业安全设施

在仓库中，进出货车种类可能很多，因而即使考虑不同高度的站台，也很难使全部车辆与站台相接。要克服车辆与月台间的间距和高度差，一般站台为作业安全与方便起见，常采用下列三种设施。

（1）可移动式楔块（图 2-27）。可移动式楔块又叫竖板，当装卸货品时可放置于卡车或拖车的车轮旁固定，以避免装卸货期间车轮意外地滚动而可能造成的危险。

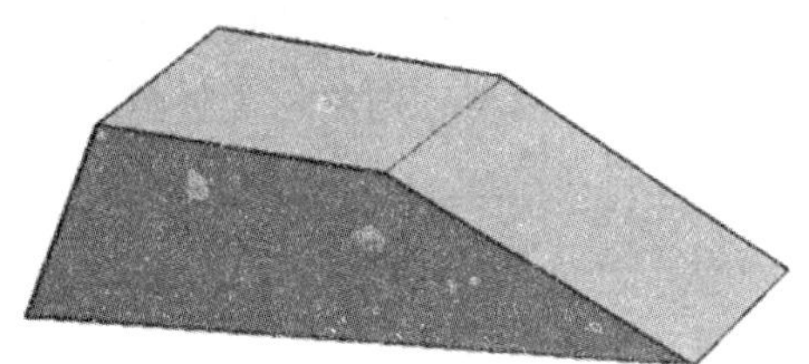

**图 2-27　可移动式楔块**

（2）升降平台。最安全也最有弹性的卸货辅助器应属升降平台，而升降平台分为卡车升降平台和码头升降平台两种。当配送车到达时，就卡车升降平台而言，可提高或降低车子后轮，使得车底板高度与月台一致，从而方便装卸货，如图 2-28 所示；若就码头升降平台而言，则可调整码头平台高度来配合配送车车底板的高度，因而两者有异曲同工的效果，如图 2-29 所示。

**图 2-28　卡车升降平台**

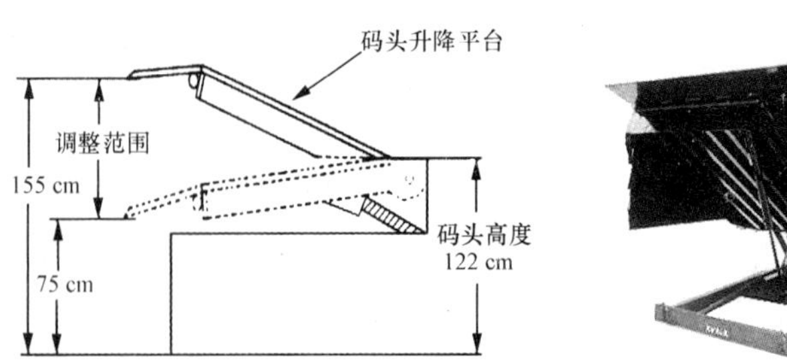


图 2-29　码头升降平台

（3）车尾附升降台。它是装置于配送车尾部的特殊平台。当装卸货时，可运用此平台将货物装上卡车或卸至月台。车尾附升降台可延伸至月台，亦可倾斜放至地面，其设计有多种样式，适用于无月台设施的物流中心或零售点的装卸货。

# 其他自动化仓储设备

随着现代社会经济的快速发展和技术的进步，仓储设备业也日新月异，产生了各种自动化立体仓库、高层货架、巷道式堆垛机等自动化设施设备。这些自动化的仓储设备可提高仓储空间利用率和出入库作业效率，因此，了解和应用好这些仓储自动化设备对提高仓储管理效率具有重要的作用。

## 一、自动化立体仓库

自动化立体仓库是指由计算机进行管理和控制，不需要人工搬运作业而实现入库和出库作业的立体高货架仓库。它是当代货架储存系统和自动化系统发展的产物。由于自动化立体仓库具有很高的空间利用率和很强的出入库能力，形成了先进的物流系统，因而已成为物流企业和生产管理不可缺少的仓储技术，越来越受到企业的重视。

### （一）自动化立体仓库的构成

自动化立体仓库是由高层货架、巷道堆垛起重机（有轨堆垛机）、出入库输送机系统、电气与电子设备、计算机自动化仓库管理系统及其周边设备等组成的，可对集装单元物品实现机械化自动存取和控制作业的仓库（GB/T18354—2006），其构成如图 2-30 所示。

1. 高层货架

高层货架是立体仓库的主要构筑物。货架的高度是自动化立体仓库的主要参数，直接决定了仓库的运营成本。小于 5 m 的为低层货架，5～15 m 以上的为中层货架，15 m 以上的为高层货架。采用高层货架立体储存，能有效利用空间，减少占地面积，降低土地购置费用。

2. 巷道堆垛起重机

巷道堆垛起重机可分为单柱堆垛机和双立柱堆垛机两类，有单方向和双方向两种存

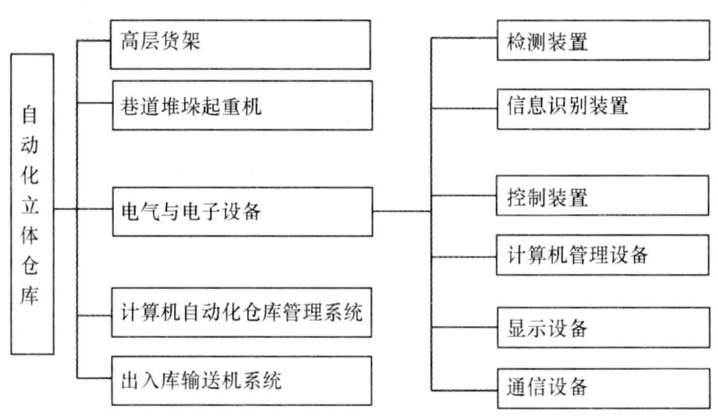


**图 2-30　自动化立体仓库的构成**

取货方式。巷道堆垛起重机可实现货物的有效堆垛，其控制精度、停准的精度、保护措施也日趋完善，是自动化立体仓库的主要搬运和取送设备。

3. 电气与电子设备

自动化立体仓库中的电气与电子设备主要指检测装置、信息识别装置、控制装置、计算机管理设备、显示设备、通信设备等。

4. 计算机自动化仓库管理系统

计算机自动化仓库管理系统是自动化立体仓库的指挥中心，通过该系统实现数据的有效输入、转换和输出，可控制自动化立体仓库的作业活动，辅助进行仓储管理。

5. 出入库输送机系统

出入库输送机系统通过输送链（如皮带链、流利链、辊筒链等）辅助巷道堆垛起重机进行出库、入库的传输作业，可提高运行效率。

**（二）自动化立体仓库的优缺点**

1. 自动化立体仓库的优点

（1）提高仓库的空间利用率。由于自动化立体仓库采用高层货架、立体储存，可大幅度地向空间发展，大大提高了仓库的空间利用率。目前世界上最高的立体仓库高度已达 50 m，是普通平面仓库的 5～10 倍。

（2）提高仓库的作业效率。自动化立体仓库实现了货品出入库作业的自动化、机械化，从而大大提高了作业效率，节约劳动力。采用自动化技术，还能较好地适应黑暗、低温、污染、有毒和易爆等特殊场合的物品储存需要，从而改变了工作环境，保证操作安全。

（3）减少商品的破损率。由于采用托盘和货箱存货，搬运作业安全可靠，商品的破损率减小。

（4）提高仓库管理水平。计算机能够准确无误地对各种信息进行存储和管理，因此能减少商品储存和信息处理过程中的差错。借助计算机管理还能有效地利用仓库储存能力，便于清点和盘库，合理减少库存，从而提高管理水平。

2. 自动化立体仓库的缺点

（1）结构复杂、配套设备多，建筑和设备投资高。

（2）货架安装精度要求高，施工比较困难，而且施工周期长。

（3）储存货物的品种受到一定限制，不适宜储存超长和重量较大的货物。

（4）对仓库管理技术和技术人员要求较高，须经过专门培训。

（5）变化困难，仓库一旦建成，很难根据货品及储存特性进行调整。

（6）设备的保养和维护要求高。

因此，在选择建设自动化立体仓库时，必须综合考虑自动化立体仓库在整个企业中的营运策略、地位和设置自动化立体仓库的目的，不能为了自动化而自动化，而后再详细斟酌建设自动化立体仓库所带来的正面和负面影响；最终，还要考虑采取相应补救措施。所以，在实际建设中必须做出详细的方案规划，进行综合测评，最终确定建设方案。

## 二、高层货架

### （一）高层货架的构成

高层货架是自动化立体仓库的主要组成部分，一般用钢材制作，也可用钢筋混凝土货架。钢货架的优点是构件尺寸小，仓库空间利用率高，制作方便，安装建设周期短。而且随着高度的增加，钢货架比钢筋混凝土货架的优越性更明显。因此，目前国内外大多数立体仓库都采用钢货架。钢筋混凝土货架的突出优点是防火性能好，抗腐蚀能力强，维护、保养简单。

货架的高度是关系到自动化仓库系统全局性的参数。货架钢结构的成本随其高度而迅速增加。尤其是当货架高度超过 20 m 时，其成本将成倍上升，同时堆垛机等设备结构费用也随之增长。

### （二）高层货架的类型

1. 按建筑形式分

高层货架按照建筑形式分类为整体式和分离式。整体式是指货架除了储存货物以外，还可以作为建筑物的支撑结构，就像是建筑物的一个部分，即库房与货架形成一体化结构。分离式是指储存货物的货架独立存在，建在建筑物内部。它可以将现有的建筑物改造为自动化仓库，也可以将货架拆除，使建筑物用于其他目的。

2. 按负载能力分

高层货架按负载的能力可分为单元负载式及轻负载式。

（1）单元负载式。

单元负载式自动仓储高度可达 40 m，储位量可达 10 万余个托板，适用于大型的仓库。而一般使用最普遍的货架高度以 6～15 m 为主，储位量在 1 500～2 000 个左右，每小时可存取 50 个托盘左右，如图 2-31 所示。

单元负载式自动仓储应用于大型生产性企业的采购件、成品件仓库，FAS 系统（柔性装配系统），流通领域的大型流通中心、配送中心等。

（2）轻负载式。

轻负载式自动仓储常用高度为 5～10 m，以塑料容器为存取单位，荷重为 50～100 kg。一般储存重量轻小的物品，如电子零件、精密机器零件、汽车零件、药品及化妆品等，

图 2-31　单元负载式自动仓储

如图 2-32 所示。

图 2-32　轻负载式自动仓储

## 三、巷道式堆垛机

巷道式堆垛机由叉车和桥式堆垛机演变而来。它由运行机构、起升机构、载货台(装有存取货机构)、机架（车身）和电气设备五部分组成。严格来说巷道式堆垛机又分为有轨巷道堆垛机和无轨巷道堆垛机两种。

巷道式堆垛机是立体仓库的主要存取作业机械，它是随着立体仓库的出现而发展起来的专用起重机械。巷道式堆垛机在立体仓库高层货架的巷道内来回运行，将位于巷道口的货物存入货架的货格，或者取出货格内的货物运送到巷道口。

1. 有轨巷道堆垛机

有轨巷道堆垛机采用箱盒单元方式来保管物料。箱盒单元货物要比托盘单元货物的外形尺寸小、重量轻，适用于存放小型物料以及一次出入库量较少的自动仓库，如家电、医药、标准件等行业。有轨巷道堆垛机起重量一般在 2 t 以下，有的可达 4～5 t，高度一般在 10～25 m，最高可达 40 多 m，如图 2-33 所示。

2. 无轨巷道堆垛机

无轨巷道堆垛机又称高架，即叉车向运行方向两侧进行堆垛作业时，车体无须作直角转向，而使前部的门架或货叉作直角转向及侧移，这样作业通道就可大大减少，提高了面积利用率；此外，高架的叉车起升高度比普通叉车要高，一般在 6 m 左右，最高可达 13 m，如图 2-34 所示。

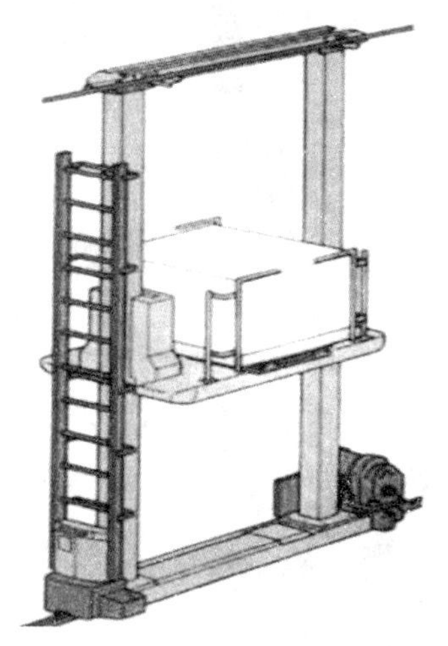

图 2-33　有轨巷道堆垛机

图 2-34　无轨巷道堆垛机

无轨巷道堆垛机分为托盘单元型、拣选型两种。

（1）托盘单元型。由货叉进行托盘货物的堆垛作业，分为以下两种类型：司机室地面固定型，起升高度较低，因而视线较差；司机室随作业货叉升降型，起升高度较高，视线好。

（2）拣选型。无货车作业机构，司机室和作业平台一起升降，由司机对两侧高层货架内的物料进行拣选作业。

# 仓储设备管理

仓储设备管理的内容主要包括仓储设备选择、使用、维修保养、改造和更新等。

## 一、仓储设备的选择

仓储设备的选择是否得当，直接关系到企业经济效益的好坏和资源利用的充分与否。因此，应结合作业场所、作业流程和生产方式等实际情况，科学合理地选择仓储设备。企业选择仓储设备时应遵循以下原则：

（1）适用性原则：是指选择的仓储设备应能适应货物的特性（如尺寸、重量、储存要求）和存取性（如储存密度、先进先出要求），能满足货物出入库量的周转速度的需要，并能适应厂房结构、其他仓储设备的仓储作业流程。

（2）经济性原则：是指选择仓储设备时应全面考察设备的价格和运行费用，并考虑设备今后升级的可能性。

（3）安全性原则：是指选择的仓储设备在能够完成仓储任务的前提下，还能保证作业人员、货物和其他设施设备的安全。

（4）环保性原则：是指选择仓储设备时，应优先选择污染小、耗能少的设备，以降低仓储作业环境的污染和减少能源消耗。

## 二、仓储设备的作用

仓储设备的使用管理直接影响到仓储设备的使用寿命、生产效率和工作精度。加强仓储设备的使用管理可以保持设备处于良好状态，防止或减少设备磨损，减少设备的修理次数和修理费用，并避免发生作业故障。具体来讲，使用仓储设备时需注意以下几点：

（1）加强对操作人员的规范管理。即对设备操作人员进行技术培训和严格考核，使其熟知设备的性能、结构、原理、用途和操作步骤，并学会按照设备操作规程检查、维修保养仓储设备和排除设备故障。

（2）合理安排设备的工作负荷。使用仓储设备时，要根据设备的各项性能参数和仓储作业量，合理安排作业设备的工时定额，以便充分发挥设备效能，同时防止设备负荷过重。

（3）完善技术保障工作。在仓储设备的使用过程中，应提供符合设备规格和质量要求的设备燃油、润滑油、液压油、备品配件等日常消耗品，以便仓储设备顺利运行。

## 三、仓储设备的维修保养

仓储设备的维修保养主要包括设备的保养、检查、故障管理和修理。

### （一）设备的保养

设备的保养是一项经常性的工作。根据设备保养的广度、深度及保养量的大小，设备的保养工作可分为日常保养、一级保养和二级保养三种。

1. 日常保养

日常保养的主要任务是观察设备在日常使用过程中的运行是否正常。它具有经常化和制度化的特点，主要由操作人员负责执行。

日常保养的具体内容包括：搞好清洁卫生；检查设备的润滑情况，并定时定点加油；加固易松动的螺丝或零部件；检查设备是否有漏气、漏油、漏电的情况；检查各防护、保险装置及操纵机构的灵敏性和完整性等。

2. 一级保养

一级保养的主要任务是局部检查和调整设备，并清洗特定部位，疏通油路和紧固设备零部件等。它是一种强制性保养，由操作人员和保养人员按规范、有计划地进行。

3. 二级保养

二级保养的主要任务是对设备进行部分解体检查和调整，并重点对设备内部进行清洁、润滑、修复或更换磨损零件等，以恢复设备精度。二级保养由专职维修人员承担，并由操作人员协助完成。

### （二）设备的检查

设备的检查是指通过观察检测手段，对设备的关键部位或薄弱环节进行检查，并及时准确地获取设备关键部位的技术状况，然后据此状况决定是否继续使用、预防或修理。

检查一般包括以下几个步骤：确定设备需要检查的关键部位或薄弱环节，并不再轻易改动；确定检查路线，并明确检查的先后顺序；确定检查的标准和周期，并量化检查。检查设备的方法主要有设备运行中检查、停机检查、凭感官和经验检查等。

### （三）设备的故障管理

设备故障管理的内容主要包括掌握异常信息、收集故障资料、分析故障原因、处理故障与反馈信息。

1. 掌握异常信息

掌握异常信息是指通过感官或各种监控仪器对设备进行监测，以掌握设备关键部位和易产生故障部位的异常现象或故障征兆信息。

2. 收集故障资料

收集故障资料是指对设备故障资料进行及时、准确、完整的收集、记录、总结和分析，并存入专业档案予以保管。设备故障资料的内容包括设备的编号、名称、型号、故障部位、故障原因、修理时间、修理措施等。

3. 分析故障原因

分析故障原因是指利用数理统计的分析方法（如因果图、控制图等）分析故障资料，找出故障产生的原因和规律，以便制定处理故障的对策。

4. 处理故障与反馈信息

处理故障与反馈信息是指由设备技术人员针对故障现场的实际情况，制订处理故障的具体方案，并及时向有关部门反馈的过程。

### （四）设备的修理

设备修理是指当设备的技术状况劣化到一定程度或出现故障时，为恢复其功能而进行的技术活动。按修理工作量的大小和修理后设备性能恢复程度的不同，设备的修理可分为小修、中修和大修。

（1）小修：是工作量较小的修理，只更换或修复少量的磨损零件，并做一些零部件的调整，以恢复设备的局部性能。

（2）中修：是指更换和修复设备的主要零部件和磨损较多的零件，并检查和调整整个机械系统、控制系统，从而采取有针对性的修理，以恢复设备的精度。

（3）大修：是提将设备全部解体，更换和修复所有的磨损件，并调整整个设备，使其精度、性能和效率达到或接近原出厂水平。

## 四、仓储设备的技术改造和更新

### （一）仓储设备的技术改造

仓储设备的技术改造是指在原有设备的基本功能不变的情况下，把科学技术新成果应用于原机结构上，以改善设备性能。它具有投资少、时间短、见效快的特点。下面将简要介绍设备技术改造的原则和内容。

1. 仓储设备技术改造的原则

（1）考虑经济合理性。设备的技术改造应结合当前和长远的技术经济效益，充分考虑企业的人力、物力和财力条件，以便将有限的资金、技术等资源用在重点和关键的设备上。

（2）考虑技术可能性。设备的技术改造应考虑设备有改善性能、提高效率的可能性，并确定现有科技水平能够将设备性能和效率提高到预期水平。

（3）适应企业发展需要。设备的技术改造要从实际出发，符合企业仓储作业环境、作业要求和作业流程的需要。

2. 仓储设备技术改造的内容

（1）改造或更新设备的动力装置，以提高其技术性能和作业效率。

（2）改善或加装节能装置，以降低能源消耗或使用费用。

（3）改装或增加安全装置，以提高设备的安全性和环保性。

（4）改造或增加必备装置，以扩充设备功能。

（5）改造设备的薄弱环节，以提高设备的可靠性和耐用性等。

### （二）仓储设备的更新

仓储设备的更新是指以技术性能更加完善、经济效益更加显著的新设备代替原来技术上不能继续使用或经济上不适宜继续使用的旧型设备。下面将介绍仓储设备更新的原则和对象。

1. 仓储设备更新的原则

（1）结合企业的经济情况，有计划、有重点、有步骤地进行。

（2）做好设备更新的技术经济分析工作，确定设备的最佳更新周期和投资回收期。

2. 仓储设备更新的对象

仓储设备更新的对象主要包括以下几种：

（1）使用年限过长、技术经济性能差的设备。投入使用的年限超过了规定期限，有形磨损和无形磨损都已达到了相当大的程度，且难以恢复应用功能的设备，是应予更新的主要对象。

（2）先天质量低劣的设备。对于先天质量低劣、使用性能和维修性能都较差，又没有改造修理价值的设备，应予以更新。

（3）相对陈旧或技术落后的设备。相对陈旧、技术落后的设备，不仅作业效率低下、安全性能差，而且会严重影响作业人员的安全，因而应及时予以更新。

（4）大修次数过多或修理后仍不能恢复的设备。每进行一次大修，设备的性能就会下降一次，且过多的大修会不断增加维持运行和维修的费用。因此，对于大修超过三次以及修理后不能恢复技术性能的设备都应考虑及时更新。

(5) 严重浪费能源或严重污染环境的设备。对于能耗太高却又无改造价值的设备，以及在运行过程中会对周围环境造成严重污染的设备，也应予以更新。

## 知识复习题

1. 货架的作用和功能有哪些?
2. 阁楼式货架的特点是什么?
3. 旋转式货架的种类有哪些? 各有什么特点?
4. 输送机有哪几种类别?
5. 叉车的主要特点是什么?
6. 自动化立体库主要配备什么设施与设备?
7. 仓储设备的作用有哪些?
8. 仓储设备更新的原则是什么?

**【实训项目一】**

### 正泰集团的自动化立体仓库

正泰集团是中国目前低压工业电器行业最大的销售企业，主要设计制造各种低压工业电器、部分中高压电器、电气成套设备、汽车电器、通信电器、仪器仪表等，其产品达 150 多个系列、5 000 多个品种、20 000 多种规格。"正泰"商标被国家认定为驰名商标。该公司 2002 年的销售额达 80 亿元，集团综合实力被国家评定为全国民营企业 500 强第五位。在全国低压工业电器行业中，正泰首先在国内建立了三级分销网络体系，经销商达 1 000 多家；同时，建立了原材料、零部件供应网络体系，协作厂家达 1 200 多家。

一、立体仓库的功能

正泰集团公司自动化立体仓库是公司物流系统中的一个重要部分。它在计算机管理系统的高度指挥下，高效、合理地储存各种型号的低压电器成品，准确、实时、灵活地向各销售部门提供所需成品，并为物资采购、生产调度、计划制订、产销衔接提供了准确信息，同时，它还具有节省用地、减轻劳动强度、提高物流效率、降低储运损耗、减少流动资金积压等功能。

二、立体仓库的工作流程

正泰立体仓库占地面积达 1 600 $m^2$（入库小车通道不占用库房面积），高度近 18 m，有三个巷道（六排货架）。作业方式为整盘入库，库外拣选。其基本工作流程如下：

（一）入库流程

仓库二、三、四层两端六个入库区各设一台入库终端，每个巷道口各设两个成品入库台。需入库的成品经入库终端操作员键入产品名称、规格型号和数量。控制系统通过人机界面接收入库数据，按照均匀分配、先下后上、下重上轻、就近入库、ABC 分类的原则，管理计算机自动分配一个货位，并提示入库巷道。搬运工可依据提示，将装在标准托盘上的货物由小电瓶车送至该巷道的入库台上。监控机指令堆垛机将货物托盘存放于指定货位。

库存数据入库处理分两种类型：一种是需操作员在产品入库之后，将已入库托盘上的产品名称（或代码）、型号、规格、数量、入库日期、生产单位等信息在入库客户机上通过人机界面输入；另一种是托盘入库。

（二）出库流程

底层两端为成品出库区，中央控制室和终端各设一台出库终端，在每一个巷道口设有 LED 显示屏幕，提示本盘货物要送至装配平台的出门号。需出库的成品，经操作人员键入产品名称、规格、型号和数量后，控制系统按照先进先出、就近出库、出库优先等原则，查出满足出库条件且数量相当或略多的货物托盘，修改相应账目数据，自动地将需出库的各类成品货物托盘送至各个巷道口的出库台上，经电瓶车将之取出并送至汽车上。同时，出库系统在完成出库作业后，在客户机上形成出库单。

（三）回库空盘处理流程

底层出库后的部分空托盘经人工叠盘后，操作员键入空托盘回库作业命令，搬运工依据提示用电瓶车送至底层某个巷道口，堆垛机自动将空托盘送回立体库二、三、四层的原入口处，再由各车间将空托盘拉走，从而形成一定的周转量。

三、立体库的主要设施

（一）托盘

所有货物均采用统一规格的钢制托盘，以提高互换性，降低备用量。此种托盘能满足堆垛机、叉车等设备装卸的要求，又可满足在输送机上上下平衡运行的要求。

（二）高层货架

高层货架采用特制的组合式货架，横梁结构。该货架结构美观大方，省料实用，易安装施工，属于一种优化的设计结构。

（三）巷道式堆垛机

根据本仓库的特点，堆垛机采用下部支承、下部驱动、双方柱形式的结构。该机在高层货架的巷道内按 X、Y、Z 三个坐标方向运行，将位于各巷道口入库台的产品存入指定的货格，或将货格内的产品运送到巷道口出库台。该堆垛机的设计与制造严格按照国家标准进行，并对结构强度和刚性进行精密的计算，以保证机构运行平稳、灵活、安全。堆垛机配备有安全运行机构，以杜绝偶发事故。其运行速度为 4～80 mm/min（变频调速），升降速度为 3～16 mm/min（双速电机），货叉速度为 2～15 mm/min（变频调速），通信方式为红外线，供电方式为滑触导线方式。

四、计算机管理及监控调度系统

该系统不仅对信息流进行管理，而且对物流进行管理和控制，集信息与物流于一体；同时，还对立体库所有出入库作业进行最佳分配及登录控制，并对数据进行统计分析，以便对物流实现宏观调控，最大限度地降低库存量及资金的占用量，加速资金周转。

在日常存取活动中，尤其是库外拣选作业，难免会出现产品存取差错，因而必须定期进行盘库。盘库处理通过对每种产品的实际清点来核实库存产品数据的准确性，并及时修正库存账目，达到账、物统一。盘库期间堆垛机将不进行其他类型的作业。在操作时，对某一巷道的堆垛机发出完全盘库指令，堆垛机按顺序将本巷道内的货物逐次运送到巷道外，产品不下堆垛机，待得到回库的命令后，再将本盘货物送回原位并取出下一盘货物。依此类推，直到本巷道所有托盘货物全部盘点完毕，或接收到管理系统下达的盘库暂停命令而进入正常工作状态。若本巷道未盘库完毕便接收到盘库暂停命令，待接到新的指令后，继续完成盘库作业。

正泰集团公司高效的供应链、销售链大大降低了物资库存周期，提高了资金的周转速度，减少了物流成本和管理费用。自动化立体仓库作为现代化的物流设施，对提高该公司的仓储自动化水平无疑具有重要的作用。

问题：

1. 根据本案例分析自动化立体仓库都有哪些设施。

2. 结合本案例分析自动化立体仓库的功能。

3. 自动化立体仓库作为现代化的物流设施，对提高仓储自动化水平具有怎样重要的作用？

**【实训项目二】**

## 北京烟草配送中心的卷烟自动分拣系统

北京烟草配送中心的卷烟自动分拣系统是由北京市烟草公司和贵阳普天万向物流技术股份有限公司共同研究开发和设计制造的、具有完全自主知识产权的首套国产卷烟自动分拣系统。该系统包括订单优化子系统、自动备货子系统、自动补货子系统、自动分拣子系统、自动合单子系统、自动装箱子系统、总线自控子系统、计算机监控子系统、计算机信息管理子系统九个子系统。其主要特点是系统设计新颖、自动化程度高、分拣效率高、分拣误差率低。在研制过程中，该系统解决了自动备货、自动补货、自动分拣、自动装箱、自动合单等卷烟自动分拣领域中的多项技术难题，取得了若干创新成果。

卷烟自动分拣系统于2005年3月开始进行方案设计，2006年5月正式投入生产运行。该系统的研制成功，为烟草公司提高卷烟分拣能力、速度、准确率和时效性，降低物流运营成本，改善工人劳动条件，提高对零售客户的服务质量，提供了一个全新有效的自动化技术平台。该系统在流程性、协调性、技术性等方面表现出来的科学内涵和严谨的系统素质，还将有力地带动和促进烟草公司内部管理水平和人员素质的提高。

现将该系统基本功能介绍如下：

一、自动补货

自动补货是分拣与件烟库之间的桥梁，根据分拣系统的分拣计划和完成情况，自动向分拣机烟仓补货。根据系统流程，流向自动分拣区的卷烟通过条码扫描确定流向，进入补货输送线后分流，然后进入自动分拣区。卷烟进入自动分拣区补货线后根据自动分拣线的补货需求再次分流。信息管理系统通过条码扫描器读出从件烟库补充过来的件烟的条码信息，从而确定该件烟是去向自动分拣区一（通道分拣处理系统）、自动分拣区二（塔式分拣处理系统）或者自动分拣区三（通道分拣处理系统），信息管理系统将该件烟的路向信息交给控制系统，由控制系统控制执行机构将该件烟送入对应的补货输送线。分拣自动补货包括通道机自动补货和塔机自动补货两种。

二、自动分拣

系统自动对订单进行分解，通道分拣机与塔式分拣机协同作业，将相应条烟分拣到各自的传送带上，条烟进入装箱系统的缓存带上，由装箱机完成装箱作业，并将装箱完成的周转箱输送到DPS系统拣选工位。此时系统自动判断是否需DPS系统参与拣选，如需DPS系统参与拣选，则DPS系统指示灯亮，同时各货格中的电子标签显示拣选数量，人工按指引拣选，完成后确认；如不需DPS系统参与拣选，周转箱则直接前往分拣出口。将周转箱装到托盘上，并备货到发货暂存区，分拣完成。

三、自动装箱、自动合单

自动装箱、自动合单负责接收从自动分拣系统（通道分拣机、塔式分拣机）分拣出来的条烟。条烟通过各自的主线皮带传送到本系统的自动装箱线，由塔式分拣机分拣出来的条烟从上层进入，由通道分拣机分拣出来的条烟从下层进入，按订单的先后顺序进行自动装箱。然后判断该周转箱所对应的订单是否需要补充C类品牌的烟，如果周转箱需要去C类电子标签拣选区域补充C类品牌的烟，则系统控制停放器落下且升降机构落下，该周转箱直接进入电子标签拣选输送线，完成对C类品牌的烟的补充，并箱过程完成；如果周转箱不需要去C类电子标签拣选区域补充C类品牌的烟，则周转箱按信息的指令有序进入缓存带等待与电子标签合单的周转箱。

（节选自金涧、孙壮志、赵汝雄、董维富的《北京烟草物流中心卷烟自动分拣系统》，中国物流与采购网）

问题：

1. 仔细阅读，用自己的话描述该配送中心的功能。

2. 自动分拣系统与传统人工分拣有什么不同?

**【实训项目三】**

一、实训任务

常用仓储设施与设备的配置及操作。

二、实训目的及训练要点

1. 了解常用仓储设备的构成及用途。

2. 掌握常用仓储设备的操作技能和要求。

三、实训设备、仪器、工具及资料

仓储实训室。

四、实训内容及步骤

1. 观察仓储实训室设施与设备的整体布置情况。

2. 观察仓库设施设备组成。

3. 详细列出仓库设施设备的组成及用途。
4. 思考仓储实训室是否还可以添加其他仓储设备，作用是什么？
5. 判断仓储实训室的设备是否有可替代设计方案。可上网搜索相关资料。
6. 撰写实训报告。

# 仓库选址与布局

## 学习目标

- 了解仓库选址的流程和应考虑的主要因素，掌握仓库选址的主要技术方法；根据要求能够灵活运用定性分析法和定量分析法进行仓库的选址和决策。
- 掌握仓库布局的内容、目标、过程和方法，能够合理分配各功能作业区域并合理安排货物在库房内的储存位置；能够对仓库经营进行分析、评价和选择，能够绘制仓库内部的布置和设计图，掌握储位布局管理的知识，能够对简单物品货位进行现场操作。

任务一 仓库的选址
任务二 仓库布局设计

实训项目一 格林集团公司北京分公司中央配送中心的选址建设问题
实训项目二 中小型制造企业自营仓库布局设计
实训项目三

仓库选址及布局的合理与否与企业整体的运营成本、运作效率有着重要的关系。建立物流网络系统时，仓库的选址与布局是首要的工作，因而这项工作是仓储管理中非常重要的工作内容，是一项决策性的工作。该模块的具体实施过程包括两个任务：仓库的选址和仓库布局设计。

**【引导案例】**

## 案例一　选址，不仅仅是一个位置的问题

仓库的选址是一项复杂的系统工程，它决定着整个物流系统的模式、结构和形态。由于物流软件的开发、物流模型的建立，物流的规划、决策似乎变得更快、更灵活和更现实。人们往往认为物流模型把物流运作中的一些具体事宜变得更为简单和直截了当；然而，在一定情况下，结果正好相反。特别是仓库选址，其决策不仅受物流自身的影响，而且还受外部众多因素的制约，如环境、法律和相关政治问题等，这些因素使仓库的选址变得相当复杂。

1993 年，美国百货连锁店 Target，在为发展中的芝加哥地区的市场服务建立一个新的 100 万平方英尺的分销中心的选址过程中，就遇到了这样的问题。Target 使用室内模型软件分析了由 55 个团体提供的成本和税务等信息，其中包括了诸多因素，如市场的接近度、运输成本、劳动力成本及其可用性等。最初的分析将选址限于三个可能的地点，最后，Target 选择了威斯康星州的一块土地。

Target 完成了所有必要的法律程序后，以为选址程序已经结束，准备为分销中心开工。然而，此时一个称作“银湖环境协会”的非营利性环境组织在威斯康星州收集了许多庭审案例，要求进一步听证。该组织关心的问题集中在：暴风雨时的排水及其对地表水的影响、雇员交通引起的空气污染影响以及是否会在任何其他方面伤害到环境。Target 项目的反对者认为这个项目是政治上权衡的结果。银湖环境协会的律师 Stan Riffle 这样讲：“我们理解 Target 想尽快开工。但是他们最后会意识到，转移到其他更适合的地方是明智的。”

从威斯康星州政府的角度看，政府一直是鼓励投资的。发展部公共信息官员 Tony Honzeny 说：“这个社区的人们一直试图在保护这个地区，提出了 58 项独立的条件。建分销中心，这不是一件你今天提出申请、明天你就得到允许的事情。如果你能在 90 天内得到一个处理后的许可，那就是一个好消息。”

从 Target 的角度看，公司在未来的情况下必须有足够的时间来准备在这件事上的“许可”程序以及任何潜在的政治影响。不久前，社区还很愿意接受这样的大项目，但由于环境、社会和基础设施等问题，当地律师团体竟直接指向选址程序。因此，这意味着 Target 要想得到合法的开发权，还将要经历一个更漫长的过程。

总之，Target 对物流设施的选址，通过软件系统进行了可行性分析，但是由于社会、政治、环境等因素影响，最终导致方案被否决。物流选址是一项复杂的系统工程，是一项重要的战略决策，应当综合考虑其所在地的政治、经济、法律、社会、文化、交通、成本、环境及人文素质等综合因素的影响，这其中包括技术性因素和不少非技术

因素。

## 案例二　华联配送中心的储位管理

作为中国连锁超市的领头羊，多年来，华联超市不断快速发展，而华联的连锁配送体系则是支持这种快速发展的重要因素。

2000 年 8 月，华联超市新建的现代化配送中心正式启动。该配送中心位于上海市普陀区桃浦镇，紧贴外环线，直连沪嘉、沪杭高速公路，南部是沪宁铁路南翔编组站，通向市区和向外辐射的能力强。

华联新建的桃浦配送中心的主要建筑物是高站台、大跨度的单层物流设施，为了充分利用理货场上方的空间，配送中心的局部为高层钢筋混凝土框架结构的建筑物。新建配送中心的基地面积为 28 041 $m^2$，总建筑面积达 2 000 $m^2$，货物日均吞吐能力 14 万箱。

配送中心基地内部的环状主干道路宽 20 m，实行“单向行驶、分门进出”。配送中心的南北两侧建有 4 m 宽的装卸平台，站台高出房外道路 1 m，当厢式卡库车尾部停于站台时，车厢底板与站台面基本处于同一平面，商品的装卸作业将变成水平移动，极大地降低了装卸作业环节的劳动强度。站台作业线总长 270 m，可停靠 80 多辆卡车同时作业。站台上方装有悬挑 8 m 的钢结构雨篷，保证配送中心可以 24 h 全天候作业。配送中心的中央空调采用多元网架结构，上盖镶嵌长形采光带的彩色夹芯保温钢板屋面，白天（包括阴雨天）库内作业不需要人工照明。绿色非金属的耐磨地面使装卸搬运作业时不起灰，确保了食品的卫生和安全。为了达到整体现代化，华联超市加强了供货系统的配送体系构筑，改造了原南京的中型配送中心，建成了面积为 10 000 $m^2$ 的区域性配送基地，库存量达 20 万箱，日均配送量 8 000 箱，为除南京以外的江苏、安徽两省直营店和加盟店配货。根据公司全力开拓北京大市场的战略，华联超市又在北京选址，与中国第三方物流的龙头公司之一——中远集装箱运输有限公司共同开发了华联的北京配送中心。北京配送中心拥有面积为 4 000 $m^2$ 的库房、1 000 $m^2$ 大小的理货场，日均配送能力 4 000 箱，库存量将扩大到 20 万箱，承担为北京和天津地区 100 家门店的供货任务。目前华联北京配送中心已经开始了物流二期工程工作，以实现仓库立体化、装卸机械化、作业无纸化和整箱商品分拣作业的自动化，车辆安装 GPS（全球定位系统），把科技融入连锁经营和物流配送领域中。随着华联超市进一步向全国拓展和跨出国门的宏观规划的实施，“华联物流”要加强管理的科学化、规范化和合理化，扩大和健全物流配送网络，建立独立核算的机制，充分利用物流产业化的优势，走社会化配送的发展道路。

# 任务一 仓库的选址

## 一、仓库选址的流程

### （一）选址约束条件分析

选址时，首先要明确建立仓库的必要性、目的和意义；然后根据物流系统的现状进行分析，制定物流系统的基本计划，确定所需要了解的基本条件，以便大大缩小选址的范围。

（1）需要条件。它包括仓库的服务对象——顾客的现在分布情况及未来分布情况的预测、货物作业量的增长率及配送区域的范围。

（2）运输条件。应靠近铁路货运站、港口和公共汽车终点站等运输据点；同时，也应靠近运输业者的办公地点。

（3）配送服务的条件。向顾客报告到货时间、发送频次，根据供货时间计算从顾客处到仓库的距离和服务范围。

（4）用地条件。应考虑是用现有的土地还是重新取得地皮，如果重新取得地皮，那么地价有多贵，地价允许范围内的用地分布情况如何。

（5）法规制度。根据指定用地区域的法律规定，有哪些地区不允许建立仓库？

（6）流通职能条件。商流职能是否要与物流职能分开？仓库是否也附有流通加工的职能？如果需要，从保证职工人数和考勤方便出发，要不要限定仓库的选址范围？

（7）其他。不同的物流类别有不同的特殊需要，如为了保持货物质量的冷冻、保温设施，防止公害设施或危险品保管等设施，对选址都有特殊要求，是否有满足这些条件的区域？

### （二）搜集整理资料

选择地址的方法一般是通过成本计算，也就是将运输费用、配送费用及物流设施费用模型化，采用约束条件及目标函数建立数字公式，从中寻求费用最小的方案。但是，采用这种选择方法寻求最优的选址解时，必须对业务量和生产成本进行正确的分析和判断。

（1）掌握业务量。选址时，应掌握的业务量包括如下内容：工厂到仓库之间的运输量；向顾客配送的货物数量；仓库保管的数量；配送路线上别的业务量。由于这些数量在不同时期会有种种波动，因此要对所采用的数据进行研究。另外，除了对各项现状数据进行分析外，还必须确定设施使用后的预测数值。

（2）掌握费用。选址时，应掌握的费用如下：工厂至仓库之间的运输费；仓库到顾客处之间的配送费；设施、土地有关的费用及人工费、业务费等。由于运输费和配送费随着业务量和运送距离的变化而变化，所以必须对每吨/公里的费用进行成本分析；设施、土地有关的费用及人工费、业务费等包括可变费用和固定费用，最好根据可变费用和固定费用之和进行成本分析。

(3) 其他。用缩尺地图表示顾客的位置、现有设施的配置方位及工厂的位置，并整理各候选地址的配送路线及距离等资料。对必备车辆数、作业人员数、装卸方式、装卸机械费用等要与成本分析结合起来考虑。

**(三) 地址筛选**

在对所取得的上述资料进行充分的整理和分析，考虑各种因素的影响并对需求进行预测后，就可以初步确定选址范围，即确定初始候选地点。

**(四) 定量分析**

针对不同情况选用不同的模型进行计算，得出结果。如对多个仓库进行选址时，可采用精确重心法、奎汉—哈姆勃兹模型、鲍摩—瓦尔夫模型、CELP 法等；如果是对单一仓库进行选址，可采用重心法等。

**(五) 结果评价**

结合市场适应性、购置土地条件、服务质量等条件对计算所得结果进行评价，看其是否具有现实意义及可行性。

**(六) 复查**

分析其他影响因素对计算结果的相对影响程度，分别赋予它们一定的权重，采用加权法对计算结果进行复查。如果复查通过，则原计算结果即为最终结果；如果复查发现原计算结果不适用，则返回第三步继续计算，直至得到最终结果为止。

**(七) 确定选址结果**

在用加权法复查通过后，则计算所得的结果即可作为最终的计算结果；但是，所得解不一定为最优解，可能只是符合条件的满意解。

## 二、仓库选址需考虑的因素

仓库是物流过程的重要环节，是物流网络中的节点，特别是在现代物流体系中，仓库的位置直接影响着对客户需求的反应速度和物流过程的成本。仓库一旦建成，不能轻易搬动，所以仓库位置的选择就必须综合考虑各种因素。

**(一) 经济环境因素**

1. 货流量的大小

仓库是现代物流网络的站点，而物流效益与物流规模有相当大的关系。如果没有足够的货流量，仓库的规模便不能发挥。所以仓库的位置一定要选择在物流量大的区域。

2. 货物的流向

仓库的位置要考虑其服务的产业的大量货品的流动方向，避免大量货品倒流、回流、重复运输等情况出现。

3. 城市的扩张与发展

城市仓库的选址，要考虑城市扩张的速度和方向。20 世纪 70 年代以前处于城乡结合部的仓库，如今已经处于城市中心区，大型货车的进出会受到限制。所以选择仓库位置应考虑城市发展速度与方向。

4. 交通便利

对于综合型仓库，一定要选择在两种以上运输方式的交汇地，如港口、公路、铁路、机场等各种运输模式的结合地。对于港口仓库，还要选择内河运输与海运的交汇地。对于城市仓库，要选择干线公路或高速公路与城市交通网络的交汇地，还要拥有铁路专用线或靠近铁路货运编组站。

**（二）自然环境因素**

1. 地理因素

仓库的位置选择应当考虑当地的地理因素，尽量选择在地面较坚硬、空气较干燥的地方。如仓库位置临近河海地区，必须注意当地水位，不得有地下水上溢。另外由于仓库作业比较繁忙，容易产生许多噪音，所以应远离闹市或居民区。应考虑周边不应有产生腐蚀性气体、粉尘和辐射热的工厂，至少仓库应处于这些企业的上风方向。仓库还应与易发生火灾的单位保持一定的安全距离，如油库、加油站、化工厂等。

2. 气候因素

在仓库规划前应详细了解当地的自然气候环境，例如，在自然环境中有湿度、盐分、降雨量、风向、风力、瞬间风力、地震、山洪、泥石流等。

**（三）政策环境因素**

政策环境因素也是物流选址评估的重点之一，如果有政府政策的支持，则更有助于仓库的经营和发展。政策环境因素包括政府对企业的优惠措施（土地提供、减税）、城市规划（土地开发、道路建设计划）、地区产业政策等。目前，许多城市建立了现代物流园区，其中除了提供仓库用地外，还有减税政策，有助于降低仓库经营者的运营成本。

## 三、仓库选址的技术方法

仓库选址时除考虑以上经济、环境、政策等方面的因素外，利用数学方法对仓库位置进行量化分析也是仓库选址的主要方法。

**（一）加权因素法选址**

若在设施选址中仅对影响设施选址的非经济因素进行量化分析评价，一般可以采用加权因素法。加权因素法的应用步骤是：

（1）对设施选址涉及的非经济因素通过决策者或专家打分，再求平均值确定各非经济因素的权重，权重大小可界定为1～10。

（2）专家对各非经济因素就每个备选场地进行评级，可分为五级，用五个字母元音A、E、I、O、U表示。各个级别分别对应不同的分值，A＝4分、E＝3分、I＝2分、O＝1分、U＝0分，如表3-1所示。

**表 3-1　评价等级与分值**

| 等级 | 符号 | 含义 | 评价分值 |
|---|---|---|---|
| 优 | A | 近于完美 | 4 |
| 良 | E | 特别好 | 3 |
| 中 | I | 达到主要效果 | 2 |
| 尚可 | O | 效果一般 | 1 |
| 差 | U | 效果欠佳 | 0 |

（3）将某非经济因素的权重乘以对应选址方案的该级别分值，得到该因素所得分值。

（4）将各个方案的各种非经济因素所得分值相加，即得各个方案分值，分值最高的方案即为最佳选址方案。可利用如下方案加权因素评价表确定最终方案，如表 3-2 所示。

**表 3-2　方案加权因素评价表**

| 序号 | 评价因素 | 方案及评价等级 | | | | | 备注 |
|---|---|---|---|---|---|---|---|
| | | Ⅰ | Ⅱ | Ⅲ | Ⅳ | Ⅴ | |
| 1 | 因素 1 | $W_{11}$ | $W_{21}$ | $W_{31}$ | $W_{41}$ | $W_{51}$ | |
| 2 | 因素 2 | $W_{12}$ | $W_{22}$ | $W_{32}$ | $W_{42}$ | $W_{52}$ | |
| …… | …… | …… | …… | …… | …… | …… | |
| n | 因素 n | $W_{1n}$ | $W_{2n}$ | $W_{3n}$ | $W_{4n}$ | $W_{5n}$ | |
| 总分 | — | $T_1$ | $T_2$ | $T_3$ | $T_4$ | $T_5$ | |

例题：某配送中心选址，设计了甲、乙、丙、丁四种方案，专家对非经济因素的权重和评级分值进行确定和对步骤（3）、（4）的计算，如表 3-3 所示。

①讨论确定影响方案的各种影响因素，包括各种定性和定量的因素。

②对各种因素划分等级，并且赋予每个等级一个分值，使之量比，用等级或分值定量表示该因素对方案的满足程度。

③比较各因素的相对重要性，确定最重要的因素，并且确定其加权值为 10，然后每个因素的重要程度与该因素进行比较，确定出适合的加权值。一般加权值的确定应该采用集体评定然后求平均值的方式，最后的结果应该得到大多数参与方案评价人员的认同。

④独立评价出各因素对方案的满足程度，确定评价因素及其加权值，并绘制加权因素评价表，最终求出各个方案的评价等级加权和。

⑤确定方案。若方案总分较接近，须进一步评价，评价时增加一些因素，并对加权值和等级进行细致划分，还可以邀请更多的人员参与评价。一般一个方案得分高于其他方案 20%，则可确认为主选最佳方案。从表中计算结果上可以看出甲方案得分数最高，因此选甲方案场地为佳。

表 3-3　某配送中心加权因素法选址方案计算表

| 非经济因素 | 权重 | 各选址方案等级及分数 | | | |
|---|---|---|---|---|---|
| | | 甲方案 | 乙方案 | 丙方案 | 丁方案 |
| 场址 | 9 | A/36 | E/27 | I/18 | E/18 |
| 面积 | 6 | A/24 | A/24 | E/18 | U/0 |
| 地势和坡度 | 2 | O/2 | E/6 | I/6 | I/6 |
| 风向、日照 | 5 | E/15 | E/15 | I/10 | I/10 |
| 铁路接轨条件 | 7 | I/14 | E/21 | I/14 | A/28 |
| 施工条件 | 3 | I/6 | O/3 | E/9 | A/12 |
| 同城市规划的关系 | 10 | A/40 | E/30 | E/30 | I/20 |
| 合计 | — | 137 | 126 | 105 | 94 |

### （二）因次分析法选址

因次分析法是指将经济因素（成本因素）和非经济因素（非成本因素）按照相对重要程度统一起来，确定各种因素的重要性因子和各个因素的权重比率，按重要程度计算各方案的场址重要性指标，以场址重要性指标最高的方案作为最佳方案。

### （三）重心法——单一仓库的选址

仓库是物流过程中的一个站点，理论上说它应该是货品集中和分发过程中费用发生最小的理想地点。我们用数学方法建立一个分析模型，找出仓库理想所在位置，这就是单一仓库选址的重心法，该方法又称为静态连续选址模型方法。因为应用时只考虑运输费率和该点的货物运输量，所以这种方法很简单，也很实用。

1. 重心法原理

单一仓库的选址因素只包括运输费率和该点的货物运输量，可利用费用函数求出由仓库至顾客间运输成本最小的地点。设有一系列点分别代表生产地和需求地，各有一定量货物需要以一定的运输费率运向位置待定的仓库，或从仓库运出，那么仓库该位于何处呢？我们以该点的运输量乘以到该点的运输费率，再乘以到该地的距离，即可求出上述乘积之和（即总运输成本）最小的点。其公式为：

$$\mathrm{Min}TC=\sum V_i R_i D_i$$

式中，TC 为总运输成本；$V_i$ 为 i 点的运输量；$R_i$ 为到 i 点的运输费率；$D_i$ 为从位置待定的仓库到 i 点的距离。

2. 重心法计算的假设条件

重心法是在理想条件下求出仓库位置，但模型中的假设条件在实际中会受到一定的限制。重心法计算中简化的假设条件包括以下几方面：

（1）模型常常假设需求量集中于某一点，而实际上需求来自分散于广阔区域内的多个消费点。

（2）模型没有区别分在不同地点建设仓库所需求的资本成本以及与在不同地点经营有关的其他成本的差别，而只计算运输成本。

（3）运输成本在公式中是以线性比例随距离增加的，而运输费则由不随运距变化的固定的部分和随运距变化的可变部分组成。

（4）模型中仓库与其他网络节点之间的路线通常假定为直线，而应该选用的是实际运输所采用的路线。

（5）模型未考虑未来收入和成本的变化。

从以上假设中可以看出模型存在诸多限制条件，但这并不意味着模型没有使用价值。重要的是选址模型的结果对事实问题的敏感程度。如果简化假设条件，对模型设施选址的建议影响很小或者根本没有影响，那么可以证明简单的模型比复杂的模型更有效。

**（四）精确重心法——多个仓库的选址**

对现代物流网络规划而言，物流网络包含众多的仓库，这就会出现多个仓库的选址问题。这个问题可以分解为以下若干问题：应该建多少仓库；仓库应该建在什么地方；仓库的规模应该建多大；每个仓库所服务的客户是哪些；每个仓库的供应渠道是什么；每个仓库中应该存放什么货品；送货的方式如何选择。对于这些问题的研究有很多方法，虽然有些方法很不完善，但依然为我们提供了多个仓库选址的数学方法。精确重心法就是其中之一。

精确重心法是一种以微积分为基础的模型，用来找出起讫点之间使运输成本最小的中间设施的位置。如果要确定的点不止一个，就有必要将起讫点预先分配给位置待定的仓库，这就形成了个数等于待选址仓库数量的许多起讫点群落。随后，找出每个起讫点群落的精确重心点。

针对仓库进行起讫点分配的方法很多，尤其是在考虑多个仓库及问题涉及众多起讫点时。方法之一是把相互间距离最近的点组合起来形成群落，找出各群落的重心点位置，然后将各点重新分配到这些位置已知的仓库，找出修正后的各群落新的重心点位置，继续上述过程直到不再有任何变化。这样就完成了特定数量的仓库选址计算。该方法也可以针对不同数量的仓库重复计算过程。

增加仓库数目，通常运输成本会下降，但物流过程中其他成本会上升，最优解使总成本最小。多库房的选址问题也可以采用其他方法，我们在这里不一一介绍。

# 仓库布局设计

## 一、仓库的布局设计

仓库布局设计的主要任务就是在保证货品储存要求的前提下合理地利用库房面积。在库房内不但要储存商品，而且还包括收货、分拣、补货、出货等其他作业。为了提高储存能力，就必须尽可能增加储存空间和面积；而为了方便库内作业，又必须规划出适当的作业面积来满足作业需求。在库房面积有限的情况下，作业场地和作业通道的占用就必然减少商品储存面积。如何安排库房的商品储存面积与库内作业面积，设法协调这两种不同的需求，保证库房面积得到充分利用，就成为仓库合理布局设计所要解决的核心问题。

仓库内部布局设计是指根据库区场地条件、仓库的作业性质和规模、商品储存要求以及技术设备的性能和使用特点等因素，对仓库的建筑物、站台、货架、通道等设施和库内运输路线进行合理安排和配置，最大限度地提高仓库储存和作业能力，并降低各项仓储作业费用。仓库的内部布局设计是仓储业务和仓库管理的客观需要，其合理与否直接影响到仓库各项工作的效率和储存商品的安全。

仓库中的作业包括从入库到出库要经过的一系列业务环节。在这个过程中，仓库的每项业务都有其不同的内容，各项仓储作业要求按一定的程序进行。为了保证按客观需要和规律使仓库各个作业环节形成合理的相互联系，使商品有次序地经过装卸、搬运、检验、储存保管、挑选、整理、包装、加工、运输等环节完成整个仓储过程，就必须进行仓库内部的合理设计。仓库内部布局设计主要包括仓库总平面布局设计、仓库作业区布局设计和库房内部布局设计。

**（一）仓库总平面布局设计**

仓库总平面布局设计包括：库区的总体布局设计，建筑物平面位置的确定；库区内运输线路布局设计；库区安全防护及保安；库区的绿化和环境保护；仓库内部的功能区域划分等多项内容（图 3-1～图 3-4）。

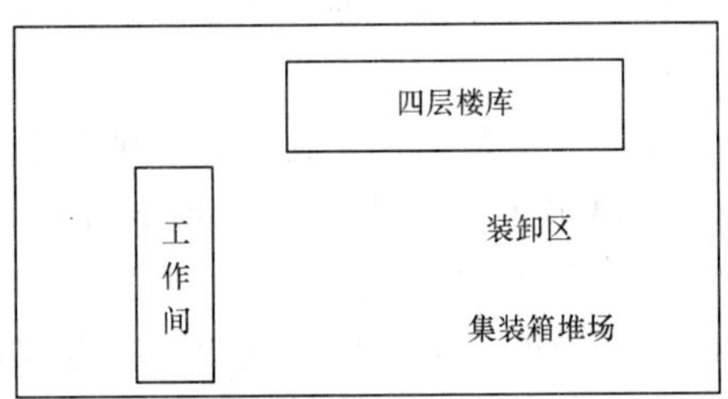


**图 3-1　日本上组物流中心的平面规划图**

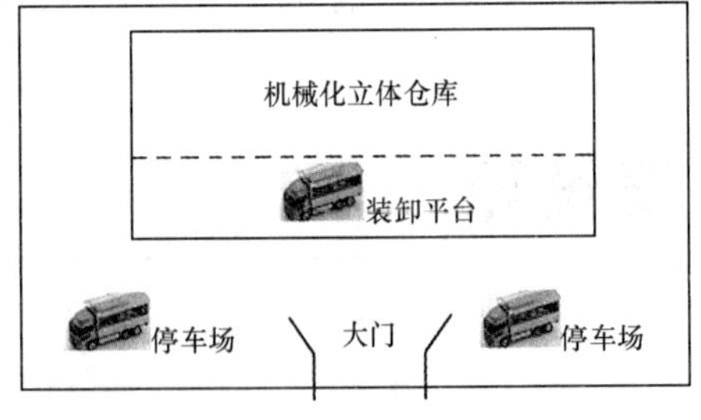


**图 3-2　汉莎航空纽约物流中心的平面规划图**

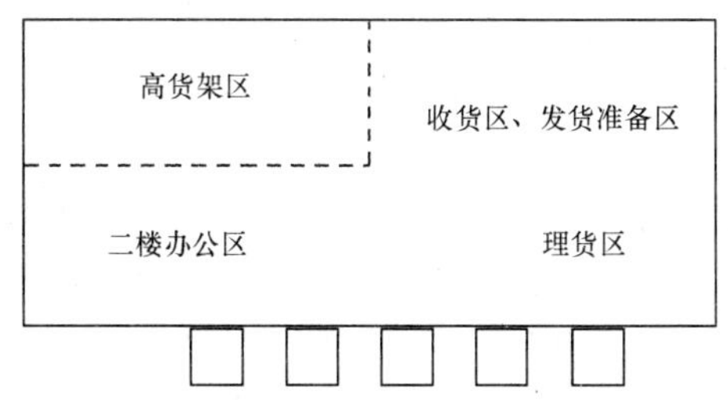


**图 3-3　汉莎航空纽约物流中心的平面规划图**

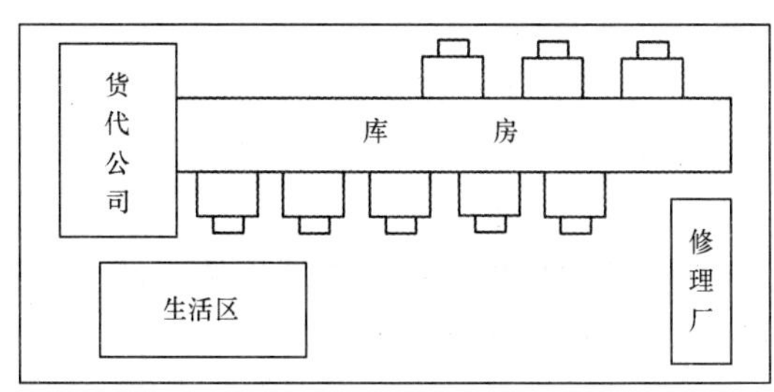


**图 3-4　美国 APA 运输公司物流中心的平面规划图**

仓库总平面一般可以划分为仓储作业区、辅助作业区、行政生活区、库内运输道路、停车场和绿化区等。仓储作业区是仓库的主体，仓库的主要业务和商品保管、检验、包装、分类、整理等都在这个区域里进行。主要建筑物和构筑物包括库房、货场、站台以及加工、整理、包装场所等。

辅助作业区是为主要业务提供各项服务的区域，例如设备维修、充电、加工制作、各种物料和机械的存放、垃圾处理等。辅助作业区的主要建筑物包括维修加工及动力车间、车库、工具设备库、物料库等。

行政生活区由办公室和生活场所组成，具体包括办公楼、警卫室、化验室、宿舍和食堂等。行政生活区一般规划在仓库的主要出入口处并与作业区用隔墙隔开。这样既方便工作人员与作业区的联系，又避免非作业人员对仓库生产作业的影响和干扰。另外，如果作业区内来往人员过杂也不利于仓库的安全保卫工作。

在布局设计各区域时，要遵照相应的法律法规并使不同区域所占面积与仓库总面积保持适当的比例。比如，氨制冷机房要与主要建筑有一定距离，院内绿化面积不小于30%，院内要设计防火通道等。商品储存的规模决定了主要作业场所规模的大小；同时，仓库主要作业的规模又决定了各种辅助设施和行政生活区场所的大小。各区域的比例必须与仓库的基本职能相适应，保证商品接收、发运和储存保管场所尽可能占最大的比例，提高仓库的利用率。

在仓库总平面中需要有库内运输道路。商品出入库和库内搬运要求库内、外交通运输线相互衔接，并与仓库内各个区域有效地连接。仓库交通运输网布置得是否合理，对仓库组织仓储作业和有效地利用仓库面积都会产生很大的影响。

运输道路的配置应符合各项业务的需求，不仅应方便商品入库储存和出库发运，还应适应仓库各种机械设备的使用特点，方便装卸、搬运、运输等作业操作。库内道路的规划必须与库房、货场和其他作业场地的配置相互配合，减少各个作业环节之间的重复装卸、搬运，避免库内迂回运输。各个库房、货场要有明确的进出、往返路线，避免作业过程中相互干扰和交叉，以防止因交通阻塞而影响仓库作业。

在进行仓库总平面布置时应满足如下要求：遵守各种建筑及设施的法律法规；满足仓库作业流畅性要求，避免重复搬运和迂回运输；保障商品的储存安全；保障作业安全；最大限度地利用仓库面积；有利于充分利用仓库设施和机械设备；符合安全保卫和消防工作要求；考虑仓库扩建的要求。

### （二）仓库作业区布局设计

1. 仓库作业区布局设计应考虑的因素

（1）仓库特性。不同类型的仓库对作业区布局设计有不同的要求。例如，冷库要求作业区结构紧凑，要求制冷机房与库房有一定距离。化工品库房要求有严格的隔离区，对通风、防潮、防火有严格的规定。

（2）商品吞吐量。在仓库作业区内，各个库房、货场储存的商品品种和数量不同，且不同商品的周转快慢也不同，这些都直接影响库房的出入库作业量。在进行作业区的布置时应根据各个库房和货场的吞吐量确定它们在作业区内的位置。对于吞吐量较大的库房，应使它们尽可能靠近铁路专用线或库内运输干线，以缩短搬运和运输距离。

（3）库内道路。库内道路的配置与仓库主要建筑设施的布局设计是相互联系、相互影响的。在进行库房、货场和其他作业场地布置时就应该考虑作业场地和道路的配置，尽可能减少运输作业的混杂、交叉和迂回。另外，在布置时还应根据具体要求合理确定干、支线的配置，适当确定道路的宽度，最大限度地减少道路的占地面积。

（4）仓库作业流程。仓库的作业流程是设计库房的重要考虑因素。简单的储存型库房规划起来比较简单。而综合性的物流中心要完成繁杂的库房作业，包括接货、检验、储存、分拣、再包装、简单加工、配货、出库等作业环节。为了以最小的人力、物力耗费和在最短的时间完成各项作业，就必须按照各个作业环节之间的内在联系对综合性物流中心的作业场地进行合理布置，使作业环节之间密切衔接，环环相扣。

2. 仓库作业区布局设计的基本任务

（1）缩短运输和搬运的距离，力求使用最短的作业路线。从整个仓库业务过程来看，始终贯穿着商品、设备和人员的运动，合理布置作业场地可以缩短设备和人员在各个设施之间的运动距离，节省作业费用。

（2）有效地利用时间。不合理的布局设计必然造成人员、设备的无效作业，增加额外的工作量，从而延长作业时间。合理的布局设计的主要目的之一就是避免各个环节上的时间浪费。合理的布局设计可以避免阻塞等原因造成的作业中断，并且由于方便作业，减少了各个环节上人员和设备的闲置时间。这些都有利于缩短作业时间，提高作业效率。

（3）充分利用仓库面积。通过对不同布局设计方案的比较和选择，减少仓库面积的浪费，使仓库布局紧凑、合理。

3. 仓库布局的形式

在现代物流系统中，仓库的作用由储存向着周转的方向变化。仓库中的主要作业也

由储存发生成本向着货品移动发生成本的方向变化，因此，如何加快货品在仓库中的流动速度，减少流动环节、缩短移动距离就成为仓库管理的努力方向。

在仓库布局中考虑的优先原则是货品的快速移动原则。货品在仓库中移动时，经过以下四个步骤：收货；批量存货；检货和批量配货；出货。

货品在仓库中的自然流动过程体现了以上四个阶段，在仓库布局设计时必须尽量缩短每个步骤之间的移动距离，使移动过程尽可能通畅连续。通常货品在仓库中的流动有三种方式：直线形流动、U形流动和T形流动，如图3-5～图3-7所示。

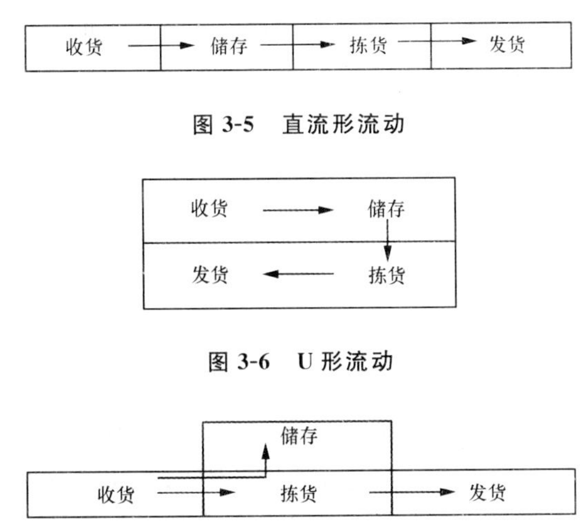


图 3-5　直流形流动

图 3-6　U 形流动

图 3-7　T 形流动

直线形流动发货和收货区域建筑物的方向不同。它往往用于接收相临近工厂的货物，或用不同类型的车辆来发货和收货。直线形布置受环境和作业特性的限制，比如中国北方不适合采用直线形布置库房，因为冬季会形成穿堂风，影响作业。

U形流动在建筑物一侧有相邻的两个收货站台和发货台，并且具有以下特点：站台可以根据需要作为收货站台或发货站台；如有必要可以在建筑物的两个方向发展；使用同一个通道供车辆出入；易于控制和安全防范；环境保护问题较小。

T形流动是在直线形的基础上增加了存货区域功能，它有以下特点：可以满足快速流转和储存两个功能；可以根据需求增加储存面积；仓库适用的范围更广。

4. 货品流动原则

为了降低单件货品的流动距离，提高流动效率，一般的做法是批量操作，不到最后关头不拆散货物。因此整托盘操作比起拆成单箱操作在成本上更加节省，在经济意义上更加有效。在所有货物都必须频繁移动的仓库中，批量储存能使货物快速移动，也能减少库位不足的矛盾。

在仓库中，劳动力使用最多的地方是拣货作业区域，那里最容易出错，最容易影响服务水平，人员也最集中，所以关注货品流通速度也应该把重点放在那里。依据上面我们曾经提到的原则，需要快速移动的货品要尽量靠近拣货区，以便减少货品频繁地来回搬动。以下是仓库布局时应该注意的几个原则：

（1）快速流动的货品靠近接货区。

（2）快速流动的货品靠近拣货区。

（3）拣货区按货品流动速度区分。

（4）拣货区按照货品订货发生频率区分。

## 二、仓库的储位管理

### （一）储位管理概述

仓库内部合理规划的工作之一就储位管理，货品在仓库中如何放置，放在什么地方，都属于储位管理的内容。储位管理就是把进入库房的货品进行合理的安排，使货品无论在储存或流动状态都能满足货品安全性要求，满足运营高效化的要求。储位管理的好坏，影响到整个仓库作业的顺畅性。

1. 储位管理的基本目标

储位管理的基本目标包括：空间利用率最大化；满足仓库劳动力及设备的高效化要求；按货品存取频率的需求，满足存取要求；货品在库内的有效移动；货品的良好保护；便于管理。

2. 储位管理的原则

（1）明确标示储位。先将储位区域经过详细规划区分，并标示编号，让每一种预备储放的货品均有位置可以储放。该位置必须加以明确，而且有储位编码。边界含糊不清的位置会使储位管理发生混乱，像走道、楼上、角落等。很多仓库经常把走道当成储区位置来使用，虽然短时间会得到一些方便，但时间久了会影响作业。

（2）有效安置货品。依据货品保管方式的不同，应该为每种货品确定合适的储存单位、储存策略以及其他储存中要考虑的因素，把货物安置在所规划的储位上。所谓“有效的”就是刻意的、经过安排的。例如，需要冷藏的货物就应该放到冷库，流通速度快的货应该放在靠近出口处，香皂不应该和香烟放一起。

（3）时时跟踪记录。当货品被有效地配置在规划好的储位上后，接下来的工作就是储位维护。也就是说不管是因拣货取出，或因产品汰旧换新，或是受其他作业影响，使得货品的位置或数量有了改变时，就必须如实地把变动情形加以记录，使库存记录与实际情况能够完全吻合，这样才能进行管理。由于此项变动记录工作非常烦琐，因此，这个原则是进行储位管理最困难的部分，也是目前各仓库储位管理作业成败的关键所在。

3. 储位管理的对象

（1）保管货品。在仓库保管区域中，由于对作业、储放搬运、拣货等方面有特殊要求，使得货品在保管时出现了很多保管形式，如托盘、箱、散品或其他包装方式。这些方式虽然在保管单位上有很大差异，但必须加以管理。

（2）其他货品。其他货品可以分为下列三项：

①包装材料。就是一些卷标、包装纸等包装材料。由于卖场促销、特卖及赠品等活动的增加，使得在仓库进行贴标、重新包装、组合包装等流通加工的活动大大增多。流通加工的作业增多，使用的包装材料就越多。因此，对这部分货品必须加以管理，以防缺货而影响整个作业的进行。

②辅助材料。就是一些托盘、容器等搬运载具。目前由于流通载具的普及化，使得

仓库对托盘这些辅助材料的需求愈来愈多，一旦对它有了依赖，管理就更迫切。为了不影响货品的搬运流通，就必须对这些辅助材料进行管理。有很多仓库已经发现了辅助材料的重要性，而订有专门管理托盘的办法。

③回收材料。就是经补货或拣货作业拆箱而剩下的空纸箱。虽然这些空纸箱都可以回收利用（卖给资源回收站或出货装箱用），但由于纸箱形状不同、大小不一，若不保管起来，很容易造成混乱，而影响其他作业。为了避免由于回收材料的保管不善而影响其他作业，就必须加以管理。

**（二）储位管理的要素**

储位管理时考虑的基本要素为储位空间、货品、人员以及搬运与输送设备、存放设备等关联要素。

1. 储位管理的基本要素

（1）储位空间。不同类型的仓库所看重的功能不同，有的强调保管功能，有的强调配送功能。因此，在储位空间的考虑上，如果是在重视保管功能的仓库中，主要是指仓库保管空间的储位分配；而在重视配送功能的仓库中，则为便于拣货及补货而进行储位配置。在储位分配规划时，首先确定储位空间，这就必须考虑到空间大小、柱子排列、梁下高度、走道、机器回旋半径等基本要素，再配合其他外在因素的考虑，方可做出合理安排。

（2）货品。如何管理放置在储位空间中的货品，首先必须考虑的是货品本身的影响因素。这些影响因素有：

①供应商。即商品是何处供应而来，还是自己生产，有无行业特性及影响。

②货品特性。货品的材积、重量、单位、包装、周转率、季节性的分布、自然属性（腐蚀性或融化等）、对温湿度的要求、对环境的影响等。

③量的影响。如生产量、进货量、库存量、安全库存量等。

④进货时效。采购前置时间、采购作业特殊要求。

⑤品种。品种类别、规格大小等。

而后考虑的是如何摆放。摆放时需要考虑：

①储位单位。确定储位的单位是单品、箱，还是托盘。

②储位策略。确定是定位储放、随机储放、分类储放，还是分类随机储放，或其他的分级、分区储放。

③储位指派原则。以周转率为基础，方便存取。

④商品相依需求性。

⑤商品特性。

⑥补货的方便性。

⑦单位在库时间。商品摆放好后，就要做好有效的在库管理，随时掌握库存状况，了解其品种、数量、位置、出入库状况等所有资料。

（3）人员。人员包括保管人员、搬运人员、拣货人员、补货人员等。仓库的作业人员在存取搬运商品时，基本要求是省时、高效。对人员来讲，是节省劳力。因此，要达到存取效率高、省时、省力，则作业流程要合理、简化；储位配置及标示要简单、清楚，一目了然，并且商品要好放、好拿、好找。

2. 储位管理的关联要素

除了储位空间、货品、人员三项基本要素以外，其他主要的关联要素为搬运与输送设备、存放设备，即当货品储放不是直接堆放在地板上时，则必须考虑相关的托盘、料架等，并且考虑使用输送机、笼车、堆高机等搬运与输送设备。

（1）搬运与输送设备。在选择搬运与输送设备时，需要考虑货品特性、货品的单位、容器、托盘等因素，以及人员作业时的流程与状况、储位空间的配置等。选择适合的搬运与输送设备，还要考虑设备成本与人员使用操作的方便性。

（2）存放设备。选择存放设备时同选择搬运与输送设备考虑的一样，如货品特性、货品的单位、容器、托盘等商品的基本条件，再选择适当的设备配合使用，如使用自动仓库设备或固定料架、流力架等料架。有了料架设备后，必须将其做标示、区隔，或是进行颜色辨识管理等。

### （三）储位分配的操作方法

1. 储位安排注意事项

在掌握了储位管理的要素之后，还需要掌握储位安排的注意事项。

（1）面向通道进行保管。为使货品出入库方便，容易在仓库内移动，应该将货品面向通道保管。

（2）尽可能地向高处码放，提高保管效率。为了有效利用库内容积，应尽量向高处码放；为防止破损，保证安全，应当尽可能使用棚架等保管设备。

（3）根据出入库频率选定位置。出货和进货频率高的货品应放在靠近出入口、易于作业的地方；流动性差的货品放在距离出入口稍远的地方；季节性货品则依其季节特性来选定放置的场所。

（4）同一品种在同一地方保管。为提高作业效率和保管效率，同一货品或类似货品应该放在同一地方保管。员工对库内货品放置位置的熟悉程度直接影响着出入库的时间，将类似的货品放在邻近的地方也是提高效率的主要方法。

（5）根据货品重量安排保管的位置。安排放置场所时，要把重的东西放在下边，把轻的东西放在货架的上边，遵循“重下轻上”的原则。需要人工搬运的货品则以人腰部的高度为基准。这对于提高效率、保证安全是一项重要的原则。

（6）依据货品形状安排保管方法。依据货品形状来保管也是很重要的，如标准化的商品应放在托盘或货架上来保管。

（7）依据先进先出的原则。对于易变质、易破损、易腐败的货品，以及对于机能易退化、老化的货品，应尽可能按先进先出的原则来作业，加快库存周转。由于当今商品的多样化、个性化和使用周期普遍缩短等特点，这一原则是十分重要的。

2. 安排储位空间

（1）向上发展。当合理地设置好梁柱后，在有限的立体空间中面积是固定的，要增加利用空间就只能向上发展。虽然仓库空间向上发展带来了货品搬运工作困难以及盘点困难等问题，但在今天堆垛技术日新月异，堆垛设备不仅层出不穷，而且非常普及的情况下，向上发展已不再成为问题。堆垛的方法为多利用货架，例如，驶出/驶入式货架便可叠高 10 m 以上，而窄道式货架更可叠高 15 m 左右，可利用这些可叠很高的货架把重量较轻的货品储放于上层，而把较笨重的货品储放于下层，或借着托盘来多层堆放以提高储物量，增加利用空间。

（2）平面区域的有效利用。在空间利用上，如果能有效利用二维平面区域，就可以争取到三维空间的最大利用，要提升二维平面的经济效用有以下四个要点：

①减少安置干涉。保管空间上部的通风管道及配电线槽，适于安装在最不影响存取作业的角落上方，以减少对货架安装的干涉。

②在角落设置非储存空间。所谓非储存空间就是厕所、楼梯、办公室、清扫工具室等设施，应尽量把这些地方设置在保管区域的角落或边缘，增加储存货品的保管空间，避免影响保管空间的整体性。

③采用方形料架。料架的安装设置应尽量采取方形配置，以减少因料架安置而剩下的一些无法使用的空间。

④减少通道面积。减少通道面积相对就会增加保管面积，但可能会因通道的变窄、变少而影响作业车辆通行及回转。因此，在空间利用率与作业影响二者中，应该根据实际情况选取平衡点，不要因为一时的扩张保管空间而影响了整个作业的方便性。一般做法是把通道宽度设定成保管区中搬运车辆穿行的最小宽度，再另设一较宽通道区域以供搬运车回转。

（3）采用自动仓库。自动仓库在空间的使用率上是最高的，但并不表示它就是最佳选择方案。对自动仓库的选用必须先经过评估，了解自己仓库的货品特性、量的大小、频率的高低以及单位化程度，再决定是否采用自动仓库。

3. 分配储位

（1）定位储放。每一项储存货品都有固定储位，货品不能互用储位，因此，必须规划每一项货品的储位容量，而且这个量不得小于其可能的最大库存量。进行定位储放的条件包括：

①储位安排时要考虑货品尺寸及重量（不适于随机储放）。

②储存条件对货品储存非常重要。例如，对有些货品的储存必须控制温度。

③易燃货物严格规定储放于一定高度以满足保险标准及防火法规。

④根据管理或其他政策规定，某些货品必须分开储放，如肥皂、化学原料和药品。

⑤有重要货品需要特殊保护。

⑥储区容易记忆，从而方便提取。

（2）随机储放。这是指每一件货品被指派存放的位置都是由随机的过程产生的，而且可以经常改变。也就是说，任何货品都可以被存放在任何可利用的位置。该随机原则一般由储存人员按习惯来储放，并且通常与靠近出口的原则综合使用，按货品入库时间顺序储放于靠近出入口的储位。

（3）分类储位。所有的储存货品可以按照一定特性进行分类，每一类货品都有固定存放的位置，而同属一类的不同货品又按一定的规则来指派储位。分类储放通常按货品的相关性、流动性，货品的尺寸、重量，货品的特性来分类。

（4）分类随机储放。每一类货品有固定存放的储区，但在各类储区内，每个储位的指派是随机的。分类随机储放具有分类储放和随机储放的特点，需要的储存空间介于二者之间。

（5）共同储放。在可以确定各货品的进出库时间的情况下，不同的货品可共用相同储位的方式称为共同储放。共同储放在管理上虽然比较复杂，却能够大大提高储位的利用率，当然，其应用条件比较苛刻。

## 知识复习题

1. 简述仓库选址所需要考虑的因素。
2. 仓库选址所需要的基本数据有哪些？
3. 简述重心法的原理及其假设条件。
4. 在多个仓库选址时应用的精确重心法的原则是什么？
5. 什么是仓库总平面的布局设计？仓库总平面布局设计包括哪些内容？
6. 仓库总平面一般可以划分为哪些区域？
7. 仓储作业区布局设计的主要任务是什么？仓库作业区布局设计应考虑的因素有哪些？
8. 什么是储位管理？储位管理应达到的基本目标是什么？
9. 简述储位管理的操作方法。

**【实训项目一】**

### 格林集团公司北京分公司中央配送中心的选址建设问题

格林公司是一家从建国初期就发展起来的大型医药流通企业，为众多知名的国内、国际医药生产企业提供分销和物流服务。在全国范围内为药品生产企业提供包括仓储、配送及分销在内的各种服务。其客户关系覆盖各大医院、连锁药店以及全国29个省市的药品批发企业。格林公司在北京、上海、广州、武汉、重庆、沈阳等核心城市构建起辐射华北区、华东区、华南区、华中区、西南区、东北区的物流网络。员工已超过3 000人，年营业额达到200亿元人民币。

格林公司作为一家集团公司，采取条线与条块结合的矩阵式管理：大区行政总经理负责当地分公司的整体控制，对采购、销售和物流这三项主要业务进行总体把握，而采购、销售与物流这三个业务之间是彼此分离的，药品采购由采购部负责，药品销售由销售部负责，药品仓储和配送由物流部负责，而且这三个部门分别要向集团的主管业务部门直接汇报工作。格林公司北京分公司覆盖的地区主要包括以北京、天津、河北、河南、山东为主的华北区，所有在这个地区之内的药品分销和配送业务都由北京分公司来操作。

David作为格林公司北京分公司的物流总监，主要负责物流配送体系的构建、评估和监督审计，为格林公司华北区的药品采购和分销提供良好的物流平台。他的汇报对象除了北京分公司的行政总经理Mike之外，还有集团总部负责物流业务的副总裁

Stephen。至于北京分公司的采购总监 Terry 和销售总监 Lisa，与 David 是平级关系，David 只需把一些物流运作的重要变化抄送给他们即可。每周 Mike 会召集三个业务总监开一次会议，对相关需要解决的问题进行沟通。从某种意义上来说，Mike 在发挥供应链总监的职责。

从 2002 年开始，格林公司在拓展国际医药生产企业的代理、分销业务方面有了长足的发展，年度业务增长速度达到了 25%左右，而且预期这样的增长还会持续 3～5 年，由此导致格林公司原有的物流配送体系难以支持业务的快速发展，需要在原来的基础上进行网络体系的优化以及投建新的大型医药配送中心。作为在格林公司工作了 20 多年的老员工，David 深知医药流通行业所面临的机遇与挑战，对目前这个项目的重要性也深有体会。随着药店准入门槛的降低，民营资本、个体经营者纷纷投资开办药店。但综观医药流通行业，现在尚未形成专业化、规模化、集约化的经营，因此进入的门槛比较低。而另一方面，中国加入 WTO 以后，大型跨国企业看好内地医药流通市场，逐渐渗透到这个领域，将在售后服务、营销渠道管理方面与本土企业展开争夺。在这样的机遇与挑战并存的情况下，格林公司作为一家传统的大型医药流通企业，能否获得再次发展，寻求出路和积极转变将是企业面临的重大课题。而作为为流通提供保障与支持的配送与物流网络，将成为大发展的基础。

David 知道在格林公司全国的物流网络中，北京分公司算是比较好的：以北京南三环外的玉泉营配送中心作为 CDC（中央配送中心），以石家庄、天津、郑州、太原等地的配送中心作为 RDC（区域配送中心），北京分公司已构筑起面向整个华北区一级、二级、三级城市的自营药店、区域经销商和医院等医疗单位的一张网，通过自有车队或协议车队为这些客户提供比较准时的服务。当然，David 知道集团公司之所以选择北京分公司来试点，也是因为他们之前的基础比较好，已经具备了一批能力比较强的物流人才，在库存管理、配送管理、流程管理、信息系统等方面比其他兄弟分公司都做得好一些。所以，当务之急就是怎么样才能在这么短的时间内按照集团要求拿出一份规划建议书，而其中首要的就是进行北京 CDC 的选址问题。

David 在 2005 年曾组织北京 CDC、天津 RDC、石家庄 RDC、郑州 RDC 和太原 RDC 的经理以及北京分公司物流部的技术人员，对北京分公司的配送网络和配送中心的现状做过一次整体分析，并形成一份报告提交给集团公司。这个报告对面临的问题做了一个阐述：北京分公司经过长期的发展，已逐渐构建起集储存、转运、加工、配送等多功能一体化的物流配送网络，在配送中心建设方面，也实现了商流、物流、信息流、资金流的统一。但总体而言，问题还很多。

首先就是配送中心布局不合理。北京分公司的各配送中心都是在新中国成立初期就发展起来的，当时处于城市的边缘地带或郊区，但经过近年来城市的发展，已经从城市的边缘地带被包容进城市的中心或近中心地带。而这些大中型城市为了缓解城市交通压力，对从事物流的运营车辆都有这样或那样的限制。最简单的一个例子就是北京玉泉营配送中心的货车在白天出入的话，需要通行证，所以只能在夜里安排出入库，导致效率比较低。同时，这些传统的配送中心在建造时可能还是处于当时物流网络的核心位置，但现在因为周边交通路网的发展、区域经济的发展，再作为一个物流节点就不合适了，会增加过多的交通成本。北京的CDC除了为北京市场进行区域配送之外，还有一个重要的功能就是为其他RDC进行中转配送，以玉泉营的地理位置来说，是很难操作的。

第二个问题是配送中心现代化程度低。北京分公司的各配送中心机械化水平程度均比较低，几乎所有的物流环节都是由人工处理，同现代医药物流配送中心以机电一体化、无纸化为特征的配送自动化、现代化相比，仍有相当大的差距。这些配送中心均建于若干年前，采取砖混机构，净高比较低，即便进行改造，成本投入与新建物流中心相比也没有任何优势；但因为处于城市中心或近中心地带，土地价格比较高，如果采取转让给其他企业而在城市之外另选地块建设，是为上选。

第三个问题是配送中心运作效率比较低。北京分公司的各配送中心在建造初期均是为自营业务服务，当时很难预测到现在这样的物流规模。而且在配送中心建设过程中，由于未采用合适的物流设计技术，导致仓储功能区布局不合理，物流动线交叉严重，瓶颈比较多，物流环节存在相互重复、冲突的现象，库存呆滞时间过长，人力资源浪费巨大，造成整体运作效率低下。北京分公司配送中心的这种状况，随着医药消费的差异化、医药流通市场价格竞争和顾客对高质量服务水平的追求，表现得更为严重。

另外还存在配送中心功能单一的问题。现代化配送中心一般都具备如下功能：库存管理、存储管理、品质检验、物流加工、配送管理、信息管理、资金管理等功能。但北京分公司的配送中心，基本上属于传统的仓库概念，即主要是提供仓储和运输配送的职能。重新翻阅这份报告之后，David认为他首先需要做的是进行配送网络体系的构建，把北京分公司的原有配送网络重新进行设计，然后对每个新建配送中心用现代物流理念进行科学的规划设计，最后在流程控制与管理方面做一些文章。而要进行配送网络体系的构建，则需要先进行新配送中心的选址，特别是北京CDC这个最重要的核心物流节点。

David其实对选址这一块并不是太陌生。之前无论是Terry还是Lisa，在遇到有关物流的问题时都会征求他的意见，北京分公司很多新药店的选址工作他都有参与，他对如何确定目标客户、如何离目标客户最近、如何权衡租金水平与客户满意度等都有一些了解。

但配送中心的选址，David还真不清楚，毕竟北京分公司已经很多年没涉及新建配送中心了。于是，他决定为此举行一个内部会议，共同研究一下。他找来了Mike、Terry、Lisa，就CDC的选址问题召开会议。Mike对成本很敏感，虽然新建CDC的费用会由集团公司投资，但这笔费用会记在北京分公司的账上，并在每年的支出里进行分摊。Terry作为负责采购的主管，对供应商送货到这个新建CDC的倾向比较了解。而Lisa更关注的是客户的满意度，从客户下订单到把药品送到客户那里这样的一个前置期应该保持在怎样的水平上，她有绝对的话语权。

David首先把这个项目向大家做了介绍。他认为正确的配送中心选址可以将供应商、配送中心、终端销售网络进行合理的分工、整合。供应商重点抓产品的研发和终端消费者的服务；配送中心重点抓上游供应商、下游客户的服务，通过进行规模化配送提高物流效率；终端销售网络重点抓好药品的销售，提供专业的健康咨询服务。同时，David把他掌握的一些情况向大家分享：现在有意向可供选址的几个物流基地包括通州物流基地、空港物流基地、西南良乡物流基地、平谷物流基地以及其他几个小型物流园区，土地价格在15万/亩（1亩=667平方米，后同）到50万/亩不等。Terry表示现在北京分公司的供应商除了北京的药厂以外，还包括天津、河北、山西、河南等地的药厂以及M公司其他CDC，他们对送货到北京分公司现在位于玉泉营的CDC，一直以来都有很大的意见，司机经常因为不在指定时间出入三环被北京交通部门罚款。如果这次能够在北京的五环之外选址，则可以解决这个问题（注：按照当前北京交通管制政策，五环以内有限时通行，五环以外没有限时通行）。对于上述四个物流基地，他认为西南良乡物流基地的地理位置比较好，可以作为考虑的对象，缺点是现在还处于规划阶段，没有实质性进展。Lisa对Terry的这个建议表示认可，但同时认为不能够离市区太远，因为她的北京客户如药店、医院、经销商都是位于市区的，如果太远，像现在一个小时之内送货到门的客户要求就不能满足。而且，因为配送给这些客户的成本是由北京分公司承担的，距离太远将导致额外的配送成本。她对上述四个物流基地都不太满意，或者是地价太高，或者是距离市区的客户太远，她建议考虑一下十八里店物流基地，但其缺点是已经没有闲余土地，而且不在北京市最新的城市规划修编中，十八里店已经不是物流发展区域。

如以往的很多会议一样，Mike再次强调了他对成本控制的重视。而且对于新建CDC这个项目，集团公司有一个明确的指导性建议，就是占地面积不能超过100亩，建筑面积不能超过60亩，投资总额不能超过9 000万，这个投资总额包含了土地成本、建筑成本、设备成本三项。他希望大家重点考虑一下平谷物流基地，这里的土地成本比较低，而且属于新开发的物流基地，此时介入的时机比较好，可以要求当地政府提供一些优惠政策，缺点是平谷物流基地距离市区的距离比较远。而David从现代医药物流既要权衡总物流成本与客户服务水平，又要兼顾一些影响因素，如自然环境因素（气象条件、地质条件、水文条件、地形条件）、经营环境因素（产业政策、主要商品特性、物流费用、服务水平）、基础设施状况（道路、交通条件，公共设施状况）及其他（国土资源利用、环境保护要求）等的角度，结合一些政策因素，初步认为应该把北京分公司的CDC建在通州物流基地。这样一则土地价格不是最高，二则区位优势和交通优势也比较明显（北京分公司超过80%的货物是通过公路运输来流通的，与国家级高速公路的连接情况一定要作为一个考核要点），无论发展远程运输还是本地配送，都具有一定的合理性。

通过这次会议，David相信他已经了解到一些关于配送中心选址的方法以及需要注意的关键点，但让他来决定最恰当的建造地点，他还是拿不准。该以谁的意见为先呢？

问题：

1. 格林公司是一家什么性质的医药企业？它的主要负责人有哪些，相互之间是什么样的关系？

2. 格林公司原有的配送中心存在什么问题？

3. 格林公司在新建配送中心选址方面，考虑了哪些问题？

**【实训项目二】**

## 中小型制造企业自营仓库布局设计

Y 厂是一家外商投资的中小型企业，主要供应商和客户均在国外。该厂采用订单驱动的生产模式，产品品种多、批量小，所需的原材料品质要求高、种类繁杂，对仓库的利用程度高，仓库的日吞吐量也较大。因此，该厂选择在距车间较近的地方建造了自营仓库，仓库采用拣货区和储存区混合使用的方式。

一、Y 厂原仓库布局及存在的问题

Y 厂仓库有三层，一、二层分别储存主料、辅料；三层主要用于存放成品，按照各个车间来划分储存区域。一层用于存放主料，主料质量重、体积大，考虑到楼板的承载能力，将其置于一层是合理的选择。由于每单位主料的重量均不在人工搬运能力范围之内，一层的搬运设备主要为平衡重式叉车。一层通道大约宽 3～4 米，叉车可以在仓库通行及调转方向。货区布置采用的是垂直式，主通道长且宽，副通道短，便于存取查拣，且有利于通风和采光，如图 3-8（a）所示。二层仓库存放辅料，部分零散的物料使用货架存放，利于节省空间。大部分物料直接放置于木质托盘上，托盘尺寸没有采用统一标准，主要有两种规格：900 mm×1 200 mm 和 700 mm×950 mm。托盘上的物料采用重叠堆码方式，其高度在工人所及的能力范围之内。物料搬运借助手动托盘搬运车完成，操作灵活、轻便，适合于短距离水平搬运。通道比一层仓库窄，主通道大约宽两米，如图 3-8（b）所示。Y 厂采用将储存区与拣货区混合起用的布局方法，给仓管员及该厂的生产带来了诸多问题和不便。首先，Y 厂在确定所需要的仓库空间类型的时候，对本厂整体工作流程的需要并未充分考虑。该厂仓库的库存物料始终处于不断的变化过程中，由于物料消耗速度不同，导致置于托盘上的物料高度参差不齐，很多物料的堆垛高不足一米，严重地浪费了存储空间。其次，仓管员和领料员还是停留在以找到物料为目的的阶段，未关注合理设计行走时间、行走路程及提高工作效率等问题。

二、Y 厂仓库布局改进建议

首先，Y 厂对于从国外购进的部分不合格原材料进行批退或者转入下一个订单时，不能与正常的物料混放在一起，需要专门设立一个不良品隔离区，以区分不良品与正常品；其次，Y 厂客户对原材料的要求不同，可以根据客户的要求设置特定的区域分别存放。Y 厂仓库小部分空间用于半永久性或长期储存，大部分空间则暂时储存货物，因此，仓库布局应注重物料流动更快、更通畅。仓库一层可以部分设立半永久性储存区用于存放不经常使用的主料，部分空间用作拣货区，用来存放消耗快、进货频繁的大客户的主料。仓库二层增设不良品隔离区放置检验不合格的原料和产品，并可在最深处设置半永久储存区存放流通量很低的物料；余下空间作为拣货区，以方便仓管员快速行走，如图 3-8（c）、图 3-8（d）所示。

中小型制造企业的自营仓库主要储存诸生产过程中需要的原材料。由于每天的生产消耗速度快，仓库日吞吐量较大，因此，在对企业业务流程分析的基础上，将仓库划分多个有效区域，并采用适合于中小型制造企业的将拣货区与储存区分开的布局设计，方

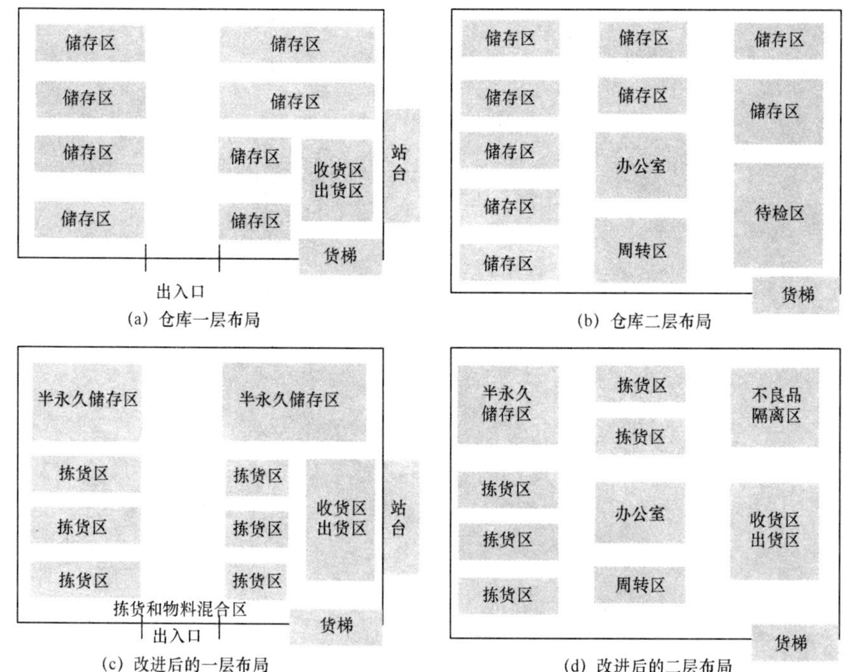


**图 3-8 Y 厂自营仓库布局设计**

能够降低仓库内部的物流量与物流成本，进而提高企业效益。

问题：

1. 该厂仓库布局还存在哪些问题？

2. 请帮助仓管员设计一层的最有效行走路线。

3. 除了案例中的建议外，你还可以提出什么建议？

## 【实训项目三】

一、实训任务

仓库功能区、仓库储位的布置设计。

二、实训目的及训练要点

1. 掌握仓库功能区、仓库储位布置原则和设计方法。

2. 了解不同环境下仓库功能区、仓库储位布置要求。

三、实训设备、仪器、工具及资料

仓储实训室。

四、实训内容及步骤

1. 申请和清点实训设备及相关图文资料。

2. 讲解仓库功能区、仓库储位布置的实训目的、要求和具体实施的步骤。

3. 分组实践，并认真观察每组学生的仓库功能区、仓库储位布置设计过程及方法。

4. 总结实训的作用，学生共同讨论仓库功能区、仓库储位布置设计存在的问题和改进建议。

5. 撰写实训报告。

# 仓储合同管理

## 学习目标

- 能够理解仓储合同的概念、特征，能够明确仓储合同当事人。
- 能够理解仓储合同的订立流程。
- 能够分析仓储合同当事人的权利和义务，了解仓单质押的业务流程。
- 了解仓单的概念、法律特征和内容，仓单灭失的提货及仓单质押。

任务一 仓储合同基础

任务二 仓储合同签订流程

任务三 仓储合同当事人的权利和义务

任务四 仓单及仓单质押业务

实训项目一 某汽车装配厂仓储合同是否生效

实训项目二 深圳市某实业发展有限公司仓单质押案例

实训项目三

仓储合同可保障仓储双方当事人的权利，督促双方履行自己的义务，维护仓储企业的生产经营活动。

**【引导案例】**

**盛达公司与东方储运公司的仓储保管合同纠纷**

2004 年 6 月 3 日，某市盛达粮油进出口有限责任公司与该市东方储运公司签订一份仓储保管合同。合同主要约定：由东方储运公司为盛达公司储存保管小麦 60 万千克，保管期限自 2004 年 7 月 10 日至 11 月 10 日，存储费用为 50 000 元，任何一方违约，均按储存费用的 20％支付违约金。合同签订后，东方储运公司即开始清理仓库，并拒绝其他有关单位同期在其仓库存货的要求。同年 7 月 8 日，盛达公司书面通知东方存储公司："因收购的小麦尚不足 10 万千克，故不需存放贵公司仓库，双方于 6 月 3 日所签订的仓储合同终止履行，请谅解。"东方储运公司接到盛达公司书面通知后，遂电告盛达公司：同意仓储合同终止履行，但贵公司应当按合同约定支付违约金 10 000 元。盛达公司拒绝支付违约金，双方因此形成纠纷，东方储运公司于 2004 年 11 月 21 日向当地人民法院提起诉讼，请求判令盛达公司支付违约金 10 000 元。

本案中盛达公司与东方储运公司所签订的仓储保管合同，依据我国《合同法》第 382 条"仓储合同自成立时生效"之规定，自签订之日起生效，该合同应为合法有效合同。双方当事人均应严格按合同的约定履行，若未按合同约定履行即构成违约，应承担违约责任。在本案中盛达公司通知东方储运公司终止合同，构成违约，依双方合同之约定，盛达公司应当支付违约金 10 000 元。因此，对东方储运公司的诉讼请求应予支持。

# 仓储合同基础

## 一、仓储合同的概念

仓储合同又称为仓储保管合同，是指仓储保管人接受存货人交付的仓储物，并进行妥善保管，在仓储期满时将仓储物完好地交还，由存货人支付仓储费的合同（表 4-1）。

**表 4-1　仓储合同参考范本**

| 仓储合同范本 |
|---|
| 存货方：　　　　　　　　合同编号：<br>签订地点：<br>保管方：　　　　　　　　签订时间：年　　月　　日<br>根据《中华人民共和国合同法》和《仓储保管合同实施细则》的有关规定，存货方和保管方根据委托储存计划和仓储容量，经双方协商一致，签订本合同。<br>第一条　储存货物的品名、品种、规格、数量、质量、包装。 |

续表

1. 货物品名：　2. 品种规格：　3. 数量：　4. 质量：　5. 货物包装：

第二条　货物验收的内容、标准、方法、时间、资料。

第三条　货物保管条件和保管要求。

第四条　货物入库、出库手续，时间、地点、运输方式。

第五条　货物的损耗标准和损耗处理。

第六条　计费项目、标准和结算方式。

第七条　违约责任。

1. 保管方的责任

(1) 在货物保管期间，未按合同规定的储存条件和保管要求保管货物，造成货物灭失、短少、变质、污染、损坏的，应承担赔偿责任。

(2) 对危险物品和易腐物品等未按国家和合同规定的要求操作、储存，造成毁损的，应承担赔偿责任。

(3) 由于保管方的责任，造成退仓不能入库时，应按合同规定赔偿存货方运费和支付违约金______元。

(4) 由保管方负责发运的货物不能按期发货，应赔偿存货方逾期交货的损失；错发到货地点，除按合同规定无偿运到规定的到货地点外，并赔偿存货方因此而造成的实际损失。

(5) 其他约定责任。

2. 存货方的责任

(1) 由于存货方的责任造成退仓不能入库时，存货方应偿付相应保管费______%（或______%的违约金）。超议定储存量储存的，存货方除交纳保管费外，还应向保管方偿付违约金______元，或按双方协议办。

(2) 易燃、易爆、易渗漏、有毒等危险货物以及易腐、超限等特殊货物，必须在合同中注明，并向保管方提供必要的保管运输技术资料，否则造成货物毁损、仓库毁损或人身伤亡，由存货方承担赔偿责任乃至刑事责任。

(3) 货物临近失效期或有异状的，在保管方通知后不及时处理，造成的损失由存货方承担。

(4) 未按照国家或合同规定的标准和要求对储存货物进行必要的包装，造成货物损坏、变质的，由存货方负责。

(5) 保管方已通知出库或合同期已到，由于存货方（含用户）的原因致使货物不能如期出库，存货方除按合同的规定交付保管费外，并应偿付违约金______元。由于出库凭证或调拨凭证上的差错所造成的损失，由存货方负责。

(6) 按合同规定由保管方代运的货物，存货方未按合同规定及时提供包装材料或未按规定期限变更货物的运输方式、到站、接货人，应承担延期的责任和增加有关费用。

(7) 其他违约责任。

第八条　保管期限。

从______年______月______日起至______年______月______日止。

第九条　变更和解除合同的期限。

由于不可抗力事故，致使直接影响合同的履行或者不能按约定的条件履行时，遇有不可抗力事故的一方，应立即将事故情况电报通知对方，并应在______天内，提供事故详情及合同不能履行或者部分不能履行或者延期履行的理由的有效证明文件，此项证明文件应由事故发生地区的______机构出具。按照事故对履行合同的影响程度，由双方协商解决是否解除合同，或者部分免除履行合同的责任，或者延期履行合同。

第十条　解决合同纠纷的方式。

执行本合同发生争议，由当事人双方协商解决。协商不成，双方同意由______仲裁委员会仲裁（当事人双方不在本合同中约定仲裁机构，事后又没有达成书面仲裁协议的，可向人民法院起诉）。

第十一条　货物商检、验收、包装、保险、运输等其他约定事项。

续表

<table>
<tr><td colspan="2">第十二条　本合同未尽事宜，一律按《中华人民共和国合同法》和《仓储保管合同实施细则》执行。<br><br>存货方（章）：<br>地址：<br>法定代表人：<br>委托代理人：<br>电话：<br>电挂：<br>开户银行：<br>账号：<br>邮政编码：</td></tr>
<tr><td>鉴（公）证意见：<br><br>经办人：</td><td>保管方（章）：<br>地址：<br>法定代表人：<br>委托代理人：<br>电话：<br>电挂：<br>开户银行：<br>账号：<br>邮政编码：</td></tr>
</table>

| 存货方（章）： | 保管方（章）： |
|---|---|
| 地址： | 地址： |
| 法定代表人： | 法定代表人： |
| 委托代理人： | 委托代理人： |
| 电话： | 电话： |
| 电挂： | 电挂： |
| 开户银行： | 开户银行： |
| 账号： | 账号： |
| 邮政编码： | 邮政编码： |

鉴（公）证意见：

经办人：　　　　鉴（公）证机关（章）

年　月　日

（注：除国家另有规定外，鉴（公）证实行自愿原则）

有效期限：　　年　　月　　日至　　年　　月　　日

监制部门：　　　　印制单位：

仓储合同是我国合同法分则的有名合同，我国《合同法》第 395 条规定：“仓储合同”一章未规定的事项适用保管合同的有关规定。

## 二、仓储合同的特征

仓储合同是一种特殊的保管合同，它源自一般的保管合同，具有保管合同的一般特性，但同时又有别于一般的保管合同，具有以下特征：

（1）仓储合同为诺成合同。这一点显著区别于实践性的保管合同。为约束仓储合同双方的行为，更好地保障双方利益，法律规定仓储合同自双方意见达成一致时成立，而不需要储存货物的实际交付。《合同法》第 382 条规定：仓储合同自成立时生效。

这样规定具有重要的实践意义。在仓储合同中，保管人是具有专业性和营利性的从事仓储营业服务的民事主体。合同一旦成立，在仓储物交付之前必然要耗费一定的人力、物力、财力为履行合同做必要准备，若存货人此时反悔不交付货物，必然给对方带来损失。若仓储合同为实践性合同，则合同从交付之日才成立，从订立合同到交付之间的这种损失只能依缔约过失责任而不是违约责任请求赔偿。若为诺成性合同则不同，只要双方协议达成一致、合同成立，则合同立即生效，双方当事人必须受合同效力的约束，上述损失就可依违约损失获得赔偿。

（2）保管人必须是经工商行政管理机关核准，依法从事仓储保管业务，具有仓库营业资质，拥有仓储设备并从事仓储保管业务的法人。

（3）仓储合同为双务有偿合同。由于仓储经营是一种商业营业活动，因此，仓储合同的双方当事人互负给付义务，保管人提供仓储服务，存货人给付报酬和其他费用。这与一般的保管合同不同，一般保管合同既可是有偿合同，也可是无偿合同。

（4）仓储保管的对象必须是动产，不动产不能成为仓储合同的标的物。

（5）存货人的货物交付或返还请求权以仓单为凭证，仓单具有仓储物所有权凭证的作用。

## 三、仓储合同的种类

### （一）一般仓储保管合同

一般仓储保管合同，是指仓储经营人提供完善的仓储条件，对存货人的仓储物进行保管，在保管期届满时，将原先收存的仓储物原物交还给存货人而订立的仓储保管合同。该仓储合同的仓储物为确定物，保管人须原物返还。保管合同特别重视对仓储物的特定化，仓储物所有权和使用权不转移，保管人应严格承担归还原物的责任，包括仓储物在仓储期间自然增加的孳息。

### （二）混藏式仓储合同

混藏式仓储合同，是指存货人将一定品质、数量的种类物交付给保管人，保管人将不同存货人的同样仓储物混合保存，存期届满时，保管人员以相同种类、品质、数量的商品返还给存货人，并不需要原物归还而订立的仓储合同。这种仓储合同常见于粮食、油品、矿石或保鲜期较短的商品的储藏。混藏式仓储合同的标的物为种类物，保管人严格按照约定数量、质量承担责任，且没有合理耗损的权利。混藏式仓储合同对仓储物的品质、数量要有极为明确的认定，应在合同中进行完整的描述。当保管人不能按照合同要求向存货人交换仓储物时，须补偿存货人的损失。

### （三）消费式仓储合同

消费式仓储合同是指存货人在存放仓储物的同时，将仓储物的所有权也转移给保管人，在保管期届满时，保管人只需将相同种类、品质、数量的替代物归还给存货人而订立的仓储合同。存放期间的仓储物所有权由保管人掌握，保管人可以对仓储物行使所有权。消费保管的经营人一般具有仓储物的消费能力，如面粉加工厂的小麦仓储、加油站的油库仓储等。消费式仓储经营人的收益，除了约定的仓储费外，还有消费仓储物与到期购回仓储物所带来的差价收益。

### （四）仓储租赁合同

仓储租赁经营是仓库所有人将所拥有的仓库以出租的方式开展仓储经营，由存货人自行保管商品的仓储经营方式。仓储人只提供基本的仓储条件，进行一般的仓储管理，如仓储环境管理、安全管理等，并不直接对所存放的商品进行管理。仓库租赁合同从严格意义上来说不是仓储合同，而是财产租赁合同，但是由于仓库出租方具有部分仓库保管的责任，所以具有仓储合同的一些特性。

## 四、仓储合同的标的和标的物

仓储合同的标的和标的物是合同关系指向的对象，也就是当事人权利和义务指向的对象。仓储合同虽然说约定的是仓储物的事项，但合同的标的却是仓储保管行为，包括仓储空间、仓储时间和保管要求。保管人提供仓储空间、仓储时间和保管要求，存货人为此支付仓储费，因此仓储合同是一种当事人双方都需要履行一定行为的双务合同。

仓储合同的标的物就是存货人交存的仓储物，是标的的载体和表现。仓储物可以是原材料、配件、组件、生产工具、运出工具等生产材料，也可以是一般消费商品，包括特定物或者种类物等生活资料。仓储物必须是有形的实物动产，有具体的物理形状，能够移动到仓储地进行仓储保管，不动产不能成为仓储物。货币、知识产权、数据、文化等无形资产和精神产品也不能作为仓储物。图书可以作为仓储物，但图书的著作权、书内的专利权不能成为仓储物。

## 五、仓储合同当事人

仓储合同的双方当事人分别为存货人和保管人。

### （一）存货人

存货人是指将仓储物交付保管人存储的一方。存货人必须是对仓储物有处置权的人，可以是仓储物的所有人，也可以是只有仓储权利的占有人。如承运人，或者已受让仓储物品但未实际占有仓储物的准所有人，或者有权处置的人，如法院、行政机关等，可以是法人、非法人单位、民营企业、事业单位、个体工商户、国家机关、群众组织、公民等。

### （二）保管人

保管人为仓储物的保管一方，保管人可以是独立的企业法人、企业的分支机构或者个体工商户、合伙人以及其他组织，可以是专门从事仓储业务的仓储经营者，也可以是贸易货栈、车站、码头的兼营机构，或者从事配送经营的配送中心。

根据《合同法》的规定，保管人必须符合以下条件：

（1）保管人必须拥有仓储保管设备和设施，具有仓库、场地、货架、装卸搬运设施。

（2）具备安全、消防等基本条件，取得相应的公安、消防部门的许可。

（3）从事仓储经营必须进行工商登记，获得工商营业执照，取得经营资格。

（4）设备和设施无论是保管人自有的还是租赁的，保管人都必须具有有效的经营使用权。

（5）如果从事特殊物品保管业务，需要具备特殊物品仓储保管的条件。

# 仓储合同签订流程

## 一、仓储合同的订立原则

签订仓储合同时，合同双方应遵循下述原则：

**（一）平等原则**

当事人双方法律地位平等是合同制度的基础，是任何合同行为都需要遵循的原则。订立仓储合同的双方应本着平等的心态，通过平等协商，订立公平的合同。任何一方采取恃强凌弱、以大欺小或者行政命令的方式订立的合同都是无效合同。平等原则还包括订立合同机会平等，不能采取歧视的方式选择订立合同的对象。

**（二）等价有偿原则**

仓储合同是双务合同，合同双方享受相应的权利，承担相应的合同义务。保管人的权益体现在收取仓储费和劳务费上，保管人在仓储过程中劳动和资源投入的多少，决定了所能获得报酬的多少。等价有偿的原则也体现在当事人双方合同权利和义务的对等上。

**（三）自愿协商一致原则**

当事人双方订立合同时完全根据自身的需要和条件，利用各自的知识和能力，通过广泛的协商，在整体上接受合同的约定，这是合同生效的条件。任何采取胁迫、欺诈手段订立的合同都是无效合同。如合同未经协商一致，双方会在合同履行过程中产生争议，导致合同无法履行。

**（四）合法和不损害社会公共利益原则**

当事人在订立合同时要严格遵守法律法规，不得进行任何违反法律法规强制性规定的经济主体、公民不能从事的行为，包括不能发生超越经营权、侵害所有权、侵犯国家主权、危害环境等违法行为。不损害社会公共利益的原则要求，合同主体在合同行为中不得进行有损社会安定、扰乱社会经济秩序、妨碍人民生活等不良行为以及从事不道德的事。要尊重社会道德，维护国家形象，有利于精神文明的建设。不损害社会公共利益从内容上说属于道德规范，但在合同法的规范中形成了法律规范，损害社会公共利益已成为违法行为。

## 二、要约与承诺

仓储合同的订立需经过要约和承诺的过程。仓储双方当事人一方发出要约，另一方作出承诺，仓储合同成立。作为一项有效的要约，必须具有明确的订立合同的愿望和完整的交易条件，这些条件可以是在要约中明示的，也可以是受要约人通过合理判断确定的默示条件。要约人在要约送达受要约人后，承担遵守要约的责任。承诺是对要约无条件地接受，任何对要约实质性的变动都不是承诺，而是要约人的反要约。承诺必须是明确的，有确切的表现，承诺送达要约人即生效，承诺人即受承诺的约束。

一方向另一方发出不明确的交易愿望的行为为要约引诱，要约引诱不具有约束力，如广告、推销宣传等。但是如果广告等具有明确的交易条件和交易愿望，且明示有约束力的，则成为要约。

当一方（主要是存货人）向另一方发出愿意订立仓储合同的要约，但没有明确合同的主要事项，这种要约构成了双方订立预约合同的要件，保管人的承诺表明双方成立了预约合同。预约合同并不是仓储合同本身，仅仅是双方达成了成立预约合同的协议。生效的预约仓储合同也是有效的合同，双方承担将要订立仓储主合同的义务，否则须承担违反预约合同的责任。

## 三、仓储合同的形式

根据《合同法》的规定，合同可以采用书面形式、口头形式或其他形式。电报、电视、传真、电子数据、电子邮件等形式的合同归类为书面合同。订立仓储合同的要约、承诺也可以是书面的、口头的或其他形式。由于仓储的存货量较大、存期较长，期间可能进行配送、流通加工等作业，有时还涉及仓单持有人，因此，仓储合同使用完整的书面合同较为合适，完整的书面合同有利于合同的保存、履行和发生争议时的处理。

仓储合同的其他形式包括通过行为订立合同、签发格式合同等。在未订立合同之前，存货人将货物交给仓储保管人，保管人接受货物，则表明事实上合同已成立。在周转极为频繁的公共仓储中，保管人可以采用预先设计好条件的格式合同。在格式合同中，存货人只有签署或者不签署合同的权利，而没有商定格式合同条款的权利。

## 四、仓储合同的主要条款

仓储合同为不要式合同，没有严格的条款规定，当事人根据需要协商合同的主要条款以及合同的形式。仓储合同的条款是检验仓储合同的合法性、有效性，以及当事人民事责任的重要依据，应当写清楚当事人条款、仓储物条款、仓储相关条款、违约责任条款、合同变更或解除条款、争议处理条款和合同签署条款。

### （一）当事人条款

仓储合同当事人是履行合同的主体，需要承担合同责任，当事人条款中应注明存货人、保管人的名称和地址，并且要采用完整的企业注册名称和登记地址。当事人为个人的，须明示个人的姓名和户籍地或常住地。必要时可在合同中增加通知人，但通知人不是合同当事人，仅仅履行通知当事人的义务。

### （二）仓储物条款

仓储物必须是动产，能存放在仓储地进行保管并转交，因此需要明确地将仓储物特定化或者特定物种类化。仓储物条款一般包括仓储物的品种、数量、质量、包装、标记。①仓储物的品种需要采用完整的商品名称或者种类名称表示；②数量采用的计量方法确定并达到最高的精度，用最小的独立封装单元确定件数，如箱装货物以封口的外包装为单位，或者用最小的组成单位，如成捆的管材用具体管材根数表达；③商品的质量可以用外包装的可见质量或者商品本身的质量表示，标准可以采用国家标准、行业标准或者约定的标准来表达，必要时可以商品质量检验报告为准；④包装情形应详细注明；⑤标记应采用外包装上的标记，或拴挂的标签标记。

### （三）仓储相关条款

1. 仓储物的损耗标准

仓储物在经过长期存放和多次转移后，由于挥发、散发、氧化、计量方法等原因造成的损耗减量，一般采用协议免费的方法处理。也就是在合同中订立合理损耗条款，双方约定不追究对方责任的数量减少的标准，包括重量或者件数的减量。商品损耗标准可以采用国家标准、行业标准，也可以由双方合理约定，有约定标准的则适用约定标准。

2. 交接时间、地点以及验收方法

仓储合同要注明仓储物的交接时间和地点、验收方法。交接时间是指存货人将仓储物交给保管人的时间。保管人应在约定的交货时间之前做好接货的准备工作。交接地点是存货人将仓储物移交给保管人的地点，明确了运送货物入库的责任承担人，但还需要明确卸车搬运的承担人。

为了明确区分存货人和保管人的责任，合同中还需要明确交接理货的方法以及验货的内容、标准、时间和方法。验货针对仓储物的质量进行。若约定了验货标准，保管人仅对验收事项负责，除非能证明是因为保管不当造成的损害。

3. 储存场所的约定

双方约定储存物存放的仓库。根据仓物的特性，仓储场所不仅体现保管人的条件和货物的保管要求，还要确定运输便利程度和出入的运输成本。

4. 储存时间约定

双方约定的仓储时间有三种表现方式：采用期限的方式表现，如储存 6 个月，自货物入库起算；采用日期的方式表示，如 3 月 15 日到 6 月 15 日；不约定具体时间，但约定到期方式的确定方法。

5. 仓储物的保险约定

仓储物要进行保险。若存货人已对仓储物进行保险，必须要告诉保管人所投保的保险人、保险金额、保险期限。存货人未投保的可以委托保管人进行保管，但保险费由存货人承担。

6. 仓储费确定

仓储合同中应有确定仓储费的费率、计算方法、支付方法和支付时间的条款。支付仓储费有预付、定期支付、结算支付等方式。《合同法》规定：当事人没有约定支付时间的，在交付仓储物时交付；当事人没有约定仓储物费的，保管人可根据提供的服务向存货人要求支付报酬。

**（四）违约责任条款**

合同应约定：存货人未交付货物，未在约定时间交付仓储物的违约责任；保管人不能接受仓储物或不能在约定的时间接受仓储物的违约责任；存货人未在约定的时间提取仓储物的超期费用。违约金是违约责任的主要承担方式，但必须在合同中明确，包括各种违约项目及违约金额的标准或计算方式、支付方式等。

**（五）合同变更或解除条款**

合同的订立和履行是合同双方期望发生的结果，但因为客观原因发生重大变化或者出于双方利益的需要，原合同继续履行可能对双方都不利，这时可以采用合同变更或解除的方法防止不利局面的发生。当事人在订立合同时就确定发生不利合同的履行以及处理具体不利履行合同的条件而采取或变更或解除合同的方法的条款，也就是合同变更或解除条款。

**（六）争议处理条款**

争议处理是指有关合同争议的诉讼或仲裁的约定。双方当事人可以在合同中约定，一旦发生纠纷，提请仲裁机构仲裁；也可以在合同约定的仲裁地点仲裁；还可以约定发生纠纷时，不申请仲裁，而直接向法院起诉。但如果双方已在合同约定或事后达成仲裁协议的，必须先向仲裁机构申请仲裁。

### （七）合同签署条款

合同签署是合同当事人对合同协商一致的表示，是合同成立的标志。仓储合同由企业法人签名，注明签署时间，还要盖合同专用章。个人签订合同时只要签署个人的完整名。合同一经签署，就开始生效。

## 五、仓储合同的生效和无效

### （一）仓储合同的生效

无论仓储物是否交付储存，仓储合同自成立时生效。具体表现为：双方签署合同书；合同书已送达对方；受要约方的承诺书送达对方；公共保管人签发格式合同或仓单；储存人将仓储物交给保管人，保管人已接收。

### （二）仓储合同的无效

仓储合同的无效是指已经订立的合同由于违反了法律的规定，而被认为无效，无效合同自始无效；合同无效由人民法院认定，可以认定为合同整体无效或是部分无效；合同无效可以在合同订立之后，履行之前，履行之中或履行之后认定；通过变更和撤销等方式处理无效合同。合同无效的原因有：一方以欺诈、胁迫手段订立的仓储合同；损害国家利益的仓储合同；恶意串通，损害国家、集体或第三人利益的仓储合同；以合法形式掩盖非法目的的仓储合同；损害社会公共利益的仓储合同；违反法律法规强制性规定的仓储合同；无效代理的合同等。对于重大误解订立的合同，在订立中失去了公平的合同，一方有权请求人民法院给予变更和撤销。不管无效合同在什么时候被认定，都是无效的。

## 六、仓储合同的变更、解除

合同生效后，当事人应按照约定全面履行各自的义务，任何一方不得擅自变更和解除合同，这是《合同法》所确定的合同原则。仓储经营具有极大的变动性和复杂性，会因为主客观情况的变化而变化，为了避免当事人双方的利益受到更大的损害，变更或解除已生效的不利合同是更有利的选择。

### （一）仓储合同的变更

仓储合同的变更是指对已经生效的仓储合同的内容进行修改或补充。仓储合同变更一般不涉及已经履行的部分，只涉及没有履行的部分。任何一方当事人不得因仓储合同的变更而要求另一方返还在此之前履行的部分，变更后若是给双方造成损失的，责任方应承担损害赔偿责任。因此，仓储合同的变更不改变原合同的关系和本质事项。仓储合同的当事人一方因为利益的需要，向一方提出变更合同的要求，并要求另一方在期限内答复的，另一方在期限内答复同意则变更；另一方在期限内没有答复，合同也发生变更，双方按照变更后的条件履行。如果另一方在期限内不同意变更，则合同不能变更。

### （二）仓储合同的解除

仓储合同的解除是指仓储合同订立后，一方当事人对没有履行的合同或还未履行的部分不再履行，提前终止合同，使双方当事人的权利义务归于消灭，这是合同终止的一种情形。

1. 仓储合同解除的方式

（1）存货人和保管人协议解除合同。协议解除合同和协议订立合同一样，是双方意见一致的结果，具有完全的效力。解除合同协定可以在合同生效后，履行完毕之前由双方协商达成；也可以在订立合同时订立解除合同的条款，当解除合同条件出现后，一方通知另一方解除合同。

（2）法定解除合同。这是当事人一方按照《合同法》规定的有权采取解除合同的法律规定行为。《合同法》规定：因不可抗拒而不能实现，任何一方可以通知对方解除合同；一方当事人将发生逾期违约，另一方可以行使合同解除权；仓储合同的一方当事人延迟履行合同义务，经催告后在规定期限内还没有履行，另一方可以解除合同；仓储合同一方当事人延迟履行义务或有其他违约行为，导致合同目的不能实现，另一方可以解除合同。一方依法解除合同的，只要书面向对方发出解除合同的通知，当通知到达对方时，合同解除。有权解除合同的一方也可以要求人民法院或仲裁机构确定解除合同。

2. 仓储合同解除后的处理

合同解除后，因仓储合同所产生的存货人和保管人的权利义务关系消灭，对于没有履行的合同当然终止履行。合同解除并不影响合同清算条款的效力，双方还是按照清算条款的约定承担责任和赔偿损失，承担违约责任的一方要依据合同约定承担违约责任、采取补救措施和赔偿损失。如违约的存货人需要对仓库空置给予补偿，造成合同解约的保管人要承担运输费、转仓费、仓储费差额等损失赔偿。

## 任务三　仓储合同当事人的权利和义务

仓储合同生效即发生了法律效力，仓储合同当事人享有合法的权利与承担相应义务，合同当事人在履行合同过程中有权要求对方采取一定的行为和自身需要进行一定行为或不行为。在仓储合同中权利和义务的规定包括合同明示条款和合同的默示条款。依据一般的专业知识可以合理地推定出当事人在合同履行中所能享受的权利与承担的义务。

### 一、存货人的权利和义务

#### （一）存货人的权利

1. 查验权

在仓储保管期间，仓储保管人负责保管存货人交付的仓储物，对仓储物享有占有权，但仓储物的所有权存货人，存货人对仓储物有查验的权利，有权提取合理数量的样品进行查验。查验会影响保管人的工作，取样还会造成仓储物数量的减少，但存货人合理进行查验和取样，保管人不得拒绝。存货人行使查验权时，不得妨碍仓储保管人的正常工作。

2. 提取权

存货人拥有凭仓单提取仓储物的权利。

3. 转让权

存货人是货物的所有人，有权按自己的意愿转让物品。

### （二）存货人的义务

1. 按时提取货物的义务

存货人应按照合同的约定按时提取货物。因保管人根据合同的约定安排仓库的使用计划，若存货人没有将货物提走，会使保管人已经签订的下一个仓储合同无法履行。

2. 告知义务

存货人的告知义务包括两个方面：对仓储物的完整告知和瑕疵告知。

（1）完整告知是指订立合同时存货人要完整细致地告知保管人仓储物的准确名称、数量、包装方式、性质、作业保管要求等涉及验收、作业、仓储保管的资料，特别是储存易燃、易爆、有毒、有放射性等危险货物或易腐蚀的特殊货物时，存货人还要有详细的说明资料。存货人未明确告知的仓储物属于夹带品，保管人可以拒绝接受；因该货物造成的损害，存货人应承担损害赔偿责任。

（2）瑕疵告知是指告知仓储物及包装的不良状态、潜在缺陷、不稳定状态等已存在的缺陷或将会发生损害的缺陷。保管人了解仓储物有瑕疵后，可以采取针对性的操作和管理，以避免发生损害和危害。

3. 妥善处理和交存的义务

存货人仓储物进行妥善处理，根据货物性质分类、包装，使仓储物适合仓储作业和保管；在合同约定的时间向保管人交存仓储物，并提供验收单证。

4. 支付仓储费和偿付必要费用的义务

仓储费是仓储保管人提供仓储服务、对仓储物进行保管的应得报酬，是保管人的合同权利。存货人应根据合同约定按时支付仓储费，否则构成违约。如果存货人提前提取仓储物，保管人可照收仓储费；如果存货人逾期，应加收仓储费。如果存货人未支付仓储费，保管人有对仓储物行使留置权的权利，即有权拒绝将仓储物交还存货人或应付款人，并可通过拍卖留置仓储物的方式获得款项。仓储物在仓储期间发生的应由存货人承担责任的费用支出或垫付费包括保险费、货物自然特性的损害修缮费、有关货损处理、运输搬运费、转仓费等。

## 二、保管人的权利和义务

### （一）验收货物

验收货物不仅是保管人的合同权利，也是保管人的义务。保管人应该在接受仓储物时对仓储物进行验查、计数、理货，在合同约定的期限内查验货物的质量并签发账单。验收货物按照合同约定的标准和方法，或者按照习惯的、合理的方法进行。保管人在验收中发现货物溢短，对溢出的部分可以拒收，对短少的部分有权向存货人主张违约责任。对于货物存在的不良状况，保管人有权要求存货人更换、修理或者拒绝接受，否则须如实编制记录，以明确责任。

### （二）创造合适的仓储保管条件

具备合适的仓储保管条件是仓储人经营仓储保管的先决条件。保管货物的设施和设备包括合适的场地、容器、仓库、货架、作业搬运设备、计量设备、保管设备、安全保卫设施等；同时还要配备一定的保管人员、商品养护人员，制定有效的管理制度和操作规程等。保管人创建的仓储保管条件还要适合仓储物的特殊仓储保管要求，如保存粮食的粮仓、保存冷藏货物的冷库等。保管人若不具备相应的仓储保管条件，则构成违约。

### （三）签发仓单

保管人在接收货物后，根据合同的约定或存货人的要求，及时向存货人签发仓单；在存期届满时，根据仓单的记载向仓单持有人交还货物，并承担仓单所明确的责任。保管人根据实际收取的货物情况签发仓单，并根据合同条款确定仓单的责任事项。

### （四）合理化仓储

保管人应在合同约定的仓储地点储存货物，并充分使用先进技术、科学方法，严格做好仓储管理。保管人应使用合适于仓储保管的仓储设施和设备，如容器、货架、货仓等，从谨慎操作、妥善处理、科学保管和合理维护等各方面做到合理化仓储。保管人对因其保管不善所造成的仓储物在仓储期间发生的损害、灭失承担全部责任，除非保管人能证明损害是由于货物本身的特性、包装不当、超期以及其他免责原因造成的。

### （五）返还仓储物

保管人应在合同约定的时间和地点向存货人或仓单持有人交还仓储物。仓储合同如没有明确存期和交还地点，存货人或仓单持有人可以随时要求提取，保管人应在合理的时间内交还仓储物；同样保管人也可以随时要求存货人提取仓储物。保管人在催告存货人提取货物期届满后，存货人可以提取仓储物。保管人在交返仓储物时，应将原物与其余孳息、残余物一同交还。

### （六）危险通知义务

当仓储物出现危险时，保管人要及时通知存货人或仓单持有人，包括货物验收时发现的不良情况、发生不可抗力损害、仓储物变质等事故，以及其他涉及仓储物所有权的情况。存货人掌握仓储物的状态是存货人所具有的权利体现，对于仓储物的危险涉及仓储物的交易、保险以及可能造成的进一步损害，存货人应及时采取措施处理，防止危害的扩大，避免造成损失。

## 二、仓储合同的违约责任和免责

### （一）仓储合同的违约责任

违约是指存货人和保管人不能履行合同所约定的义务或是履行的义务不符合合同约定的行为。为了限制违约行为，以及为避免一方的违约造成另一方的损失，由违约方承担违约责任不仅是合同法律制度的规定，也是当事人协议合同的必要事项。只有减少违约的发生，才有利于市场秩序的稳定。

违约责任往往以弥补对方的损失为原则，违约方需对对方的损失（包括造成的直接损失和合理预见的利益损失）给予弥补。根据我国《民法通则》及《合同法》的相关规定，违约责任的承担方式有支付违约金、赔偿损失、继续履行合同、采取补救措施、定金惩罚几种。

1. 支付违约金

违约金是指合同约定当一方违反合同约定而需要向另一方支付的金额。违约金本身是一种违约的惩罚。违约金产生的前提是合同约定和违约行为的发生，包括发生逾期违约，且不论是否发生损失。根据我国《合同法》的规定，当事人可以约定一方违约时应当根据违约的情况进行赔偿。违约金有赔偿性，是一种赔偿处理的方式。违约金可以根据违约的情况而定，如没有履行合同的违约金、不完全的违约金、拖延违约金等，也可以在合同中确定违约金的计算方法，当发生违约时根据其方法确定具体违约金。

违约金以约定支付的方式进行。对合同履行中因责任造成对方损失的赔偿，也可以采取违约金支付的方式以简化索赔过程。

2. 赔偿损失

当事人一方由于违反仓储合同的规定，不履行合同义务或者履行合同义务不符合约定，给另一方造成损失的，应当承担赔偿责任。违约的赔偿责任既是约定的责任，也是法定的责任。因为约定的合同义务未得到履行，会出现损失，这种损失包括违约所造成的直接损失和违约方在订立合同时所能预见的履行合同后可以获得的利益。因此，赔偿损失的条件是违约并且给另一方造成损失。当一方的违约造成损失超过约定的违约金时，另一方仍有权要求违约方赔偿超额损失。赔偿损失既可以采取支付赔偿金的方式，也可以采取其他方式，如实物补偿等。

3. 继续履行合同

发生违约行为后，非责任方有权要求责任方或通过法院强制责任方继续履行合同。继续履行合同是一种违约责任的承担方式，不因为违约方支付了违约金和承担了损失赔偿而消失。继续履行合同的条件是合同还可以继续履行和违约方还具有履行合同的能力，且继续履行合同不违背原合同的性质和法律关系。当合同在法律上或者事实上已不能履行或继续履行费用过高，非责任方未在合理期限内提出继续履行时，违约方可免除继续履行合同。

4. 采取补救措施

发生违约后，未违约方有权要求违约方采取合理的补救措施，弥补违约造成的损失，并减少进一步损失的发生。如对损坏的仓储物进行修理，将仓储物转移到良好的仓库存放，修复仓储设备，或者支付保养费、维修费、运杂费等。

5. 定金惩罚

定金是我国《担保法》规范的一种担保方式。在订立合同时，当事人可以约定采用定金来担保合同的履行。在履约前，由一方向另一方先行支付定金，在合同履行完毕后，收取定金一方退还定金或抵作价款。当合同未履行时，支付定金一方违约的，定金不退还；收取定金一方违约的，双倍退还定金。

定金不得超过合同总金额的20%。同时有定金和违约金约定时，当事人只能选择其中一种履行。

### （二）仓储合同的免责

仓储合同的免责又称仓储合同违约责任的免除，指一方当事人不履行合同或法律规定的义务，致使他人财产受到损失，由于有不可归责于违约方的事由，违约方不承担民事责任。免责事项有法律规定的免责事项和合同约定的免责事项，但造成人身伤害，或因故意或者重大过失造成对方财产损失的，不能免责。

仓储合同的违约责任的免除情况有：

（1）因不可抗力而免责。不可抗力是指当事人不能预见、不能避免并且不能克服的客观情况的发生，包括自然灾害和某些社会现象。如火山爆发、地震、台风、冰雹、洪涝等自然灾害，战争、罢工等社会事件的发生。

不可抗力免责的范围仅限于不可抗力造成的直接影响。当事人未采取有效措施防范、急救所造成的损失扩大部分不能免责。对迟延履行合同过程中所遇到的不可抗力不能免责。在发生不可抗力事件后所订立的合同不得引用不可抗力免责。

（2）因仓储物自然特性或货物本身的性质而免责。仓储期间，对因仓储物的自然因素，如干燥、风化、挥发等原因或货物本身性质、超过有效储存期而造成仓储物变质、损坏或损失，保管人不承担赔偿责任。

（3）因存货人的过失而免责。由于存货人的原因造成仓储物的损失，如包装不符合约定、未提供准确的验收资料、隐藏和夹带、存货人的错误指示和说明等，根据存货人过错的程度，保管人可减少或不承担赔偿责任。

（4）合同约定的免责。基于当事人的利益，双方在合同中约定免责事项，对免责事项造成的损失，不承担相互赔偿责任。

# 仓单及仓单质押业务

随着我国仓储业的发展，仓储业务将不断创新，由仓单衍生出各种新业务。仓单质押业务就是其中之一。

## 一、仓单的概念及法律特征

### （一）仓单的概念

仓单是保管人在接收仓储物后签发的表明一定数量的保管物已经交付仓储保管的法律文书。保管人签发仓单，表明已接收仓储物，并已承担对仓储物的保管责任以及保证将向仓单持有人交付仓储物。签发仓单是仓储保管人的法律义务。

### （二）仓单的法律特征

1. 仓单是提货凭证

仓储保管人保证向仓单持有人交付仓储物。在提取仓储物时，提货人必须向保管人出示仓单，并在提货后将仓单交回保管人注销。没有仓单不能直接提取仓储物。

2. 仓单是所有权的法律文书

保管人在查验并接收仓储物后向存货人签发的仓单，表明只是将仓储物的保管责任转交给保管人，仓储物的所有权并没有转移给保管人。保管人签发的仓单作为仓储物的所有权文书，由存货人或者其他持有人持有。

3. 仓单是有价证券

仓单是仓储物的文件表示，仓储保管人依据仓单返还仓储物，占有仓单即表示占有仓储物，也就是意味着占有了被仓储的财产和该财产所包含的价值。受让仓单就需要支付与该价值对等的资产或价款，因而仓单是表明仓储物价值的有价证券。只不过由于仓单所表示的是实物资产的价值，其价值受实物市场供求关系的影响，需要根据实物的市场价格确定仓单的具体价值。

4. 仓单是仓储合同的证明

仓单本身并不是仓储合同，当双方没有订立仓储合同时，仓单作为仓储合同书面证明，证明合同关系的存在，存货人和保管人按照仓单的记载承担合同责任。

## 二、仓单的内容

按照我国《合同法》的规定，保管人应当在仓单上签字或者盖章，仓单必须记载以下事项：存货人的名称或者姓名和住所；仓储物的品种、数量、质量、包装、件数和标记；仓储物的损耗标准；储存场所；储存期限；仓储费；仓储物已经办理保险的，其保险金额、期限以及保险人的名称；填发人、填发地和填发日期。

## 三、仓单灭失的提货

仓单因故损毁或灭失，将会出现无单提货的现象。原则上若提货人不能提交仓单，则保管人不能交付货物，无论对方是合同订立人还是其他人。因为保管人签发出仓单就意味着承认只能对仓单承担交货的责任，不能向仓单持有人交付存储物就需要给予赔偿。

仓单灭失的提货方法为：

(1) 通过人民法院的公示催告使仓单失效。根据《民事诉讼法》的规定，原仓单持有人或者仓储合同人可以申请人民法院对仓单进行公示催告。当60天公示期满无人争议，人民法院可以判决仓单无效，申请人可以向保管人要求提取仓储物。在公示期内有人争议，则由法院审理判决，确定有权提货人，并凭法院判决书提货。

(2) 提供担保货物。提货人向保管人提供仓储标的物的担保后提货，由保管人掌握担保财产，将来另有人出示仓单而不能交货需要赔偿时，保管人使用担保财产进行赔偿。该担保在可能存在的仓单失效后，方解除担保。

## 四、仓单质押业务

### (一) 仓单质押的概念

仓单质押是以仓单为标的物而成立的一种质押权。仓单质押作为一种新型服务项目，为仓储企业拓展服务项目、开展多种经营提供了广阔的舞台，特别是在传统仓储企业向现代物流企业转型的过程中，仓单质押作为一种新型业务应该得到广泛应用。仓单质押在国外已经成为企业与银行融资的重要手段，也是仓储业增值服务的重要组成部分。在我国，仓单质押作为一项新兴的服务项目，在现实中没有任何经验可言，同时由于仓单质押业务涉及法律、管理体制、信息安全等一系列问题，因此可能产生不少风险及纠纷。如果仓储企业能处理好各方面的关系，并能够有效地防范以上风险，相信仓单质押业务会大有所为的。

根据我国《担保法》第 75 条的规定，下列权利可以质押：汇票、支票、本票、债券、存款单、仓单、提单；依法可以转让的股份、股票；依法可以转让的商标专用权，专利权、著作权中的财产权；依法可以质押的其他权利。仓单质押应为权利质押的一种。

如果认定仓单质押为动产质押，则说明仓单质押的标的物为动产。但是，仓单是一种特殊标的物，并不是动产，而是设定并证明持券人有权取得一定财产权利的书面凭证，是代表仓储物所有权的有价证券。仓单质押的标的物为仓单，仓单是物权证券化的一种表现形式，合法拥有仓单即意味着拥有仓储物的所有权。也正因为如此，转移仓单也就意味着转移了仓储物的所有权。同时，由于仓单为文义证券，仓单上所记载的权利义务与仓单是合为一体的。从最纯粹的意义上讲，仓单本身只不过是一张纸而已，无论对谁来讲均无任何意义，有意义的是记载其上的财产权利，故而仓单质押在性质上不能认定为动产质押。

根据我国《担保法》的规定，质押分为动产质押和权利质押两种，这两种质押担保方式的区分标准在于标的物的不同。仓单质押作为一种质押担保方式，我们认为其在性质上为权利质押，最为关键的是仓单作为仓单质押的标的物，其本身隐含着一项权利——仓单持有人对仓储物的返还请求权。由此，仓单质押可以“使商品之担保利用及标的物本身之利用得以并行”。

可以说，仓单质押的标的物为仓单，但实际上该仓单质押存在于对仓储物的返还请求权上。如果否认了这一点，则在质权人实行质权时便无权向仓储物的保管人提示仓单请求提取仓储物，而只能将仓单返还给出质人，由出质人从保管人处提取仓储物，然后进行债务的清偿。这样一来，设定仓单质押也就形同虚设，无任何意义而言。最后，根据我国《合同法》第 387 条的规定，出质人背书并经保管人签字或盖章，可以转让提取仓储物的权利。由此可知，在仓单质押中，提取仓储物的权利是仓单质押的标的权利。从这种意义上说，仓单质押在性质上应为权利质押而不能为动产质押。

**（二）担保的效力范围**

仓单质押担保的效力范围包括其所担保的债权范围和仓单质押标的物的范围。关于仓单质押所担保的债权范围，我国现行法律并无明确的规定，但《担保法》第 81 条规定：“权利质押除适用本节规定外，适用本章第一节的规定。”而该法第 67 条规定：“质押担保的范围包括主债权及利息、违约金、损害赔偿金、质物保管费用和实现质权的费用。质押合同另有约定的，按照约定。”因此，仓单质押应当准用该条之规定。据此，仓单质押所担保的债权范围，除仓单质押合同另有约定外，应包括主债权及利息、违约金、损害赔偿金、质物保管费用和实现质权的费用。这里有疑问的是，质物的保管费用是否属于仓单质押担保的范围。在动产质押中，质物的保管费用是质权人在占有质物期间，为保管质物所支出的必要费用。但在仓单质押中，转移占有的并不是仓储物，而只是仓单。而一般地说，保管仓单无须支出费用。所以，在一般情况下，仓单质押所担保的债权范围并不包括质物的保管费用。当然，如果质权人将仓单委托他人（如委托银行等）保管是需要支出一定费用的，该费用的支出只要是合理的，也应属于仓单质押所担保的债权范围。

仓单质押标的物的范围即为仓单，当无疑义，唯须说明，如前所述，仓单本身并无多大意义，有意义的是记载其上的财产权利，因为仓单与记载其上的财产权利是合为一体、不可分割的，故而仓单设质之后质押担保标的物的范围只限于仓单。另外，依《合同法》第 390 条的规定："仓储物的保管人对入库仓储物发现有变质或其他损坏，危及其他仓储物的安全和正常保管的，除催告存货人或者仓单持有人做出必要的处置外，在紧急情况下，保管人可以做出必要的处置。"保管人对仓储物的处置多为将其变价，从而保管仓储物的代位物。由此若该仓单已经设质，则该质权仍存在于该代位物上；如果仓储期届满存货人或者仓单持有人没有提取仓储物，则保管人有权将仓储物依法提存，于此情况下，仓单质押的效力仍存在于该提存物上。换言之，如果仓储物有代位物或者提存物的，则仓单质押的效力仍及于该代位物或者提存物。同时，如果仓储物生有孳息的，则仓单质押的效力也及于该孳息。

1. 质权人的效力

仓单质押对质权人的效力表现在因仓单设质而发生并由质权人所享有和承担的权利和义务。

（1）仓单留置权。仓单设质后，出质人应将仓单背书并交付给质权人占有。债务人未为全部清偿以前，质权人有权留置仓单而拒绝返还。依质权一般法规，质权人对标的物的占有乃质权的成立要件，而质权人以其对标的物的占有在债务人未为全部清偿之前，得留置该标的物，其目的在于迫使债务人从速清偿到期债务。这种留置在动产质权上表现得最为明显，因为动产质押的质权人直接占有设质动产，当债务人不能清偿到期债务时，质权人当然首先留置其所占有的动产，从而才能将该动产变价并优先受偿。而在仓单质押中，质权人占有的是出质人交付的仓单而并不是直接占有仓储物。但是，仓单是提取仓储物的凭证，因此仓单质押的质权人在债务人不能清偿到期债务时留置仓单，就可以凭其所占有的仓单向保管人请求提取仓储物而进行变价并优先受偿届期债权。

（2）质权保全权。仓单设质后，如果因出质人的原因而使仓储物有所损失时，会危及质权人质权的实现，于此情形下，质权人有保全质权的权利。我国《合同法》第 388 条规定："保管人根据存货人或者仓单持有人的要求，应当同意其检验仓储物或者提取样品。"第 389 条规定："保管人对入库仓储物发现有变质或者其他损坏的，应当及时通知存货人或者仓单持有人。"根据这两条规定并结合我国《担保法》的有关规定，我们认为：仓单设质后，因质权人依法占有仓单，因此质权人有权依照《合同法》的有关规定向仓储物的保管人请求检验仓储物或者提取仓储物的样品，保管人不得拒绝，并且无须征得出质人的同意。质权人在检验仓储物或者提取仓储物的样品后，发现仓储物有毁损或者灭失而将害及质权的，质权人得与出质人协商，由出质人另行提供足额担保，或者由质权人提前实现质权，以此来保全自己的质权。

（3）质权实行权。设定质权的目的在于担保特定债权能够顺利获得清偿，因此在担保债权到期而未能获得清偿时，质权人有实现质权的权利，以此为到期债权不能获如期清偿的救济，从而实现质押担保的目的。这在仓单质押方面亦同，且为仓单质押担保权利人的最主要权能。仓单质押的质权实行权包括两项：一为仓储物的变价权；二为优先受偿权。

（4）质权人的义务。质权人的义务主要包括保管仓单和返还仓单。前者因为仓单设质后，出质人要将仓单背书后交付给质权人占有，但质权人对仓单的占有，因有出质背书而取得的仅为质权，而非为仓储物的所有权，故而因质权人原因而致仓单丢失或者为其他第三人善意取得，就会使出质人受到损害，因此，质权人负有妥善保管仓单的义务。至于后者，债务人履行了到期债务之后，质权担保的目的既已实现，仓单质押自无继续存在的必要和理由，质权人自当负有返还仓单的义务。

2. 出质人的效力

仓单质押对出质人的效力主要表现为其对仓储物处分权受有限制。仓单作为一种物权证券，是提取仓储物的凭证，取得仓单意味着取得了仓储物的所有权。但仓单一经出质，质权人即占有出质人交付的仓单，此时质权人取得的并不是仓储物的所有权而仅为质权；在出质人，因其暂时丧失了对仓单的占有，尽管其对仓储物依然享有所有权，但若想处分该仓储物，则势必会受到限制。出质人若想对仓储物进行处分，应当向质权人另行提供相应的担保，或者经质权人同意而取回仓单，从而实现自己对仓储物的处分权。在前者，表现为仓单质押消灭；在后者，表明质权人对债务人的信用持信任态度而自愿放弃自己债权的担保，法律自无强制的必要。如果此项处分权不受任何限制，则质权人势必陷入无从对质押担保标的物的交换价值进行支配的境地，从而该项权利质权的担保机能便因此而丧失。

3. 仓储物保管人的效力

仓单质押对仓储物的保管人是否发生效力，因现行法规没有明确规定，所以不无疑义。质押对人的效力一般仅限于质押合同的当事人，但在仓单质押方面似有不同。我们认为，仓单质押对仓储物的保管人亦发生效力，只是不如其对质权人和出质人那么强而已。仓单质押对保管人的效力主要表现在如下两个方面：

（1）保管人负有见单即交付仓储物的义务。仓单是提取仓储物的凭证，仓单持有人可以凭借所持有的仓单向保管人请求交付仓储物，而保管人负有交付仓储物的义务。因而，在仓单质押中，当质权人的债权到期不能获得清偿时，质权人便可以向保管人出示仓单，请求提取仓储物从而实现仓单质押担保。从此意义上讲，仓单质押的效力及于保管人。

（2）保管人享有救济权。依《合同法》原理，仓单持有人提前提取仓储物的，保管人不减收仓储费。因此，质权人在实现质权时，尽管仓储期尚未届满，保管人也不得拒绝交付仓储物。但是，如果由于质权人提前提取仓储物而尚有未支付的仓储费的，保管人得要求质权人支付未支付的仓储费。当然，质权人此项支出应当在仓储物的变价之中扣除，由债务人最后负责。若质权实行时，仓储期业已届满，保管人亦享有同样的救济权，由质权人先支付逾期仓储费，债务人最后予以补偿。

**（三）仓单质押贷款**

开展期货标准仓单质押贷款是商业银行寻求新的利润增长点的内在需求，是期货市场发展的润滑剂，但同时也存在着风险。要对贷款过程的每个环节认真分析，制定应对策略。

1. 开展标准仓单质押贷款是商业银行发展创新、寻求新的利润增长点的内在需求

（1）开展标准仓单质押贷款有利于商业银行规避经营风险。金融风险的存在将促进质押融资的发展，为改善信贷资产结构提供良好契机。

（2）开展标准仓单质押贷款有利于商业银行拓展新的利润增长点。银行业面对入世后带有混业经营背景的外资银行的挑战，应开展银期合作，以求在同业竞争中赢得先机。

（3）长期以来由于规模较小、固定资产少，约有 80%的中小企业存在贷款难和融资难的问题，探索仓单质押融资业务有助于有产品的中小企业获得贷款。

2. 开展标准仓单质押贷款是期货市场快速发展的润滑剂

标准仓单是指指定交割仓库在完成入库商品验收、确认合格并签发《存货证明》后，按统一格式制定并经交易所注册，可以在交易所流通的实物所有权凭证。交易所通过计算机办理标准仓单的注册登记、交割、交易、质押、注销等业务。标准仓单的表现形式为《标准仓单持有凭证》，交易所依据《存货证明》代为开具。标准仓单持有人可选择一个或多个不同等级的交割仓库提取货物。标准仓单具有流通性好、价值高的特点，因而，商业银行对期货市场标准仓单抱有很大的热情。

目前，国内期货交易所普遍开展了标准仓单质押业务，规定持有标准仓单的会员或交易所认可的第三人可办理仓单质押，以该品种最近交割月份合约在其前一月最后一个交易日的结算价为基准价计算其市值，质押金额不超过其市值的 80%。但这种业务具有一定的局限性：该业务以头寸形式释放相应的交易保证金，只能用于期货交易，相应的手续费、交割货款、债权和债务只能用货币资金结清；交易所按同期半年期贷款利率收取质押手续费，风险的承担者只有交易所，比较单一；仓单质押释放的交易头寸只能用于某交易所的期货交易，不能在整个期货市场流通；对某些套期保值者或现货购买商来说限制了其进一步购买现货的能力。

3. 仓单质押贷款实施风险及防范

从上述操作程序中可以看出，仓库和银行、货主企业之间都存在着委托代理关系：一种是作为银行的代理人，监管货主企业在仓库中储存货物的种类、品种和数量等；另一种是作为货主企业的代理人管理仓库中货主企业的货物，包括管理货物的进出库，确保仓储货物的安全、防潮、防霉等。正是由于存在这种三方的代理关系，仓储企业实施仓单质押业务有许多潜在风险。

（1）客户（货主企业）资信风险。在选择客户时一定要谨慎，要重点考察企业的经营能力和信用状况，反映企业经营状况是否正常的最直接指标是主营业务的增长率，因此所选择客户的主营业务增长率要大于零，最好大于该行业的平均增长率。再者，还要

考察客户的资产负债率，一般而言，资产负债率控制在30%左右是企业财务状况稳健的表现，但随着市场经济和金融业的发展，企业资产负债率普遍提高，这无疑增大了企业的破产风险，因此选择客户的资产负债率应小于50%。除经济实力外，良好的信用是企业履约的必备条件。评估担保对象的信用状况主要依据担保对象的历史履约情况和履约意愿来判断，具体包括三个方面：首先，应调查客户偿还债务的历史情况；其次，分析客户在以往的履约中所表现的履约能力；最后，应调查客户履约是出于自愿，还是被采取法律诉讼或其他行动的结果。凡有不良信用记录的，应杜绝与其合作。

（2）质押商品的种类要有一定的限制。要选择适用广泛、易于处置、价格涨跌幅度不大、质量稳定的品种，如黑色金属、有色金属、大豆等，同时还要考察货物来源的合法性，对于走私货物和违禁物品要及时举报。

（3）要加强对仓单的管理。虽然我国《合同法》中规定了仓单上必须记载的内容（存货人的名称或者姓名和住所；仓储物的品种、数量、质量、包装、件数和标记；仓储物的损耗标准；储存场所；储存期限；仓储费；仓储货物保险情况；填发人、填发地点和填发时间），但目前我国使用的仓单还是由各家仓库自己设计的，形式很不统一，因此要对仓单进行科学的管理，使用固定的格式，按制定方式印刷；同时派专人对仓单进行管理，严防操作失误和内部人员作案，保证仓单的真实性、唯一性和有效性。

（4）要加强对质押货物的监督管理。仓储企业在开展仓单质押业务时，一般要与银行签订“不可撤销的协助行使质押权保证书”，对质押货物的保管负责，丢失或损坏由仓库承担责任。因此，为了维护自身利益和履行对银行的承诺，仓储企业要加强对质押货物的监管，保证仓单与货物货单一致，手续完备，货物完好无损。

（5）要注意提单风险。对于同一仓单项下的货物在不同时间提取的情况，要依据货主和银行共同签署的“专用仓单分提单”释放，同时按照仓单编号、日期、金额等要素登记明细台账，每释放一笔，就要在相应仓单下做销账记录，直至销售完成为止。

## 知识复习题

1. 什么是仓储合同？仓储合同有哪些种类？
2. 仓储合同的标的和标的物各指什么？
3. 仓储合同应具有哪些条款？
4. 订立仓储合同应遵循哪些原则？
5. 仓储合同何时生效？
6. 仓储合同如何变更与解除？
7. 存货人和保管人分别有什么合同权利和义务？
8. 什么是仓单？仓单灭失后如何提货？
9. 什么是仓单质押？仓单质押的风险是什么？

**【实训项目一】**

## 某汽车装配厂仓储合同是否生效

某汽车装配厂从国外进口一批汽车零件，准备在国内组装、销售。1999 年 3 月 5 日，该汽车装配厂与某仓储公司签订了一份仓储合同。合同约定，仓储公司提供仓库保管汽车配件，期限共为 10 个月，从 1999 年 4 月 15 日起到 2000 年 2 月 15 日止，保管仓储费为 5 万元。双方对储存物品的数量、种类、验收方式，入库、出库的时间和具体方式、手续等作了约定。还约定任何一方有违约行为，会承担违约责任，违约金为总金额的 20%。

合同签订后，仓储公司开始为履行合同做准备，清理了合同约定的仓库，并且从此拒绝了其他人的仓储要求。1999 年 3 月 27 日，仓储公司通知装配厂已经清理好仓库，可以开始送货入库。但装配厂表示已找到更便宜的仓库，如果仓储公司能降低仓储费的话，就送货仓储。仓储公司不同意，装配厂则明确表示不需要对方的仓库。4 月 2 日仓储公司再次要求装配厂履行合同，装配厂再次拒绝。

4 月 5 日，仓储公司向法院起诉，要求汽车装配厂承担违约责任，支付违约金，并且支付仓储费。汽车装配厂答辩合同未履行，因而不存在违约的问题。

问题：

该仓储合同是否生效？仓储公司的要求是否合理？能否在 4 月 5 日起诉，法院能否受理？可能会有怎样的判决？

**【实训项目二】**

## 深圳市某实业发展有限公司仓单质押案例

深圳市某实业发展有限公司（以下简称“C 公司”）是一家从事国内商业批发、零售业务的贸易公司，成立于 1999 年 12 月份，注册资本 1 000 万元，是国内某大型牛奶生产企业（以下简称“Y 公司”）在深圳地区的牛奶总代理商。Y 公司资产规模 40 多亿元，年销售额 60 多亿元，是国内经营良好、绩优蓝筹股的上市公司。

C 公司作为一家成立时间较晚、资产规模和资金规模相对不雄厚的民营企业，他们的自有资金根本不可能满足与 Y 公司的合作需要。同时他们又没有其他可用作贷款抵押的资产，如果再进行外部融资，也非常困难，资金问题成为公司发展的瓶颈。此时 C 公司向民生银行提出以牛奶作为质押物申请融资的业务需求。在了解 C 公司的实际需求和经营情况，并结合其上游供货商 Y 公司后，民生银行广州分行经过研究分析、大胆设想，开创性地推出了以牛奶作为质押物的仓单质押业务，给予 C 公司的综合授信额度为 3 000 万元人民币，采用先票后货形式，以购买的牛奶作为质押物，由生产商 Y 公司承担回购责任。该业务自开展以来，C 公司的销售额比原来增加了近两倍，很好地扶持了 C 公司，解决了 C 公司流动资金不足的问题，同时也有效控制了银行的风险。

问题：

对企业、仓储企业、银行开展仓单质押业务时各自的利弊进行分析。

**【实训项目三】**

一、实训任务

仓储合同的签订流程。

二、实训目的及训练要点

1. 掌握仓储合同的主要条款。

2. 了解仓储合同的分类。

三、实训设备、仪器、工具及资料

商务谈判室或教室。

四、实训内容及步骤。

1. 实训指导教师讲解合同实训目的、要求和具体实施的步骤。

2. 实训指导教师讲解仓储合同案例。

3. 分组进行仓储合同案例讨论。

4. 分组模拟仓储合同的签订。

5. 撰写实训报告。

# 仓库作业管理

## 学习目标

- 掌握入库作业流程及入库需要使用的仓储设备，能够熟练应用货位编码知识和仓储管理软件等；能够操作仓储设备安排货仓和货位，能够合理地组织入库现场所需要的人员与设备、工具等，能够熟练地应用电脑输印货物入库凭证。
- 了解盘点作业的目的、程序和方法；能够熟练安排对盘点的计划，合理地按照定期盘点法、连续盘点法和联合盘点法现场所需要求，组织人员、设备与工具等。
- 掌握拣货的概念与意义、拣货作业方式，并进行拣货绩效分析。
- 掌握装卸与搬运环节的基本常识及相关知识，了解货物装卸、搬运的方式方法。
- 了解物品出库的依据、要求和方式，掌握出库业务的程序及出库过程中出现问题的处理方法。

任务一 入库作业管理
任务二 盘点作业管理
任务三 拣货作业管理
任务四 搬运作业管理
任务五 出库作业管理

实训项目一 某外贸仓库作业基本环节
实训项目二 某公司仓库商品保管业务流程
实训项目三

仓库作业的工作质量直接影响到商品的储存保管以及其他后续作业等工作的顺利进行。仓库作业的具体实施过程包括货物入库作业、搬运作业、盘点作业、拣货作业和出库作业。

【引导案例】

## 联华超市仓储作业流程分析

联华超市创建于1991年5月，是上海首家以发展连锁经营为特色的超市公司。经过13年的发展，联华已成为全国最大的商业零售企业，形成拥有大型综合超市（大卖场）、超级市场、便利店等多业态联动互补、组合推进的规模发展优势。2003年该公司销售收入达到240.3亿元，有门店2 595家。以下是联华超市配送中心应用信息化项目的作业流程简介。

一、进货入库

进货后，立即由WMS系统进行登记处理，生成入库指示单，同时发出是否能入库的指示。如果仓库容量已满，无法入库时，系统将发出向附近仓库入库的指示。接到系统发出的入库指示后，工作人员将货物堆放在空托盘上，并用手持终端对该托盘的号码及进货品种、数量、保质期等数据进行进货登记输入。在入库登记处理后，工作人员用手动叉车将货物搬运至入库品运载装置处，按下入库开始按钮，入库运载装置开始上升，将货物送上入库输送带。在货物传输过程中，系统将对货物进行称重和检测，如不符合要求（例如超重、超长、超宽等），系统将指示其退出；符合要求的货物方可输送至运载升降机。工作人员根据输送带侧面安装的条码阅读器对托盘条码确认，计算机将对托盘货物的保管和输送目的地发出指示。当接到向第一层搬送指示的托盘在经过升降机平台时，不再需要上下搬运，将直接从当前位置经过第一层的入库输送带自动分配到第一层入库区等待入库。接到向二层至四层搬送指示的托盘，将由托盘升降机自动传输到所需楼层。当升降机到达指定楼层后，由各层的入库输送带自动搬运货物到入库区。

货物在下平台前，工作人员根据入库输送带侧面设置的条码阅读器，将托盘号码输入计算机，并根据该托盘情况，对照货位情况，发出入库指示，然后由叉车从输送带上取下托盘。叉车作业者根据手持终端指示的货位号将托盘入库，经确认后，在库货位数将进行更新。

二、商品拣选

当根据订单进行配货时，WMS系统会发出出库指示，各层平台上设置的激光打印机根据指示打印出库单。在出库单上，货物根据拣选路径依次打印。这时，系统中的商店号码显示器显示出需要配送的商店号码，数据显示器显示出需要拣选的数量，同时工作人员在空笼车上的塑料袋里插好出库单，在黑板上写上楼层号和商店号，并将空笼车送到仓库。做好以上准备后，方可进行商品拣选工作。工作人员在确认笼车在黑板上记载的商店号码与商店号码显示器显示的一致后，开始进行拣选工作；根据货位上数码显示器显示拣选的数量，依次进行拣选。数码显示器配备的指示灯可以显示三种不同的颜色，分别对应箱、包、件三种不同的拣选单位，以满足各种拣选需求。当拣选作业结束

后，按“完了”按钮。

各平台仓库分成17个拣选区域，区域内拣选结束后，区域拣选“完了”指示灯会自动闪亮，工作人员再按下该按钮，便可继续进行下一个区域的拣选工作。当各个区域内所有拣选处理结束后，系统将自动显示出下一个商店的拣选数据。

三、笼车出库

当全部区域拣选结束后，装有商品的笼车由笼车升降机送至第一层。工作人员将不同商店分散在多台笼车上的商品归总分类，附上交货单，依照送货平台上显示器显示的商店号码将笼车送到等待中对应的运输车辆上。计算机配车系统将根据门店远近，合理安排配车路线。

四、托盘回收

出货完成后，工作人员将空托盘堆放在各层的空托盘平台返回输送带上，然后由垂直升降机将空托盘传送至第一层，并由第一层进货区域的空托盘自动收集机收集起来，随后送到进货区域的平台上堆放整齐。

五、配送中心的仓储管理

商品进出仓数量、仓位、托盘包装、溢短、保质期、周转天数、商品盘点、销售分析、销售日报、月报等全部实行手持终端与电脑联网管理技术。这些配送数据信息在配送全过程、全系统内得到共享，提高了配送中心的内部工作效率并使仓储低成本运营的目标得到较好的体现。

# 入库作业管理

仓库应根据仓储文件（如仓储合同、入库单、入库计划），使用叉车、托盘和商品称量工具等完成入库车辆、仓位及货位、人员及设备安排等，并在仓储管理软件中完成相应的入库操作，以便货物能按时入库，保证入库过程顺利进行。

## 一、货物入库接收准备工作

### （一）熟悉入库货物

仓库业务、管理人员应认真查阅入库货物资料，必要时向存货人询问，掌握入库货物的品种、规格、数量、包装状态、单个体积、到库确切时间、货物存期、货物的理化特性、保管的要求等，据此进行精确和妥善的库场安排、准备。

### （二）掌握仓库库场情况

了解在货物入库期间、保管期间仓库的库容、设备、人员的变动情况，以便安排工作。必要时对仓库进行清查，清理货位，以便腾出库容。如有必须使用重型设备操作的货物，一定要确保该货位可使用相关设备。

### （三）制定仓储计划

仓库业务部门根据货物情况、仓库情况、设备情况制定仓储计划，并将任务下达到各相应的作业单位、管理部门。

**（四）仓库妥善安排货位**

仓库部门根据入库货物的性能、数量、类别，结合仓库分区分类保管的要求，核算货位大小，根据货位使用原则，妥善安排货位、验收场地，确定堆垛方式、苫垫方案。

**（五）做好货位准备**

仓库员要及时进行货位准备，彻底清洁货位，清除残留物，清理排水管理道（沟），必要时安排消毒、除虫、铺地；详细检查照明、通风等设备，发现损坏及时报修。

**（六）准备苫垫材料、作业用具**

在货物入库前，根据所确定的苫垫方案准备相应的材料，并组织苫垫铺设作业；对作业所需的用具要准备妥当，以便能及时使用。

**（七）验收准备**

仓库理货人员根据货物情况和仓库管理制度确定验收方法，准备好验收所需的点数、称量、测试、开箱装箱、丈量、移动照明等工具、用具。

**（八）装卸搬运工艺设定**

仓库作业部门根据货物、货位、设备条件、人员等情况，科学合理地制定卸车搬运工艺，保证作业效率。

**（九）文件单证设备**

仓库员对货物入库所需的各种报表、单证、记录簿，如入库记录、理货检验单、料卡、残损单等预填妥善，以备使用（表 5-1～表 5-10）。

**表 5-1　到货交接单**

编号：　　　　　　　　　　　　　　　　　　　　日期：______年______月______日

| 收货人 | 发站 | 发货人 | 货物名称 | 标志/标记 | 单位 | 件数 | 重量 | 货物存放处 | 车号 | 运单号 | 提料单号 |
|---|---|---|---|---|---|---|---|---|---|---|---|
| | | | | | | | | | | | |
| | | | | | | | | | | | |
| | | | | | | | | | | | |

提货人：　　　　　　　　　　经办人：　　　　　　　　　　接收人：

**表 5-2　原材料验收单**

编号：　　　　　　订购单编号：　　　　　　日期：______年______月______日

| 进料时间 | 料号 | 厂商名称 | 订购数 | 交货数 |
|---|---|---|---|---|
| | | | | |
| 订单编号 | 发票规格 | 品名/规格 | 点收数 | 实收数 |
| | | | | |
| 检验项目 | 检验规格 | 检验状况 | 数量 | |
| | | | | |
| | | | | |

续表

| AQL（允收水准）值 | | 严重 | 一般 | 轻微 |
|---|---|---|---|---|
| | | | | |
| 检验数量 | 不良数 | 不良率 | 判定 | |
| | | | □允收　□拒收　□特采　□全检 | |
| 质量经理 | 仓储经理 | 验收主管 | 验收专员 | 备注 |
| | | | | |

**表 5-3　零配件验收单**

编号：　　　　　　　　　　　　　　日期：______年______月______日

| 采购单号 | | | | | 零件名称 | | | | 编号 | | | | |
|---|---|---|---|---|---|---|---|---|---|---|---|---|---|
| 供应商 | | | | | | 数量 | | | | | | | |
| 验收项目 | 标准 | 抽样结果记录 | | | | | | | | | | | 备注 |
| | | 1 | 2 | 3 | 4 | 5 | 6 | 7 | 8 | 9 | 10 | 11 | |
| 1 | | | | | | | | | | | | | |
| 2 | | | | | | | | | | | | | |
| 3 | | | | | | | | | | | | | |
| 验收结果 | □及格<br>□不及格<br>□其他 | | | | | 审核 | | | | 验收专员 | | | |

**表 5-4　外协品验收单**

编号：　　　　　　　　　　　　　　日期：______年______月______日

| 承制厂商 | | 编号 | | 送货日期 | |
|---|---|---|---|---|---|
| 品名 | | 交货数量 | | 箱数 | |
| 实际点收数量 | | 点收人 | | 点收日期 | |
| 质量验收方式 | □全检　□抽检　□免检 | | | | |
| 项次 | 检验项目 | 规格值 | 实测值 | 判定 | |
| 1 | | | | | |
| 2 | | | | | |
| 3 | | | | | |
| 综合判定 | □允收　□特采　□选别　□拒收 | | | | |
| 备注 | 质量管理部 | | 仓储部 | | |
| | 主管 | 检验员 | 主管 | 经办 | |

**表 5-5　货物验收单**

订购单编号：　　　　　　　　　　编号：　　　填写日期：______年______月______日

| 编号 | 名称 | 订购数量 | 规格符合 | | 单位 | 实收数量 | 单价 | 总价 |
|---|---|---|---|---|---|---|---|---|
| | | | 是 | 否 | | | | |
| 1 | | | | | | | | |
| 2 | | | | | | | | |
| 是否分批交货 | □是<br>□否 | | 会计科目 | | 厂商供应 | | 合计 | |
| 检查方式 | 抽样（____%不合格）<br>全数（____个不合格） | | 验收结果 | | 检查主管 | | 检查员 | |

| 总经理 | 财务部 | | 仓储部 | | 采购部 | |
|---|---|---|---|---|---|---|
| | 财务主管 | 核算员 | 仓储主管 | 验收专员 | 采购主管 | 制单员 |
| | | | | | | |

**表 5-6　物资验收日报表**

| 编号：　　　　　　　　日期：______年______月______日 | 检验主管 | 制表人 |
|---|---|---|
| | | |

国外来料

| 序号 | 品名 | 规格 | 数量 | 供应商 | 检验方式 | | 不合格 | 不良品数 | 主要不良表现 | 处置 | | |
|---|---|---|---|---|---|---|---|---|---|---|---|---|
| | | | | | 全检 | 抽检 | | | | 允收 | 拒收 | 选别 |
| | | | | | | | | | | | | |
| | | | | | | | | | | | | |
| | | | | | | | | | | | | |
| 本日备注 | | | | | | | | | | | | |

**表 5-7　物料拒收月统计表**

月份：　　　　　　　　　　　　日期：______年______月______日

| 序号 | 交货单编号 | 料名 | 料号 | 数量 | 供应商 | 供应商编号 | 交货日 | 不良内容 | 处理方法 |
|---|---|---|---|---|---|---|---|---|---|
| | | | | | | | | | |
| | | | | | | | | | |
| | | | | | | | | | |
| 合计 | | | | | | | | | |

主管：　　　　　　　　　　　　　　　　　　制表：

表 5-8　商品检验记录表

| 供货商 | | 采购订单号 | | 入库通知单号 | |
|---|---|---|---|---|---|
| 运单号 | | 合同号 | | 车号 | |
| 发货日期 | | 到货日期 | | 验收日期 | |

| 序号 | 商品名称 | 商品编码 | 规格/型号 | 计量单位 | 应收数量 | 实际数量 | 差额 |
|---|---|---|---|---|---|---|---|
| | | | | | | | |
| | | | | | | | |
| | | | | | | | |

单位负责人：　　　　　　　　复核：　　　　　　　　检验员：

表 5-9　物料入库通知单

编号：　　　　　　　　通知日期：______年______月______日

| 日期 | 到货日期 | | 供货单位 | | 收货人 | |
|---|---|---|---|---|---|---|
| | 入库日期 | | 合同单号 | | 储位 | |
| | 验收日期 | | 运单号 | | 入库单号 | |

物料入库详细信息

| 物料编号 | 物料名称 | 计量单位 | 数量 | | | | | 质量 | 价格 | | 说明 |
|---|---|---|---|---|---|---|---|---|---|---|---|
| | | | 交货 | 多交 | 短交 | 退货 | 实收 | | 购入 | 基本 | |
| | | | | | | | | | | | |
| | | | | | | | | | | | |
| | | | | | | | | | | | |

表 5-10　物资入库日报表

编号：　　　　　　　　入库日期：______年______月______日

| 物资检验人 | | | | 物品入库记录人 | | | | | |
|---|---|---|---|---|---|---|---|---|---|
| 编号 | 生产厂家 | 规格 | 检验单编号 | 入库单编号 | 入库数量 | 单价 | 总金额 | 储位 | 备注 |
| | | | | | | | | | |
| | | | | | | | | | |
| | | | | | | | | | |

填写人：　　　　　　　　审核：

由于不同仓库、不同货物的性质不同，入库准备工作会有所差别，工作人员需要根据具体实际和仓库制度做好充分准备。

## 二、货物入库涉及的工作人员

输单员、送货车辆调度员、理货员、叉车司机和搬运工。

## 三、货物入库需要准备的工具

电脑及仓储管理软件、称量工具（如卷尺）、单据和表格（包括进仓通知、预入单、小标签等）、订书机或胶水、包装袋、签字笔等。

## 四、入库货物的接运

货物除了一部分由供货单位直接运到仓库交货外，大部分要经过铁路、公路、航空等运输工具转运。凡经过运输部门转运的货物，均需经过仓库接运后才能进行入库存验收过程。因此，接货是货物入库业务流程的第一道作业环节，也是仓库直接与外部发生的经济联系。其工作好坏直接影响商品的验收和入库后的保管保养。

它的主要任务是及时而准确地向交通运输部门提取入库商品，要求手续清楚、责任分明，为仓库验收工作创造有利条件。

### （一）常见的接货方式

1. 到车站、码头提货

这是由外地托运单位委托铁路、水运、民航、邮局等部门将货物运达本埠车站、码头、民航站、邮局后，仓库依据到货通知单派车提运货物的作业活动。在提货时，提货人应注意做好以下几项工作：

（1）提货前的准备。提货人应提前做好接运货物的准备工作，如对所提取商品的品名、型号、特性和一般保管知识、装卸搬运注意事项等进行了解；准备好相应的运输装卸工具，腾出货物存放的场地等；提货人应主动了解到货时间和交货情况，以便组织相应的装卸人员、机具和车辆按时前往提货。

（2）提货时。提货人应根据运单以及有关资料详细核对商品品名、规格、数量等；提货人要注意货物的外观质量，查看包装、封印是否完好，有无污损、受潮、水渍、油渍等异状。若有疑点或不符，应当场要求运输部门检查，并做出记录，由运输员签字，以便以后处理。

（3）货物到库后。提货员应与保管员密切配合，尽量做到提货、运输、验收、入库、堆码一条龙作业，从而缩短入库验收时间，并办理内部交接手续。

2. 到货主单位提取货物

这是仓库受托运方的委托，直接到供货单位提货的一种形式。这种提货形式的作业内容和程序主要是：当仓库接到托运通知单后，做好提货准备，并将提货与货物的初步验收工作结合进行。因此，接运人员要按照验收注意事项提货，必要时可由验收人员参与提货。在供货人员在场的情况下，当场进行验收。

3. 托运单位送货到库

存货单位或供货单位将商品直接送到仓库储存时，仓库保管员或验收人员根据托运单与送货人员当场办理验收交接手续，检查外包装，在确保无质量及数量问题后做好入库记录。若有差错，由送货人员签字证明，据此向有关部门提出索赔。

4. 专用线接车

这是仓库备有专用线，大批整车或零担到货接运的形式，是公、铁联合运输的一种形式。其作业内容与程序如下：

（1）仓库接到专用线到货通知后，应立即确定卸货货位，力求缩短场内搬运距离；组织好卸车所需要的机械、人员以及有关资料，做好卸车准备。

（2）车皮到达后，引导对位，进行检查。查看车皮封闭情况是否良好；根据运单和有关资料核对货品名、规格、标志和清点件数；检查包装是否损坏或有无散包；检查是否有进水、受潮或其他损坏现象。若发现异常，应请铁路部门派员复查，做好记录。

（3）卸车时要注意为商品验收和入库保管提供便利条件，分清车号、品名、规格，不混不乱；保证包装完好，不碰坏，不压坏，更不得自行打开包装。应根据商品的性质合理堆放，以免混淆。卸车后在商品上应标明车号和卸车日期。

（4）编制卸车记录，记明卸车货位规格、数量，连同有关证件和资料，尽快向保管员交代清楚，办好内部交接手续。

**（二）货运交接责任划分**

货物在交给运输部门和承运单位前发生的损失和由于发货单位工作差错、对货物处理不当等原因造成的损失，由发货单位负责。

从中转单位、承运单位接收货物起，到货物交付给收货单位或依照规定移交其他单位为止，这一过程中所发生的损失，由中转单位和承运单位负责。但由于自然灾害、货物本身性质和发货、收货单位的责任所造成的损失，承运单位不负责。

货物到达收货地，收货单位与中转或承运单位办好交接手续后所发生的损失或由于收货单位工作差错发生的损失，均由收货单位负责。

## 五、货物入库检验

入库货物的质量检验包括外观质量查验和内在质量检验，又分为数量检验和质量检验。货物数量检验包括毛重、净重的确定，件数理算，体积丈量等；质量检验则是对货物外表、内容的质量进行判定。在一般情况下，或者合同没有约定检验事项时，仓库仅对货物的品种、规格、数量、外包状况，以及无需开箱、拆捆，可以直观可见可辨的质量情况进行检验；对于内容的检验则根据合同约定、作业特性确定。如须进行配装作业的仓储，就需要检验所有货物的品质和状态。商品入库验收包括验收准备、核对凭证和检验实物三个作业环节。

**（一）验收准备**

仓库接到到货通知后，应根据商品的性质和批量提前做好验收前的准备工作，大致包括以下内容：

（1）人员准备。安排好负责质量验收的技术人员或用料单位的专业技术人员，以及配合数量验收的装卸搬运人员。

（2）资料准备。收集并熟悉待验商品的有关文件，如技术标准、订货合同等。

（3）器具准备。准备好验收用的检验工具，如衡器、量具等，并校验准确。

（4）货位准备。确定验收入库时的存放货位，计算和准备堆码苫垫材料。

（5）设备准备。大批量商品的数量验收必须要有装卸搬运机械的配合，应做好设备的申请调用。

此外，对有些特殊商品的验收，如毒害品、腐蚀品、放射品等，还要准备相应的防护用品。

**（二）核对凭证**

商品入库时必须具备下列凭证：入库通知单和订货合同副本，这是仓库接收商品的凭证。

供货单位提供材质证明书、装箱单、磅码单、发货明细表等。商品承运单位提供运单，若商品在入库前发现残损情况，还要有承运部门提供的货运记录或普通记录，作为向责任方交涉的依据。核对凭证，也就是将上述凭证加以整理、全面核对。入库通知单、订货合同要与供货单位提供的所有凭证逐一核对，相符后，才可进行下一步实物检验。

**（三）货物入库检验常用方法**

货物质量检验的方法根据仓储合同约定；合同没有约定的，按照货物的特性和仓库的习惯确定。由于新产品不断出现，不同货物具有不同的质量标准，仓库应认真研究各种检验方法，必要时要求客户、货主提供检验方法和标准，或者要求收货人共同参与检验。仓库成立专职检验队伍是提高检验水平的有效方法，货物检验主要方法有以下几种：

（1）视觉检验。在充足的光线下，利用视力观察货物的状态、颜色、结构等表面状况，检查有无变形、破损、脱落、变色、结块等损害情况，以判定质量。

（2）听觉检验。通过摇动、搬动、轻度敲击等行为，听取其声音，判定质量。

（3）触觉检验。利用手感鉴定货物的细度、光滑度、黏度、柔软程度等，判定质量。

（4）嗅觉、味觉检验。通过货物所特有的气味、滋味测定、判定质量，或者感觉到串味损害。

（5）测试仪器检验。利用各种专用测试仪器进行货物性质测定，如含水量、容重、黏度、成分、光谱等测试。

（6）运行检验。对货物进行运行操作，如电器、车辆等，检查操作功能是否正常。

**（四）入库货物外观质量的检验**

1. 包装检验

包装检验是对货物的外包装，也称为运输包装、工业包装的检验。检验包装有无被撬开、开缝、挖洞、污染、破损、水渍和粘湿等不良情况。撬开、开缝、挖洞有可能是被盗的痕迹；污染为配装、堆存不当而造成；破损有可能因装卸、搬运作业不当、装载不当造成；水渍和粘湿是由于雨淋、渗透、落水或内容渗漏、潮解造成。包装的含水量是影响货物保管质量的重要指标，一些包装物含水量高表明货物已经受损，需要进一步检验。常见包装物安全含水量如表 5-11 所示。

表 5-11 常见包装物安全含水量

| 包装材料 | 含水量 | 说明 |
| --- | --- | --- |
| 木箱（外包装） | 18%～20% | 内装易霉、易锈商品 |
| | 18%～23% | 内装一般商品 |
| 纸箱 | 12%～14% | 五层瓦楞纸的外包装及纸板衬垫 |
| | 10%～12% | 三层瓦楞纸的包装及纸板衬垫 |
| 胶合板箱 | 15%～16% | |
| 布包 | 9%～10% | |

2. 货物外观检验

对无包装的货物，直接查看货物的表面，检查是否有生锈、破裂、脱落、撞击、刮痕等损害。

3. 重量、尺寸检验

对入库物质的单件重量、货物尺寸进行衡量和测量，确定货物的质量。

4. 标签、标志检验

货物的标签和标志是否具备、完整、清晰等。检查标签、标志与货物内容是否一致。

5. 气味、颜色、手感检验

通过货物的气味、颜色判定是否新鲜，有无变质。用手触摸、捏试，判定有无结块、干涸、融化、含水量太高等。

6. 打开外包装检验

若在外包装检验中判定内容有受损的可能，或者检验标准要求开包检验、点算包内细数时，应该打开包装进行检验。开包检验必须有两人以上在现场，检验后在箱件上印贴已验收的标志。需要封装的及时进行封装，包装已破损的应更换新包装。

**（五）入库货物检验的程度**

入库货物检验程度是指对入库货物实施数量和质量检验的数量，分为全查和抽查两种。原则上一般应采用全查的方式；对于大批量、同包装、同规格、较难损坏、质量较高、可信赖的货物，可以采用抽查的方式检验。但是在抽查中发现不符合要求的货物较多时，应扩大抽查范围，甚至全查。

1. 数量检查的范围

（1）不带包装的（散装）货物的检斤率为100%，不清点件数；有包装的毛检斤率为100%，回皮率为5%～10%，清点件数为100%。

（2）定尺钢材检尺率为10%～20%；非定尺钢材检尺率为100%。

（3）贵重金属材料100%过净重。

（4）有标量或者标准定量的化工产品，按标量计算，核定总重量。

（5）同一包装、规格整齐、大批量的货物，包装严密、符合国家标准且有合格证的货物采取抽查的方式验量，抽查率为10%～20%。

2. 质量检验的范围

（1）带包装的金属材料，抽验5%～10%；无包装的金属材料全部目测查验。

（2）入库量10台以内的机电设备，验收率为100%；100台以内，验收不少于10%；运输、起重设备100%查验。

（3）仪器仪表外观质量缺陷查验率为100%。

（4）易于发霉、变质、受潮、变色、污染、虫蛀、机械件损伤的货物，抽验率为5%～10%。

（5）外包装质量缺陷查验率为100%。

（6）对于供货稳定，信誉、质量较好的厂家产品，特大批量货物可以采用抽查的方式检验质量。

（7）进口货物原则上100%逐件检验。

**（六）入库验收中问题的处理**

在商品验收过程中，工作人员可能会发现诸如凭证不齐、数量短缺、质量不符、价格不符等问题，应区别不同情况，及时处理。

（1）凭证不齐。在验收时如果发现入库凭证不齐或不符，仓库应将商品暂时存放，并及时向供货单位索取，待凭证到齐再验收入库。

（2）数量短缺。数量短缺规定在磅差范围内的，可按原数入账；凡超过规定磅差范围的，应查对核实，做成验收记录和磅码单交主管部门会同货主向供货单位办理交涉。凡实际数量多于原发数量的，可由主管部门向供货单位退回多发数，或补发货款。反之，要查明原因，在哪个环节短少了，若属承运部门责任，应凭接运提货时索取的货运记录向承运部门索赔；或属供货方的责任，仓库部门应该拒收。

注意，在数量验收中，计件商品应及时验收，发现问题要按规定的手续、在规定的期限内向有关部门提出索赔要求。如果超过索赔期限，责任部门对形成的损失将不予负责。

（3）质量不符。在商品验收过程中发现质量不符合规定时，若属承运部门责任，应凭接运提货时索取的货运记录向承运部门索赔；若属供货方的责任，应及时向供货单位办理退货、换货等交涉，或征得供货单位同意代为修理，或在不影响使用的前提下降价处理。商品规格不符或错发时，应将规格对的予以入库，规格不对的做成验收记录交给主管部门办理退货。

（4）价格不符。在商品验收过程中发现价格不符，供方多收部分应予拒付，少收部分经过检查核对后，应主动联系，及时更正。如果总额计算错误，应通知供货单位及时更正。

（5）凡入库通知单或其他证件已到，但在规定的时间内商品未到库时，应及时向存货单位反映，以便存货单位向供货单位或承运部门查询。

（6）对仓库收到的无存货单位的无主商品，仓库收货后应及时查找该批货物的产权部门，主动与发货人联系了解货物的来龙去脉，并作为待处理商品，不得动用。依其现状做好记录，待查清后再作处理。

（7）发现货物出现残损、潮湿、短件情况时，必须取得承运部门的货运记录和普通记录。验收人员应将残损、潮湿、短件等详细情况记入商品验收记录，并和承运部门的记录一并交回存货单位处理。如属供货单位或承运部门的责任，由存货单位与供货单位

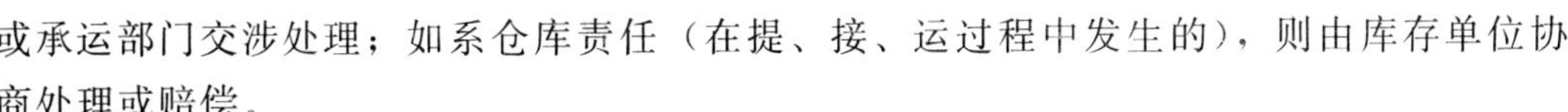

或承运部门交涉处理；如系仓库责任（在提、接、运过程中发生的），则由库存单位协商处理或赔偿。

仓库在商品验收过程中，如发现商品数量与入库凭证不符、质量不符合规定、包装出现异常情况时，必须做出详细记录；同时将有问题的商品另行堆放，采取必要的措施以防止损失继续扩大，并立即通知业务部门或邀请有关单位现场查看，以便及时作出处理。

## 六、货物入库手续办理

入库货物经过清点、验收之后，可以安排卸货、入库堆码，表示仓库接受该批货物。装卸、搬运、堆垛作业完毕后，应该与送货人办理交接手续，并建立仓库台账。

### （一）交接手续

1. 接收货物

仓库以送货单为依据，通过理货、查验货物，将不良货物剔出、退回或者填写残损单证等明确责任，确定收到的货物数量确切、质量良好。

2. 接收文件

接收送货人送交的货物资料、运输的货物记录、普通记录等，以及随货物在运输单证上注明的相应文件，如图纸、准运证等。

3. 签署单证

仓库与送货人或承运人共同在送货人交来的送货单、交接单上签署和批注，并留存相应单证。提供相应的入库、查验、理货、残损单证和事故报告，由送货人或承运人签署。

### （二）登账

在货物查验过程中，仓库根据查验情况制作入库单，详细记录入库货物的实际情况，对短少、破损等情况在备注填写和说明。货物入库，仓库应建立详细反映储存物资的明细账，登记货物入库、出库、结存的详细情况，用以记录库存货物的动态和出入库详细过程。

### （三）立卡

货物入库或上架后，将货物名称、规格、数量或出入状态等信息填写在料卡上，称为立卡。料卡又称为货卡、货牌，插放在货物下方的货架支架上或摆放在货垛正面的明显位置。

### （四）建档

仓库应对接收的货物或者委托人建立存货档案或者客户档案，以便于货物管理和保持客户联系，也为将来可能发生的纠纷保留凭据。建档同时有助于总结和积累仓库保管经验，以便于研究仓储管理规律。

存货档案应采用一货一档设置，将该货物入库、保管、交付的相应单证、报表、记录、作业安排、资料等的原件、附件或复印件存档。存货档案应统一编号，妥善保管，长期保存。存货档案的信息包括：

（1）货物的各种技术资料、合格证、装箱单、质量标准、送货单、发货清单等。

（2）货物运输单据、普通记录、货运记录、残损记录、装载图等。

（3）入库通知单、验收记录、磅码单、技术检验报告。

（4）保管期间的检查、保养作业、通风除湿、翻仓、事故等直接操作记录；存货期间的温度、湿度、特殊天气的记录等。

（5）出库凭证、交接签单、送货单、检查报告等。

（6）回收的仓单、货垛牌、仓储合同、存货计划、收费存根等。

（7）其他有关该货物仓储保管的特别文件和报告记录。

# 盘点作业管理

货品因不断地进出库，在长期的积累下库存资料容易产生与实际数量不符的现象。或者有些产品因存放过久、不恰当，致使品质机能受影响。为了有效地控制货品数量，而对各储存场所进行数量清点的作业，谓之盘点作业。盘点结果的盈亏往往差异很大，若公司未能多加注意且适时、确实施行，对公司的损益将有重大影响。

## 一、盘点作业的目的

（1）为了确定现在量，并修正料账不符产生的误差。通常物料在一段时间不断接收与发放后，容易产生误差，这些误差的形成主因有：①库存资料记录不确实，如多记、误记、漏记等。②库存数量有误，如损坏、遗失、验收与出货清点有误。③盘点方法选择不恰当，如误盘、重盘、漏盘等。这些差异必须在盘点后察觉错误的起因，并予以更正。

（2）为了计算企业损益。企业的损益与总库存金额有相当密切的关系，而库存金额又与库存量及其单价成正比。因此为了能准确地计算出企业实际的损益，就必须针对现有数量加以盘点。一旦发觉库存太多，即表示企业的经营受到压迫。

（3）为了稽核货品管理的绩效，使出入库的管理方法和保管状态变得清晰。如呆滞品、废品的处理状况，存货周转率，物料的保养维修，均可由盘点发现问题，以谋改善之策。

## 二、盘点的程序

仓库盘点工作必须有充分的准备，主要有盘点程序和方法的确定、人员的选定、盘点资料的准备以及盘点人员的培训。

1. 确定盘点程序与方法

先对以往盘点工作的不理想状况加以检讨并修正，再确定盘点程序与方法。企业的盘点程序与方法应经过会议通过后列入企业正式的盘点程序或盘点制度中。

2. 决定盘点日期

盘点时间的决定要配合财务部门成本会计的决算，具体如下：

（1）每月进行重点存货盘点及财务盘点。

（2）每半年进行一次全面的存货盘点及财务盘点。

（3）每年进行一次全面的财务盘点。

3. 盘点人员的确定

盘点人员的确定主要是选定总盘人、主盘人、会点人、协点人以及监控人。

（1）总盘人——负责盘点工作的总指挥，督导盘点工作的进行及异常事项的裁决。

（2）主盘人——负责实际盘点工作的推动。

（3）会点（初盘）人——负责数量点计。

（4）填表人——负责填写盘点人的数量记录。

（5）核对（复盘）人——与盘点人分段核对填表人的填写情况，确保数据的准确性。

（6）协点人——负责盘点时料品的搬运及整理工作。

（7）监控（抽盘）人——负责盘点过程的抽查监督。

4. 盘点人员培训

为使盘点工作顺利进行，每当定期盘点时，必须抽调人手增援。对于从各部门抽调来的人手，必须加以组织分配，并进行短期的培训，使每个人在盘点工作中能够彻底了解并承担其应尽的责任。

（1）认识仓库的培训。重点培训复盘人员和监控人员。由于复盘人员和监控人员多半对货物不太熟悉，因此可以分配其易于认识的货物、加强培训和每次盘点内容最好相同或相当接近，以避免其仓储认识不到位。

（2）盘点方法的培训。企业的盘点程序与盘点办法经过会议通过后，即成为制度。参加初盘、复盘、抽盘/监控的人员必须根据盘点管理程序加以培训，必须对盘点的程序、盘点的方法、盘点使用的表单等整个过程充分了解，这样盘点工作才能得心应手。

5. 盘点资料的准备

盘点用具、表格、报表必须事先准备或印刷，并供培训时使用，如表5-12～表5-15为盘点的主要报表。

**表 5-12　盘点表**

| |
|---|
| □材料　□半成品　□成品　□总务办公用品　□固定设备 |
| □A类　□B类　□C类 |
| 型号：________ |
| 编号：________ |
| 品名规格：________ |
| 数量：________ |
| ________单位________ |
| 盘点人：________ |
| 盘点数量：________ |
| 签名：________ |
| 抽盘数量：________ |
| 签名：________ |
| 备注：________ |

经营部门：　　　　________年________月________日

表 5-13　货物盘点更正表

<table>
<tr><th>序号</th><th>品名</th><th>编号</th><th>单位</th><th>单价</th><th>账面结存</th><th>盘点数量</th><th>差异数量</th><th>差异金额</th><th>差异原因</th><th colspan="3">对策</th></tr>
<tr><td>1</td><td></td><td></td><td></td><td></td><td></td><td></td><td></td><td></td><td></td><td colspan="3"></td></tr>
<tr><td>2</td><td></td><td></td><td></td><td></td><td></td><td></td><td></td><td></td><td></td><td colspan="3"></td></tr>
<tr><td>3</td><td></td><td></td><td></td><td></td><td></td><td></td><td></td><td></td><td></td><td colspan="3"></td></tr>
<tr><td rowspan="2">总经理批示</td><td rowspan="2" colspan="4"></td><td rowspan="2">财务部</td><td>部长</td><td>科长</td><td>制表</td><td rowspan="2">责任部门</td><td>部长</td><td>科长</td><td>制表</td></tr>
<tr><td></td><td></td><td></td><td></td><td></td><td></td></tr>
</table>

表 5-14　盘存表

经营部门：　　　　　　　　　　　　______年______月______日　　　　　编号：______

| 序号 | 品名 | 编号 | 规格 | 单位 | 账面存款 | 盘点数量 | 差异数量 | 差异金额 |
|---|---|---|---|---|---|---|---|---|
| 1 | | | | | | | | |
| 2 | | | | | | | | |
| 3 | | | | | | | | |

财务部门主管：______　　　会计：______　　　经营部门主管：______　　　盘点：______

第一联：经营部门联　　　　　　　　第二联：财务联

表 5-15　盘点统计表

经营部门：　　　　　　　　　　　　______年______月______日　　　　　编号：______

| 品名 | 编号 | 单位 | 数量 | 品名 | 编号 | 单位 | 数量 |
|---|---|---|---|---|---|---|---|
| | | | | | | | |
| | | | | | | | |
| | | | | | | | |
| 合计 | | | | 合计 | | | |

主盘人：______　　　会点人：______　　　核对人：______

第一联：经营部门联　　　　　　　　第二联：财务联

## 三、盘点的方法

仓库盘点方法大致可以分为三大类：定期盘点法、连续盘点法和联合盘点法。

### （一）定期盘点法

定期盘点法是指选择一个固定时期，将所有货物加以全面盘点。定期盘点必须关闭工厂仓库做全面性货物的清点，这样对货物的核对十分方便和准确。缺点是工厂停产会造成损失，并且须动员大批员工从事盘点工作。定期盘点法因采用的盘点工具不同，又可分为以下三种：

1. 盘点单盘点法

这是指以货物盘点单汇总记录盘点结果的方法。这种盘点方法汇总记录、整理列表十分方便，但在盘点过程中容易出现漏盘、重盘、错盘的情况。

2. 盘点签盘点法

这是指盘点中采用一种特别设计的盘点签，盘点后贴在实物上，经复核者复核后撕下。这种方法对于货物的盘点与复盘核对相对方便准确，且紧急用料仍可照发，临时进料也可以招收，核账与做报表均非常方便。

3. 料架签盘点法

以原有的料架签作为盘点的工具，不必特意设计盘点标签。盘点计数人员盘点完毕即将盘点数量填在料架签上；复盘人员复核后确认无误即揭下原有料架签而换上不同颜色的料架签；然后清查部分料架签尚未换下的原因；最后再依照账册顺序排列，进行核账与做报表。

**（二）连续盘点法**

连续盘点法是指将货物逐区逐类连续盘点，或者在某类货物达到最低存量时即加以盘点。采用连续盘点法盘点时不必关闭工厂与仓库，可以减少停产的损失，但必须有专业盘点人员常年划分货物类别，利用其丰富的经验连续盘点。连续盘点法也分三种方法，具体如下：

1. 分区轮盘法

分区轮盘法是指由盘点专业人员将仓库分为若干区，依序清点货物存量，一定日期后复始。

2. 分批分堆盘点法

分批分堆盘点法是指准备一张批发料记录签放置于透明塑胶袋内，拴在某批材料的包装上。一旦发料，立即在记录签上记录并将领料单附存于该透明胶袋内。盘点时对尚未动用的包装件可承认其存量毫无差误，只将动用的存量实际盘点，如不相符马上核查记录签与领料单就可一清二楚。

3. 最低存量盘点法

最低存量盘点法是指当库存货物达到最低存量或订购点时，即通知盘点专业人员清点仓库。盘点后开出对账单，以便核查误差。这种盘点方法对于经常收发的货物相当有用，但对于呆料来说则不合适。

**（三）联合盘点法**

定期盘点法与连续盘点法各有利弊，而联合盘点法顾名思义为采取数种方法联合盘点。如同时实行最低存量盘点法和定期盘点法；或实行分批分堆盘点法，同时采用分区轮盘法，两种方法结合运用。

## 四、盘点结果评估检讨

进行盘点的目的主要是希望能由盘点来检查当前货品的出入库及保管状况，因而由盘点可了解以下问题：在这次盘点中，实际存量与账面存量的差异是多少？这些差异发生于哪些品项？平均每一差异量对公司损益造成多大影响？每次循环盘点中，有几次确实存在误差？平均每品项货品发生误差的次数是多少？

当“盘点数量误差率”高，但“盘点品项误差率”低时，表示虽发生误差的货品品项减少，但每一项发生误差品项的数量却有提高的趋势。此时应检讨负责这些品项的人员有无尽责，这些货品的置放区域是否得当，有无必要加强管理。相反，若当“盘点数量误差率”低，但“盘点品项误差率”高时，表示虽然整个盘点误差量有下降趋势，但发生误差的货品种类却增多。误差品项太多将使后续的更新修改工作更为麻烦，且有可能影响出货速度，因此亦应对此现象加强管制。

**（一）平均每件盘差品金额= 盘差误差金额/盘差误差量**

若一旦此指标高，表示高货位产品的误差发生率较大，可能是公司未实施物品重点管理的结果，对公司运营将造成很不利的影响。因此最好的改善方式是确实施行商品ABC分类管理。

**（二）盘差次数比率= 盘点误差次数/盘点执行次数**

当此比率逐渐降低，表示不论是货品出入库的精确度或平时存货管理的方式都有很大的进步。

**（三）平均每品项盘差次数率= 盘差次数/盘差品项数**

若此比率高，表示盘点发生误差的情况大多集中在相同的品项，此时对这些品项必须提高警觉，且确实深入寻找导致原因。

# 任务三 拣货作业管理

## 一、拣货的概念与意义

**（一）拣货作业的概念**

拣货作业是按照客户订单的要求或出库单的要求将商品挑选出来，并放在指定位置的物流作业活动。商品的入库使批量到货，并且品种相同的商品存放在一起。而客户的订单包含多种商品品种，拣货作业就是要按照订单的要求，用最短的时间和最少的作业将商品准备好。

在发达国家，人工成本占仓储费用的60%，而拣货作业又是仓储活动中最耗时、耗力的环节。所以，认真设计拣货作业环节的每一个动作，严格控制拣货作业的人工投入就显得非常重要。随着社会需求向小批量、多品种方向发展，配送商品的种类和数量将急剧增加，拣货作业在仓库作业中所占的比重越来越大，分拣系统的效率对整个仓库的作业效率和服务水平具有重要的影响。因此，各个仓库都很重视拣货作业。

**（二）拣货作业的意义**

在物流中心内部所涵盖的作业范围里，拣货作业是其中十分重要的一环，它不但消耗大量的人力、物力，而且所涉及的作业技术含量也是最高的。拣货信息来源于客户的订单，拣货作业的目的也就在于正确且迅速地挑选出顾客所订购的商品。

拣货作业分为两部分内容：信息处理和拣货作业。在传统的货物拣选系统中，一般使用书面文件来记录货物数据，拣货时根据书面的提货通知单查找记录的货物数据，人工搜索，然后完成货物的提取。在这样的货物拣选系统中，制作书面文件、查找书面文件、人工搬运等消耗了许多人力、物力，严重影响了物流的作业效率。

随着竞争的加剧，人们对物流的作业效率要求越来越高，这样的货物拣选系统已经远远不能满足现代化物流管理的需要。建立一个先进的货物拣选系统，不但可以节约成本，还可以提高工作效率，显著降低工人的劳动强度，提高客户的满意率。使用高自动化的货物拣选系统，完全改变了使用书面文件完成货物分拣的传统方法，可以快速完成货物提取、补充货物等工作。拣货人员只需进行简单的操作，就可以实现货物的自动进库、出库、包装、装卸等作业。使用这样的货物分拣系统，结合必要的仓库管理软件，可以真正实现仓库的现代化管理，充分实现仓库空间的合理利用，显著提高企业的物流速度，为企业保持市场竞争优势创造条件。

从人力需求的角度来看，目前大多数物流中心仍属于劳力密集型企业，其中与拣货作业直接相关的人力占到50％以上，且拣货作业的时间也占整个物流中心作业周期的30％～40％。由此可见，规划合理的拣货作业方式对物流中心的动作效率具有决定性的影响。

## 二、拣货作业方式

### （一）拣货的基本方式

1. 按订单拣货（single order pick）

这种作业方式是按照每一张订单的品种和数量的要求，依次将客户所需求的商品由存放位置挑选出来的方式，是较传统的拣货方式。这种方式适用于单张订单订货数量较多、商品品种较少的连锁餐饮业。

（1）优点：作业方法简单；实施容易且弹性大；拣货后不必再进行分类作业，适用于大量订单的处理；作业人员责任明确；相关文件准备时间较短。

（2）缺点：拣货区域大时，补货及搬运的系统设计困难；商品品种多时，拣货行走路径加长，拣货效率降低。

2. 批量拣货（batch pick）

这种作业方式是指把多张订单汇集成一批，按商品类别及品种将数量相加后先进行初次拣货，然后再按照单一订单的要求将货品分配至每一张订单。这种作业方式的优缺点如下：

（1）优点：可以缩短拣货时行走搬运的距离，增加单位时间的拣货量；适用于订单数量庞大的系统。

（2）缺点：首先，对订单无法快速反应，必须等订单累积到一定数量时才做一次性处理，因此容易出现停滞现象（只有根据订单到达的情况做等候时间分析，并决定适当的批量大小，才能将停滞时间减到最少）；其次，批量拣货后还要进行再分配，增加人工搬运次数。

### （二）摘取式拣货与播种式拣货

采用人工拣货方式时，可以采用以上提到的货品位置固定，拣货人员持订单到货位取货的方式；也可以采用先将订单位置确定，然后按品种将商品取出，并按播种方式分配到订单位置的方式。前一种方式称为摘取式拣货方式，而后一种方式称为播种式拣货方式。在多数情况下，采用播种式拣货方式的行走路线比较长，并且要人工搬运货品两次。播种式拣货适用于商品品种较少、重量较轻的货品分拣，特别是当人工和自动线配合拣货或自动化拣货时会考虑采用此种方式。播种式人工拣货受以下条件限制：①播种式拣货必须是批量拣货，即当订单达到一定数量时才开始拣货。②要求订单间的数量及品种差异性不大，否则会影响拣货效率。③订单的品种数量受限制，不适于品种超过50种以上的订单。

播种式拣货方式较适用于有自动仓储设施的冷冻及冷藏库房，特别在采用直接转运（cross docking）方式时，可以达到较高的分拣运作效率。

## 三、拣货绩效分析

拣货可以说是仓库和物流中心最有弹性而且复杂的一项作业活动，因此，要随时检查、跟踪其运作情况，以确保作业的效率和质量。要衡量拣货运作的水平，设定指标衡量和测评拣货的效率及成本是必要的。

1. 拣货效率衡量指标

拣货作业的评价指标可以由拣货效率和拣货准确度两项指标来衡量。

拣货效率是单位时间内拣货作业所能处理的商品数量，可以用以下三个指标来衡量：

（1）单位时间订单处理效率。其计算公式为：

单位时间订单处理效率＝每日订单数量/每日拣货所用工时

（2）单位时间拣货品种数。其计算公式为：

单位时间拣货品种数＝订单数量×每张订单平均品种数/拣货所用工时

（3）单位时间拣货效率。其计算公式为：

单位时间拣货效率＝累计拣货总件数/拣货所用工时

2. 拣货准确度衡量指标

拣货准确度可以用以下两个指标来衡量：

（1）拣货差异率。其计算公式为：

拣货差异率＝拣货差异箱数/拣货总数量×100％

（2）订单准确率。其计算公式为：

订单准确率＝差异订单数量/总拣货处理订单数量×100％

# 任务四 搬运作业管理

货品搬运是仓储活动的重要内容，贯穿于仓库作业的各个阶段。没有搬运，就最终实现不了货物从仓储地到使用地的流动。搬运活动也渗透到物流各领域、各环节，成为物流活动顺利进行的关键。商品搬运贯穿于物流活动的始终，联系着物流的其他功能，成为提高物流效率、降低物流成本、改善物流条件、保证物流质量最重要的物流环节之一。

## 一、搬运作业的基本概念

### （一）搬运的概念

搬运指的是同一地域范围内进行的、以改变物的存放状态和空间位置为主要内容和目的的活动。一般情况下，存放状态（装卸）和空间位置（搬运）是密不可分的。所以，习惯上常常以“装卸”或“搬运”来表示“搬运”的完整含义。例如，流通领域常把搬运活动称为“货物装卸”，而生产领域则把这种活动称为“物流搬运”。一般在强调存放状态改变时，使用“装卸”一词，在强调空间位置改变时，使用“搬运”这个词。

如果要分别给装卸和搬运下定义的话，可以这样理解：装卸是将商品从一种支承状态改变为另一种支承状态。前后两种支承状态无论是否存在垂直距离差别，总是以一定的空间垂直位移的变化而得以实现的。搬运是将不同形态的散装、包装或整体的原料、半成品或成品，在平面或垂直方向加以提起、放下或移动，可能是要运送，也可能是要重新摆放，使商品能适时、适量移至适当的位置或场所存放。装卸一般是在装车和卸车的过程中对货品的上下移动，搬运一般是指货品的水平移动。本书将装卸和搬运统称为搬运。

### （二）搬运作业的特点

1. 搬运对象复杂

在物流过程中，货物是多种多样的，它们在性质（物理、化学性质）上、形态上、重量上、体积上以及包装方法上都有很大区别。即使是同一种货物，在搬运前采用的不同处理方法，可能会产生完全不同的搬运作业。单件装卸和集装化装卸，水泥的袋装搬运和散装搬运都存在着很大差别。从搬运的结果来考察，有些货物经搬运要进入储存，有些商品搬运后将进行运输。不同的储存方式、运输方式，在搬运设备运用、装卸搬运方式的选择上都提出了不同的要求。

2. 搬运作业量大

据调查，我国机械工厂生产 1 吨产品，需要进行 252 吨次的搬运。2011 年中国年产煤炭 38 亿多吨，2011 年粗钢产量约 7 亿吨，在这些生产结果的背后和生产过程当中，搬运的作业量是根本无法算清的。

在同一地区生产和消费的产品，商品的运输量会因其数量的减少而减少，然而商品的搬运量却不一定减少。在远距离的供应与需求过程中，搬运作业量会随运输方法的变更、仓库的中转、货物的集疏、物流的调整等而大幅度提高。

3. 搬运作业不均衡

在生产领域，由于生产活动要有连续性、比例性，力求均衡，故企业内搬运相对也比较均衡。然而，商品一旦进入流通，由于受到商品产需衔接、市场机制的制约，物流量便会出现较大的波动性。各种运输方式由于运量和运速的不同，使得港口、码头、车站等不同物流节点也会出现集中到货或停滞等待的不均衡搬运。

4. 搬运对安全性要求高

搬运作业需要人与机械、货物、其他劳动工具相结合，工作量大，情况变化多，很多作业环境复杂，这些都导致了搬运作业中存在着不安全的因素和隐患。因此，应努力创造适宜搬运作业的作业环境，改善和加强劳动保护，对任何可能导致不安全的因素都应设法根除，防患于未然。搬运的安全，一方面直接涉及人身安全，另一方面涉及商品安全。搬运同其他物流环节相比，安全系数较低，因此，要更加重视搬运的安全生产问题。

### （三）搬运作业管理的目的

搬运作业管理的目的是确定最恰当的搬运方式，力求减少作业次数，合理配置和使用搬运设备，达到节能、省力、减少损失、提高作业速度、取得较好的经济效益的目的。

1. 提高生产率

顺畅的搬运系统能够维持及确保运作效率，应有效利用各种资源，减少设备闲置的情况。

2. 提高库存周转率，降低作业成本

有效搬运可以加速商品移动并缩短搬运距离，进而减少总作业时间，降低作业成本及其他相关成本。

3. 降低搬运成本

搬运是仓库中人工耗费最大的工作环节之一，也是造成仓库货品损失的主要环节，因此，减少单位商品的搬运成本，避免延迟、损坏及浪费，就成为搬运的重要目标之一。

4. 促进有效配送

良好的搬运可增进系统作业效率，不但能缩短商品配送时间，提高客户服务水平，同时能提高配送效率，增加公司效益。

5. 保证产品质量

良好的搬运可以减少产品的毁损，保证产品质量，减少客户的抱怨。

6. 改善工作环境，保障人员安全、商品搬运安全

良好的搬运系统能大大改善工作环境，不但能保证商品搬运的安全，降低保险费率，而且能提高员工的工作积极性。

### （四）有效搬运的意义

物流各环节的前后和同一环节的不同活动之间，都会进行搬运作业。在第五届国际

物流会议上，物流专业人士明确指出，当前美国全部生产过程中只有5%的时间用于加工制造，95%的时间则用于搬运、储存等物流过程。通过铁路运输的货物，少则需要6次，多则需要十几次乃至数十次搬运，其费用约占运输费用的25%～30%。根据运输部门考察，在运输的全过程（包括运输前后的搬运）中，搬运所占的时间为全部运输时间的50%。搬运活动把物流活动的各个阶段连接起来，成为连续的流动过程。在生产企业物流中，搬运成为各生产工序间连接的纽带。它是以原材料、设备等搬运为始，以产品搬运为止的连续作业过程。从宏观物流来观察，商品从离开生产企业到进入再生产消费和生活消费，搬运像影子一样伴随流通活动的始终。

改善搬运作业，可以挖掘潜在的利润空间；节约搬运成本，可以提升企业的经济效益。此外，改善搬运作业是加速车船周转，发挥港、站、库的效用，按时送货，减少流动资金占用，简化包装，减少货物破损，减少各种事故的重要手段，对物流总体效益的提高也有十分显著的作用。

## 二、搬运的基本原则

从作业实践中总结出的搬运基本原则包括：

### （一）减少搬运环节，简化物流流程

搬运不仅不增加货物的价值和使用价值，相反增加了货物破损的可能性和成本。因此，先要研究各项搬运作业环节的必要性，争取尽可能地减少搬运的环节和次数，消灭重复的、无意义的、可进行可不进行的搬运作业。对必须进行的搬运作业，应不停顿、流畅地进行。对必须进行的转运作业，在可能的条件下，尽量不使货物落地，例如仓库中的直接转运方式。

### （二）实行集中作业，提高作业效率

集中作业才能使作业量达到一定水平，为实现机械化、自动化创造条件。物流规划时要尽量使装货点和卸货点靠近，建立专业作业区、专业码头、专业装卸线。仓库要集中拣货、补货时间，以增加作业的批量。

### （三）协调各方面，推行物流标准化

搬运作业与物流其他环节间，搬运的各工序、工步间，装载点与卸载点间，物流与对应的信息流之间，在管理、工艺、装备、设施、效率等方面都要协调。现实物流过程中重复的货品搬运操作就是由于各环节不能有效连接所造成的。另外，搬运的工艺、装备、设施、货物单元或包装、运载和集装工具、存储装置、信息流和各种形式、组织管理方式等都应当标准化、系列化、通用化，这是实现搬运作业现代化的前提。

### （四）合理配载货物，注意运营安全

搬运时，要根据货物的轻重、大小、形状、物理化学属性、去向、存放期限、车船的类型等采用恰当的装载方式，巧妙配装，使运载工具满载，库容得到充分利用。运输工具、集装工具、仓库地面、货架等既要求满载，但其单位面积承载能力又有一定限制，因此，对于较重的货物，要采取适当的支垫措施，使载荷均匀地分布在承载面上。

### （五）提倡文明装卸，轻拿轻放

要采取一系列有效的措施，在搬运作业中坚决杜绝“野蛮装卸”，要保证货物完好

无损；搬运作业人员、搬运设备和设施、运载与储存设备和设施，都不可因搬运作业的进行而受到损坏。

**（六）规范作业程序，减少安全事故**

搬运作业是可能造成仓库安全事故的主要环节，包括违反作业规程所造成的事故和长时间不良动作所造成的职业伤害。因此，在仓库运作中减少危险点的出现、避免造成人员的人身伤害的操作步骤是仓库安全的基本要求。

另外，搬运作业对环境造成的各种污染都要限制在有关标准规定的范围内；操作一定要按工艺，缓起轻放、不碰不撞；堆码要定型化，重不压轻，标志在外；设备的安全装置及标示要齐全、有效；工人的装束要整洁、美观，符合劳动保护的有效规定；组织工艺、装备、设施、劳动强度以及作业环境的色调、光线、温湿度、卫生状况等都要符合人体工程学、劳动心理学等科学原则。在设备、设施、工艺现代化的同时，要改变搬运只是一种简单的体力劳动的过时观念，积极引进全面质量管理等现代化管理方法，使搬运作业的运营组织工作从经验上升为科学。

## 三、搬运的基本要求

为了提高物流质量和效率，搬运作业须达到以下几项基本要求：

**（一）力求装卸设备、设施、工艺等标准化**

搬运的工艺、装备、设施、货物单元或包装、运载工具、集装工具等作业的标准化、通用化，是实现搬运机械化、自动化的基本前提。

**（二）提高货物集装化或散装化作业水平**

成件货物集装化粉粒状货物散装化是提高作业效率的重要方向。所以，成件货物尽可能集装成托盘系列、集装箱、货架、网货等货物单元再进行搬运作业。各种粉粒状货物尽可能采用散装化作业，直接装入专用车、船、库。不宜大量散装的粉粒状货物也可装入专用托盘箱、集装箱内，便于采用机械设备进行搬运作业。

**（三）提高搬运的连续性**

必须进行的搬运作业应按流水作业原则运作，各工序间应密切衔接，必须进行的换装作业也应尽可能采用直接换装方式。

**（四）做好装卸现场组织工作**

装卸现场的作业场地、进出口通道、作业线长度、人机配置等布局设计合理，能使现有的和潜在的装卸能力充分发挥或发掘出来。应避免因组织管理工作不当而造成装卸现场拥挤、阻塞、紊乱的现象。

## 四、搬运方式的分类

按搬运商品的装卸方式进行分类，搬运方式包括以下三种：

**（一）单件搬运**

单件搬运是人工搬运的主要方法。尽管物流过程中使用的机械搬运形式越来越多，单件搬运还是必不可少的搬运方法之一。一方面，某些商品出于本身特有的属性，采用单件作业法更有利于安全。另一方面，在某些搬运场合，没有设置装卸机械或难以设置而被迫单件作业。尤其在我国目前物流过程自动化水平还不高的情况下，人工的单件搬运是普遍的选择方式。

**（二）集装搬运**

集装搬运一般采用集装作业法。集装作业法是指将商品先进行集装，再对集装件进行搬运的方法。集装作业法可以增加每次的搬运批量，从而减少搬运时间和能源耗费。根据使用设备的不同，集装作业法可以分为以下几种：

1. 集装箱作业法

集装箱的搬运作业常见的形式是在港口码头和铁路货运站的集装箱装运设备，有垂直装卸和水平装卸两种方式。

2. 托盘作业法

仓库中的托盘搬运作业主要依靠叉车来完成。在自动化仓库中，当货品按托盘放入进出货区后，货架内的取、存、移动等工作由自动巷道机来完成。

3. 滑片作业法

滑片是由纸板、纤维板、塑料板或金属板制成的、与托盘尺寸相一致的、带翼板的平板，用以承放货物，组成搬运作业系统。与其匹配的搬运机械是带推拉器的叉车。滑片作业法在国际运输中被大量采用，它可以节省托盘费用和装载空间。

4. 网、袋作业法

粉状、粒状货物采用多种合成纤维和人造纤维编织布制成的集装袋。这种柔性集装工具体积小、自重轻、回送方便，可一次使用，也可重复使用，在流通领域备受欢迎，很有发展前途。

**（三）散装搬运**

煤炭、建材、矿石等大宗商品历来都采用散装搬运方式。谷物、水泥、化肥、原盐、食糖、初级化工原料等随着作业量的增大，为提高搬运效率，也日益趋向采用散装搬运方式。散装搬运可以节省大量包装成本。散装搬运方法可分为重力法、倾翻法、气动输送法等。

1. 重力法

重力法是利用货物的位能来完成装卸作业的方法，主要适用于铁路运输业，汽车也可用这种方法装载。重力法装车设备配有筒仓、溜槽、隧洞等。例如，火车装运煤炭时列车驶入隧洞，风动闸门开启，货物流入车内，每小时可装 1 万～1.2 万吨。一次可装 5～7 辆车的长隧洞装车效率可高达 1.5 万吨/小时。

2. 倾翻法

倾翻法是将运载工具载货部分倾翻作业的方法。常见的有装卸渣土的翻斗货车。

3. 气动输送法

气动输送法是利用风机在气力输送机的管内形成单身气流，依靠气体的流动或气压差来输送货物的方法。

## 五、搬运的分析技术

分析搬运作业是为了找出合适的搬运方法和搬运路线，从而降低搬运成本。可以从以下四个方面来分析商品的搬运作业。

### （一）过程分析

过程分析的主要目的在于观察并收集一件商品从入库到出库的整个过程中有关的资料，或是一项作业进行过程中的所有相关信息及使用的设备资源。由于这种方法要考虑整个过程，所以一次只能分析一种产品、一类商品或一项作业。过程分析主要利用过程图描述作业的进行情况，然后看哪些环节需要改善（图 5-1）。

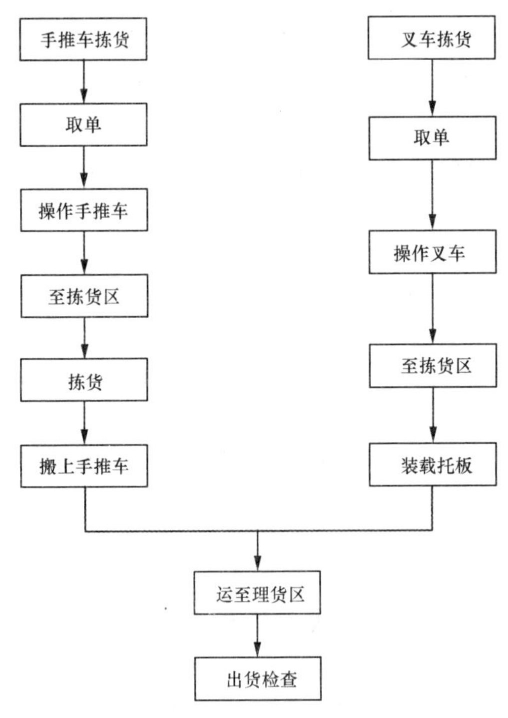


图 5-1　仓库拣货过程图

### （二）起讫点分析

与过程分析不同的是，起讫点分析不需要观察过程中的每个点，而是将每一次搬运的起点和终点，或以各站固定点为记录目标，对搬运情况作分析研究。运用起讫点分析有两种不同的方法，具体如下：

1. 流入流出图表示法

观察并综合流入或流出某一地区的各种移动状况。

2. 路线图表示法

每次分析一个流通路线，观察并综合每一移动的起始点资料，以及在这条路线上的各种不同商品的流通状况。

起讫点分析中的路线图用于研究每一路线中商品移动的状况，适用于路线不多的情况。一旦路线繁多，利用路线图反而会增加工作量，成为管理负担。因此，若路线很多，最好使用流入流出图来描绘不同商品在某一区域的流入流出情况。

**（三）流量分析**

为追求效率，仓库的规划管理者必须尽量使商品在仓库内部的所有流转都能以最短的距离完成。而商品流量分析通过对整个流转路径进行基本描述，来分析商品的移动过程是否合理。

1. 商品流量分析的主要目的

商品流量分析的主要目的有：掌握作业时间，进而预测各阶段所需时间；计算各配送计划下可能产生的商品流量，作为设计搬运方法、选择搬运设备的参考；评估库内布局方式的优劣；根据商品流动方式改变库内布局；调整商品搬运路径的宽度。

2. 商品流量分析的方法

商品流量分析可按类别或以仓库所设的部门为单位来进行，所用的方法可分为如下两类：

（1）部门间直线搬运法。这种方法假设各部门之间可以进行直线搬运，中间没有障碍物，以直线距离来做流量分析。很明显，其分析结果与实际情况肯定会有或多或少的差距。

（2）最短路径搬运法。这种方法模拟实际搬运作业，通常需要计算机的协助处理。使用该方法进行分析可得出：各单位间的最短搬运路径；各路径的商品流通量；在各配送计划下的总搬运量。

**（四）搬运高度展开图分析法**

搬运高度在上下变动时会发生相应的活动，如将商品提高、倾斜、拉下等，很容易导致时间与体力的消耗。因而厂房、建屋、设备等的配置应尽可能水平规划。在进行搬运高度分析时，可先按目前的设备、设施、搬运用具等的配置，画出当前的搬运高度展开图。在这张展开图里，最好能将各有关事项一一记录，如搬运方式、人员、场所的情况、设备名称等，要包括全部的调查结果，尤其在高度方面。然后根据这张图调整改善，进行水平配置计划。其中最简单的水平调整方式是使用台子的设计将机械设备垫高，让商品能在基本一致的高度上移动，使上下坡的搬运情形减少。

## 六、搬运的发展趋势

搬运是物流过程中不可缺少的重要环节，而且是人力、物力消耗最大的方面。如何解决搬运所造成的问题，实现高效、低耗的目标，一直是人们所关注的问题。物流的搬运技术随着现代自动化技术和信息技术的发展而不断提高。虽然搬运过程中人工搬运不可能完全消失，但搬运正向着自动化和一体化的方向发展。

**（一）搬运随着物流技术的提高而走向机械化、电子化和自动化**

在实现了托盘化的物流系统中，搬运以托盘为单位进行，这样可以大大提高物流过程的连续性，提高搬运作业的效率和质量。在一定质量和体积范围内，例如，货物一般不重于 50 千克，装卸作业则可采用电子传送带进行货物分类、搬运等作业。在高架仓库中可采用计算机控制货物分类、存放作业的自动化仓库系统。

**（二）搬运作业随着整个物流过程的延伸走向一体化**

随着物流在经济领域的重要性越来越突出，物流的标准化和一体化必将影响生产、流通、消费领域的诸多环节。物流的无缝连接形式将给流通过程带来降低成本、节省时间、提高竞争力等很多好处。在市场经济和专业化分工的条件下，国外一些物流中心开始根据物流业务的需要，把搬运作业延伸到生产、流通、消费等领域，逐步形成了一体化的作业体系。

# 任务五 出库作业管理

出库过程管理是指仓库按照货主的调拨出库凭证或发货凭证（提货单、调拨单）所注明的货物名称、型号、规格、数量、收货单位、接货方式等条件，进行的核对凭证、备料、复核、点交、发放等一系列作业和业务管理活动。

出库业务是保管工作的结束，既涉及仓库和货主或收货企业以及承运部门的经济联系，也涉及仓库各有关业务部门的作业活动。为了能以合理的物流成本保证出库物品按质、按量、及时、安全地发给用户，满足其生产经营的需要，仓库应主动和货主联系，由货主提供出库计划，这是仓库出库作业的依据。特别是供应异地的和大批量出库的物品，更应提前发出通知，以便仓库及时办理流量和流向的运输计划，完成出库任务。

仓库必须建立严格的出库和发运程序，严格遵循“先进先出，推陈出新”的原则，尽量一次完成，防止出现差错。需托运物品的包装还要符合运输部门的要求。

## 一、物品出库的依据

WMS的出库功能模块必须由货主的出库通知或请求驱动。在任何情况下，仓库都不得擅自动用、变相动用或者外借货主的库存。

货主的出库通知或出库请求的格式不尽相同，无论采用何种形式，都必须是符合财务制度要求的有法律效力的凭证，要坚决杜绝凭信誉或无正式手续的发货。

## 二、物品出库要求

物品出库要求做到“三不”“三核”“五检查”。

“三不”，即指未接单据不翻账，未经审单不备库，未经复核不出库。

“三核”，即指发货时要核实凭证，核对账卡，核对实物。

“五检查”，即指单据和实物要进行品名检查、规格检查、包装检查、件数检查和重量检查。

商品出库要求严格执行各项规章制度，提高服务质量，使用户满意，包括对品种、规格的要求，积极与货主联系，为用户提货创造各种方便条件，杜绝差错事故。

## 三、物品出库方式

出库方式是指仓库用什么样的方式将货物交付用户。选用哪种方式出库，要根据具体条件，由供需双方商定。

1. 送货

仓库根据货主单位的出库通知或出库请求，通过发货作业把应发物品交由运输部门送达收货单位或使用仓库自由车辆把物品运送到收货地点的发货形式，就是通常所称的送货制。

仓库实行送货具有多方面的好处：仓库可预先安排作业，缩短发货时间；收货单位可避免因人力、车辆等不便而发生的取货困难；在运输上，可合理使用运输工具，减少运费。

2. 收货人自提

这种发货形式是由收货人或其代理人持取货凭证直接到库取货，仓库凭单发货。仓库发货人和提货人可以在仓库现场划清交接责任，当面交接并办理签收手续。

3. 过户

过户是一种就地划拨的形式，物品实物并未出库，但是所有权已从原货主转移到新货主身上。仓库必须根据原货主开出的正式过户凭证，才予办理过户手续。

4. 取样

货主由于商检或样品陈列等需要，到仓库提取货样（通常要开箱手拆包、分割抽取样本）。仓库必须根据正式取样凭证发出样品，并做好账务记载。

5. 转仓

转仓是指货主为了业务方便或改变储存条件，将某批库存货物自甲库转移到乙库。仓库也必须根据货主单位开出的正式转仓单，办理转仓手续。

## 四、出库业务程序及要求

不同仓库在出库的操作程序上会有所不同，操作人员的分工也各不相同，但就整个发货作业的过程而言，一般都按照下列出库流程来进行：

### （一）出库前的准备工作

出库前的准备工作可分为两个方面：

（1）计划工作，即可根据货主提出的出库计划或出库请求预先做好物品出库的各项安排，包括货位、机械设备、工具和工作人员，提高人、财、物的利用率。

（2）做好出库物品的包装和标志标记。发往异地的货物须经过长途运输，包装必须符合运输部门的规定，如捆扎包装、容器包装等。成套机械、器材发往异地，必须事先做好货物的清理、装箱和编号工作，在包装上挂签（贴签）、书写编号和发运标记（去向），以免错发和混发。

### （二）出库程序

出库程序包括核单备货、包装、点交、登账、清理等过程。出库必须遵循“先进先出，推陈出新”的原则，使仓储活动的管理实现良性循环。

无论是哪一种出库方式，都应按以下程序做好管理工作：

1. 核单备货

如属自提物品，首先要审核提货凭证的合法性和真实性；其次核对品名、型号、规格、单价、数量、收货单位和有效期等。

出库物品应附有质量证明书或副本、磅码单、装箱单等。机电设备、电子产品等物品，其说明书及合格证应随货同付。备货时应本着“先进先出，推陈出新”的原则，易霉易坏的先出，接近失效期的先出。

备货过程中，凡计重货物，一般以入库验收时标明的重量为准，不再重新计重。须分割或拆捆的应根据情况进行。

2. 复核

为了保证出库物品不出差错，备货后应进行复核。出库的复核形式主要有专职复核、交叉复核和环环复核三种。除此之外，在发货作业的各道环节上，都贯穿着复核工作。

例如，理货员核对单货，守护员（门卫）凭票放行，账务员（保管会计）核对账单（票）等。这些分散的复核形式起到分头把关的作用，都有助于提高仓库发货业务的工作质量。

复核的内容包括：品名、型号、规格、数量是否同出库单一致；配套是否齐全；技术证件是否齐全；外观质量和包装是否完好。只有加强出库的复核工作，才能防止错发、漏发和重发等事故的发生，确保出库货物数量准确、质量完好。

3. 包装

出库物品的包装必须完整、牢固，标记必须正确清楚，如有破损、潮湿、捆扎松散等不能保障运输中安全的情况出现，应加固整理，破包、破箱不得出库。各类包装容器上若有水渍、油渍、污损，也均不能出库。

出库物品如需托运，包装必须符合运输部门的要求，选用适宜包装材料，其重量和尺寸应便于装卸和搬运，以保证货物在途中的安全。

包装是仓库生产过程的一个组成部分。包装时，严禁互相影响或性能互相抵触的物品混合包装。包装后，要写明收货单位、到站、发货号、本货号、本批总件数、发货单位等。

4. 点交

出库物品经过复核和包装后，需要托运和送货的，应由仓库保管机构移交调运机构；属于用户自提的，则由保管机构按出库凭证向提货人当面点交。

5. 登账

点交后，保管员应在出库单上填写实发数、实发日期等内容，并签名；然后将出库单连同有关证件资料及时交给货主，以便货主办理货款结算。

6. 现场和档案的清理

经过出库的一系列工作程序后，实物、账目和库存档案等都发生了变化。应按下列几项工作彻底清理，使保管工作重新趋于账、物、资金相符的状态。

（1）按出库单核对结存数。

（2）如果该批货物全部出库，应查实损耗数量，在规定损耗范围内的进行核销，超过损耗范围的查明原因，进行处理。

（3）一批货物全部出库后，可根据该批货物入库的情况、采用的保管方法和损耗数量，总结保管经验。

（4）清理现场，收集苫垫材料，妥善保管，以待再用。

（5）待运货物发出后，收货单位提出数量不符时，属于重量短少而包装完好且件数不缺的，应由仓库保管机构负责处理；属于件数短少的，应由运输机构负责处理。若发出的货物品种、规格、型号不符，由保管机构负责处理。若发出的货物损坏，应根据承运人出具的证明，分别由保管员及运输机构处理。

在整个出库业务程序过程中，复核和点交是两个最为关键的环节。复核是防止差错的重要和必不可少的措施，而点交则是划清仓库和提货方二者责任的必要手段。

（6）由于提货单位任务变更或其他原因要求退货时，可经有关方面同意，办理退货。退回的货物必须符合原发货物的数量和质量，要严格验收，重新办理入库手续。当然，未移交的货物则不必检验。

## 五、出库过程中发生问题的处理

出库过程中出现的问题是多方面的，应分别对待处理。

### （一）出库凭证（提货单）上的问题

（1）凡出库凭证超过提货期限，用户前来提货，必须先办理手续，按规定缴足逾期仓储保管费，然后方可发货。任何非正式凭证都不能作为凭证。提货时，用户发现规格开错，保管员不得自行调换规格发货。

（2）凡发现出库凭证有疑点，以及发现出库凭证有假冒、复制、涂改等情况时，应及时与仓库保管部门以及出具单据的单位或部门联系，妥善处理。

（3）商品进库未验收或者期货未进库的出库凭证，一般暂缓发货，并通知货主，待货到并验收后再发货，提货期顺延。

（4）如客户因各种原因将出库凭证遗失，客户应及时与仓库发货员和账务人员联系挂失；如果挂失时货已被提走，保管人员不承担责任，但要协助货主单位找回物品；如果挂失而货还没有被提走，经保管人员和账务人员查实后，做好挂失登记，将原凭证作废，缓期发货。

### （二）提货数与实存数不符

若出现提货数量与商品实存数不符的情况，一般是实存数小于提货数。造成这种问题的原因主要是：

（1）物品入库时，由于验收问题，增大了实收物品的签收数量，从而造成账面数大丁实存数。

（2）仓库保管人员和发货人员在以前的发货过程中，因错发、串发等差错而造成实际商品库存量小于账面数。

（3）货主单位没有及时核减开出的提货数，造成库存账面数大于实际储存数，从而开出的提货单提货数量过大。

（4）仓储过程中造成了货物的毁损。当遇到提货数量大于实际物品数量时，无论是何种原因造成的，都需要和仓库主管部门以及货主单位及时取得联系后再作处理。

### （三）串发货和错发货

所谓串发货和错发货，主要是指发货人员由于对物品的种类、规格不熟悉，或者由于工作中的疏漏，把错误规格、数量的物品发出库的情况。

如果物品尚未离库，应立即组织人力重新发货。如果物品已经离开仓库，保管人员应及时向主管部门和货主通报串发和错发货的品名、规格、数量、提货单位等情况，会同货主单位和运输单位协商解决。一般在无直接经济损失的情况下，由货主单位重新按实际发货数冲单（票）解决。如果形成直接经济损失，应赔偿损失并及时冲转单据和调整货物明细账，使账货数量一致。

**（四）包装破漏**

包装破漏是指在发货过程中，因物品外包装破损引起的渗漏等问题。这类问题主要是在储存过程中因堆垛挤压、发货装卸操作不慎等情况引起的，发货时都应经过整理或更换包装方可出库，否则造成的损失应由仓储部门承担。

**（五）漏记和错记账**

漏记账是指在出库作业中，由于没有及时核销明细账而造成账面数量大于或小于实存数的现象。错记账是指在物品出库后核销明细账时没有按实际发货出库的物品名称、数量等登记，从而造成账实不符的情况。

无论是漏记账，还是错记账，一经发现，除及时向有关领导如实汇报情况外，同时还应根据原出库凭证查明原因并及时冲转数据，使之与实际库存保持一致。如果由于漏记和错记账而给货主单位、运输单位和仓储单位造成了损失，应予赔偿，同时应追究相关人员的责任。

## 知识复习题

1. 简述仓储入、出库作业流程步骤。
2. 简述仓储拣货作业流程步骤。
3. 简述仓储盘点作业流程步骤。
4. 简述仓储拣货作业的作用。
5. 仓储出库中经常会出现的问题有哪些？应该如何处理？
6. 货物出库的要求是什么？

**【实训项目一】**

### 某外贸仓库作业基本环节

仓储管理工作的基本环节就是商品的入库验收、在库管理、出库复核。我们把这三个环节叫做“三关”，做好这三个环节的工作叫做“把好三关”。

一、入库验收

商品入库验收是仓储工作的起点，是分清仓库与货主或运输部门责任的界线，并为保管养护打下基础。

商品入库必须有存货单位的正式入库凭证（入库单或通知书），没有凭证的商品不能入库。存货单位应提前将凭证送交仓库，以便安排仓位和进行必要的准备工作。

商品交接，要按入库凭证验收商品的品名、规格、数量、包装、质量等方面。一般来说，品名、规格、数量、包装验收容易，质量验收比较麻烦。《外贸仓储管理制度》规定：商品的内在质量和包装内的数量验收，由存货单位负责，仓库要给予积极协助。如果仓库有条件进行质量验收，经存货单位正式委托后，要认真负责地搞好质量验收，并做出验收记录。国务院批准的《仓储保管合同实施细则》规定：保管方的正常验收项目为货物的品名、规格、数量、外包装状况，以及无须开箱拆捆直观可见可辩的质量情况；包装内的货物品名、规格、数量以外包装或货物上的标记为准；外包装或货物上无标记的，以供货方提供的验收资料为准。散装货物按国家有关规定或合同规定验收。质量验收牵涉到责任和赔偿的问题。由存货单位负责验收，仓库没有多大责任，不负责赔偿；如由保管方负责，那么按《仓储保管合同实施细则》规定，保管方未按合同或本细则规定的项目、方法和期限验收或验收不准确，由此造成的经济损失，由保管方负责。合同规定按比例抽验的货物，保管方仅对抽验的那一部分货物的验收准确性以及由此造成所代表的那一批货物的实际经济损失负责，合同另有规定者除外。因此，仓库在与存货单位签订合同时，一定要明确质量验收问题。

在货物、商品验收过程中，如果发现品种、规格不符，件数或重量溢短，包装破损，潮霉、污染和其他问题时，应按《外贸仓储管理制度》规定，详细做出书面记录，由仓库收货人员和承运单位有关人员共同签字，并及时报告主管领导和存货单位，以便研究处理。《仓储保管合同实施细则》是这样规定的：交接中发现问题，供货方在同一城镇的，保管方可以拒收；外埠或本埠港、站、机场或邮局到货，保管方应予接货，妥善暂存，并在有效验收期（国内到货不超过10天，国外到货不超过30天）内通知存货方和供货方处理；运输等有关方面应提供证明。暂存期间所发生的一切损失和费用由责任方负责。

二、在库管理

这是仓储工作的第二个环节。商品验收入库以后，仓库就要对库存的商品承担起保管养护的责任。如果商品短少、丢失，或者在合理储存期内由于保管不善而使商品霉烂变质，仓库应负责赔偿。在库管理，要做好以下几件工作：

第一，必须记账登卡，做到账、货、卡相符。商品验收无误后，要及时记账、登卡、填写储存凭证，详细记明商品名称、等级、规格、批次、包装、件数、重量、运输工具及号码、单证号码、验收情况、存放地点、入库日期、存货单位等，做到账、卡齐全，账、货、卡相符。

第二，合理安排货位，商品分类存放。入库商品验收以后，仓库要根据商品的性能、特点和保管要求，安排适宜的储存场所，做到分区、分库、分类存放和管理。在同一仓间内存放的商品，必须性能互不抵触，养护措施一致，灭火方法相同。严禁互相抵触、污染、串味的，养护措施和灭火方法不同的商品存放在一起。贵重商品要指定专人保管，专库存放。普通仓库不能存放危险品、毒品和放射性商品。

第三，商品堆码要科学、标准，符合安全第一、进出方便、节约仓容的原则。仓间面积要合理规划利用，干道、支道要画线，垛位标志要明显，要编顺序号。

关于商品在库保管期间的责任问题，《仓储保管合同实施细则》有两条具体规定：第一，保管方履行了合同规定的保管要求，由于不可抗力的原因，自然因素或货物（含包装）本身的性质所发生的损失，由存货方负责。第二，货物在储存保管和运输过程中的损耗、磅差标准，有国家或专业标准的，按国家或专业标准规定执行；无国家或专业标准规定的，按合同规定执行。货物发生盘盈盘亏均由保管方负责。

三、出库复核

商品出库是仓储工作的最后环节，把好商品出库关，就可以杜绝差错事故的发生。

库品出库，首先要根据存货单位的备货通知，及时认真地搞好备货工作，如发现一票入库商品没有全部到齐的，入库商品验收时发现有问题尚未处理的，商品质量有异状的，要立即与存货单位联系，双方取得一致意见以后才能出库；如发现包装破损，要及时修补或更换。第二，认真做好出库凭证和商品复核工作，做到手续完备，交接清楚，不错发、错运。第三，要分清仓库和承运单位的责任，办清交接手续，仓库要开出库商品清单或出门证，写明承运单位的名称、商品名称、数量、运输工具和编号，并会同承运人或司机签字。第四，商品出库以后，保管人员要在当日根据正式出库凭证销卡、销账，清点货垛结余数，与账、卡核对，做到账、货、卡相符。并将有关的凭证、单据交账务人员登账复核。

商品出库，必须先进先出、易坏先出，否则由此造成的实际损失要由保管方负责。另外，根据《外运仓储管理制度》的规定，出库商品严禁口头提货、电话提货、白条提货。如果遇到紧急装车、装船情况，必须出库时，须经仓库领导批准才能发货，但要第二天补办正式手续。

问题：

1. 结合案例分析仓储业务的基本流程是什么。

2. 商品入、出库的业务流程是怎样的？

**【实训项目二】**

## 某公司仓库商品保管业务流程

仓库是该公司供应体系的一个重要组成部分，是公司各种物资周转储备的重要环节，同时担负着货品管理的多项业务职能。仓管的主要任务是：保管好库存物品，做到数量准确，质量完好，确保安全，收发迅速，面向销售，服务周到。为规范仓库工作，确保工作有序进行，提高工作效率，特制定以下工作流程：

一、货品入库

（1）货品入库，仓管员要亲自核对货号、尺码明细及数量与供应商发货单是否一致。核对无误，把入库日期、货号、数量、尺码明细以及成分、执行标准认真填写到货品入库本上，然后把货品入库本交给 ERP（enterprise resource planning，企业资源计划）管理员。

（2）ERP 管理员接到货品入库本，根据货品入库本上的明细首先录制、打印采购入库单，然后安排商标牌的打印。

（3）仓管员把打印好的商标牌对应货号、尺码明细准确无误地穿挂到货品上，拿一件货品出展厅，记录在展厅盘存表上，然后将货品按货号、尺码整齐地摆放到货架上。

二、货品出库

(1) 货品出库，仓管员把货号、数量及明细报给 ERP 管理员，ERP 管理员应迅速、准确地录制转仓单。

(2) 仓管员接到转仓单，应认真核对实物与转仓单有无出入，核对无误后发货出库。加盟商补货须得到财务部同意方可出库、发货。

(3) 仓管员把货品送到各直营店后，双方进行核对，核对无误后双方签字。仓管员把票据带回公司，交 ERP 管理员进行下账。

三、货品调换

(1) 接到调货信息，ERP 管理员应迅速、准确地录制转仓单。

(2) 仓管员接到转仓单，应立刻去出货店提取货品，双方认真核对转仓单与实物有无出入，核对无误后仓管员带货离店。

(3) 仓管员把货品送到收货店后，双方认真核对转仓单与实物有无出入，核对无误后收货人签字。仓管员把票据带回公司，交 ERP 管理员进行下账。

四、货品返库

(1) 货品返库，仓管员把货号、数量及明细报给 ERP 管理员，ERP 管理员应准确地录制转仓单。

(2) 仓管员接到转仓单，应立刻去返货店提取货品，双方应认真核对实物与转仓单有无出入，核对无误后接货入库（人为损坏的须请示经理后再返库）。

(3) 仓管员把货品带回仓库，分类摆放整齐（如有问题要单独放置以待解决）。仓管员把票据带回公司，交 ERP 管理员进行下账。

五、日常工作流程

(1) 每天上午仓管员根据各店配货清单，对应货号、尺码明细、数量快速准确地配货，认真核对无误后，发货出仓；货品送到各店后，取回各店前日销售清单；迅速返回公司，不许在外逗留。

(2) 仓管员要及时到物流公司接收采购订货，货物入库要认真核对货号、尺码及数量有无差错；核对无误后认真在入库本上填写货号及其他明细。ERP 管理员接到入库清单后安排打印商标牌，商标牌穿挂完毕，拿一件出展厅，其余货品分类整齐地摆放到货架上。

(3) 仓管员要随时应对各直营店（加盟店）的配货、调货以及公司活动的调换货品要求，快速、准确配货，认真核对实物与单据有无出入，核对无误，快速出货（发货）。加盟商补货须得到财务部同意方可出库、发货。

(4) 仓库货品的储存管理。仓管员每天要例行对仓库货品进行整理，保持货品干净、摆放整齐、条理清楚；保持备用品及仓库其他固定资产布局合理，以便于使用和管理。

(5) 每周一由 ERP 管理员负责通知各加盟店传上周销售报表，进行下账；月底通知各加盟店传库存表；对各加盟店的库存及销售进行监控，与其协商及合理建议加盟商及时、合理调整库存。

(6) 每周三 ERP 管理员负责统计各店货品的断码及库存情况，最迟周三晚上汇总出结果。周四仓管员配合ERP管理员对各店进行一次全面的货品调换，合理调整各店库存，减少因断码被动调货的次数。

（7）所有非正常出库货品，仓管员必须让当事人在仓库日志上打欠条并签名，防止在账货品下落不明。

（8）每晚值班人员负责打扫仓库及办公室卫生；负责各店当日销售情况的统计，以便次日配货（二七店的销售每天上午由ERP管理员负责拿回）；下班时必须关窗锁门、关闭电源。

问题：

1. 结合此案例分析仓储业务的流程。

2. 分析商品调换时的工作流程。

3. 试想你作为一个商品保管员，该如何做好自己的工作。

**【实训项目三】**

一、实训任务

盘点和入、出库作业流程。

二、实训目的及训练要点

1. 掌握仓储货物的盘点和入、出库作业流程。

2. 了解货物的盘点和入、出库作业流程中使用的仓储设施和设备。

三、实训设备、仪器、工具及资料

仓储实训室。

四、实训内容及步骤

1. 申请和清点实训设备、仪器、工具及相关图文资料。

2. 讲解实训目的、要求和具体实施的步骤。

3. 按实训作业指导书分别进行货物盘点和入、出库作业操作。

4. 总结实训中出现的问题及提出改进意见。

5. 分组撰写实训报告。

# 仓储商品的保管与养护

## 学习目标

- 了解商品质量变化的内外因素、质量变化的类型，掌握商品仓储保管的基本要求；熟悉一般商品的物理、化学性质，了解其保管储存的适合条件。
- 掌握温湿度的相关概念以及控制与调节温湿度的基本方法。
- 掌握库存商品锈蚀、霉变及病虫害发生的原因，并了解预防及控制的基本方法。
- 掌握入、出库危险品，冷藏货物，油品，粮食仓储保管的特点及方法，提供必要的保管条件、采取必要的措施进行现场操作。


任务一 商品保管基础

任务二 仓库温度、湿度管理

任务三 商品防护管理

任务四 特殊货物仓储管理

实训项目一 郑州市计算机学校和洞口一中食堂食品仓库保管案例

实训项目二 茶叶和啤酒的仓储保管条件分析

实训项目三

仓储商品的保管与养护是防止商品质量变化的重要措施，是仓储保管中一项经常性的工作。仓库中存放着各种各样的商品，它们有着不同的特性。物料保养工作就是针对物料的不同特性积极地创造适宜的储存条件，采取适当的措施以保证物料的储运安全，保证物料质量和品质，减少物料损耗，节约费用开支，为企业创造经济效益和社会效益。

**【引导案例】**

**赤湾港的散装化肥案例分析**

赤湾港是中国重要的进口散装化肥灌包港口和集散地之一，每年处理进口化肥灌包量均在100万吨以上。赤湾港涉及对化肥多品种、多形式的港口物流拓展，涵盖了散装灌包，进口保税，国际中转，水路、铁路、公路配送等多项服务。

赤湾港从国外进口化肥的装运采用散装方式，到达港口以后，通过门式起重机的抓斗，卸货到漏斗；通过漏斗输送到灌包房，灌包房设有45～51吨/时的散货灌包机28套；利用灌包机将散装化肥灌成每包50千克装的袋装肥料再进行销售。

赤湾港的散装化肥钢板筒仓采用美国齐富技术（容量52 000立方米）和德国利浦技术（容量70 000立方米）建造，两大系统功能互享，最大限度地对粮谷的装卸、输送、计量、储存、灌包、装船、装车、倒仓、测温、通风、除尘、清仓、灭虫等进行科学有效的控制，将进出仓的合理损耗控制在严格的范围内。港运粮食码头对小麦、大麦、大豆、玉米等农产品多品种的分发操作积累了专业技术优势和仓储保管经验。

## 商品保管基础

### 一、仓储商品质量变化的类型

商品的质量是指商品在一定条件下，满足人们需要的各种属性。由于商品本身的性能特点不同，以及受各种外界因素的影响，商品在储存期间有可能发生各种各样的质量上的变化。商品质量变化的类型有物理变化、化学变化等。

#### （一）物理变化

物理变化是指没有新物质生成，只是改变物质外在形态或状态，而不改变其本质，并且可以反复进行变化的现象。商品的机械变化是指商品在外力的作用下，发生形态上的变化。物理、机械变化后，结果不是数量损失，就是质量降低，甚至使商品失去使用价值。

商品常见的物理变化有挥发、熔化、溶化、渗漏、串味、沾污、破碎与变形等。

1. 挥发

挥发是指低沸点的液体商品经汽化而散发到空气中的现象。商品挥发的速度与气温的高低、空气流动速度的快慢、液体表面接触空气面积的大小成正比关系。防止商品挥发，主要措施就是要加强包装的密封性。此外，要控制仓库温度，高温季节要采取降温措施，保持较低温度条件下储存，以防挥发。

2. 熔化

熔化是指低熔点的商品受热后发生软化以致化为液体的现象。商品的熔化除受气温高低的影响外，还与商品本身的熔点、商品中的杂质种类和含量高低密切相关。熔点越低，越容易熔化；杂质含量越高，越易熔化。商品熔化，有的会造成商品流失、粘连包装、沾污其他商品；有的因产生熔解热而体积膨胀，使包装爆破；有的因商品软化而使货垛倒塌。预防商品的熔化应根据商品的熔点高低，选择阴冷通风的库房储存。在保管过程中，一般可采用密封和隔热的措施，加强库房的温湿度管理，防止日光照射，尽量减少温度的影响。

3. 溶化

溶化就是指固体商品在保管过程中吸收空气和环境中的水分，当吸收数量达到一定程度时，就会溶化成液体。商品溶化后本身的性质没有发生变化，但由于形态改变，给储存带来了很大的不便。对易溶化的商品应按商品性能，分区分类存放在干燥阴冷的库房内，避免与含水量较大的商品共同储存。在堆码时要注意底层商品的防潮和隔潮，垛底要垫得高一些，并采取吸潮和通风相结合的温湿度管理方法来防止商品吸湿溶化。

4. 渗漏

渗漏是指液体商品，特别是易挥发的液体商品，由于包装容器不严密，包装质量不符合商品性能的要求及在搬运装卸时碰撞震动破坏了包装，而使商品发生跑、冒、滴、渗的现象。商品渗漏与包装材料性能、包装容器结构以及包装技术优劣有关，还与仓储温度变化有关。因此，对液体商品应加强入库验收和在库商品检查。

5. 串味

串味是指吸附性较强的商品吸附其他气体、异味，从而改变其本来气味的现象。预防商品的串味，应尽量对易被串味的商品采取密封包装，不得与有强烈气味的商品同库储存，同时还要注意仓储环境的清洁卫生。

6. 沾污

沾污是指商品外表沾有其他较脏的物质，或含有其他污秽的现象。其主要原因是生产、运输储存中卫生条件差以及包装不严。对于有些外观质量要求比较高的商品，比如服装、仪器等要特别注意。

7. 破碎与变形

破碎与变形指商品在外力的作用下所发生的形态上的改变。对于容易破碎和变形的商品，要注意妥善包装、轻拿轻放。在对商品堆垛时，还要注意商品或商品外包装的压力极限。

**（二）化学变化**

商品的化学变化是指不仅改变物质的外表形态，也改变物质的本质，并生成新物质，且不能恢复原状的变化现象。商品发生化学变化，即商品质变的过程，严重时会使商品完全丧失其使用价值。常见的化学变化有氧化、分解、水解、化合、聚合、锈蚀、风化等形式。

1. 氧化

氧化指商品与空气中的氧及其他能释放出氧的物质所发生的与氧结合的变化。商品发生氧化，不仅会降低商品的质量，有的还会在氧化过程中产生热量，发生自燃，有的甚至还会发生爆炸事故。对此类商品，一定要储存在干燥、通风、散热以及温度比较低的仓库内。

2. 分解

分解指有些性质不稳定的商品，在光、热、电、酸及潮湿空气的作用下，由一种物质生成两种或两种以上物质的变化现象。商品发生分解反应后，不仅其数量减少、质量降低，有的还会在反应过程中产生一定的热量和可燃气体，并引起事故。

3. 水解

水解指某些商品遇水发生分解的现象。比如肥皂和硅酸盐，其水解的产物是碱和酸，这样就同原来的商品有不同的性质。

4. 化合

化合指商品在储存期间，在外界条件的影响下，两种及两种以上的物质相互作用，生成一种新物质的反应。这种反应一般不是单一存在于化学反应中，而是两种反应（分解和化合）依次先后发生。

5. 聚合

聚合指有些商品在外界条件影响下，能使同种分子互相加成后结合成一种更大分子的现象。因此储存商品要特别注意日光和储存温度的影响，一旦发生聚合反应，会造成商品质量降低。

6. 锈蚀

锈蚀指金属或金属合金同周围的介质相互接触时，相互间发生了某种反应，而逐渐遭到破坏的过程。金属商品之所以会发生锈蚀，其一是由于金属本身化学性质不稳定，在其组成中存在着自由电子和不纯的成分；其二是由于受到水分和有害气体的作用所造成的。

7. 风化

风化指含结晶水的商品在一定温度和干燥空气中丢失结晶水而使晶体崩解，变成非结晶状态的无水物质的现象。

## 二、影响仓储商品质量变化的因素

影响仓储商品质量变化的因素很多，主要有两个方面：一是商品的内在因素，二是商品的外在因素。外在因素通过内在因素而起作用，对此我们必须有全面的了解，方能掌握仓储商品变化的规律，科学地进行商品保管工作。

### （一）商品质量变化的内在因素

商品在储存期间发生各种变化，起决定作用的是商品本身的内在因素。商品的组织结构、化学成分及理化性质等，都是在制造中决定了的，在储存过程中要充分考虑这些性质和特点，创造适宜的储存条件，减少或避免因其内部因素发生作用而造成商品质量的变化。

引起商品质量变化的内在因素主要有以下几个方面：

1. 商品的化学性质

商品的化学性质指商品的形态、结构以及商品在光、热、氧、酸、碱、湿度、温度等作用下，发生改变商品本质的性质。与商品储存密切相关的商品的化学性质包括化学稳定性、毒性、腐蚀性、燃烧性、爆炸性等。

2. 商品的物理性质

商品的物理性质主要包括导热性、耐热性、吸湿性、含水率、吸湿率、透气性、透湿性、透水性。物理性质是决定和判断商品品质、种类的依据，也能反映商品种类、品质的特征，特别是能判断许多食品品质优次和正常与否。

3. 商品的机械性质

商品的机械性质指商品的形态、结构在外力作用下的反应，主要包括商品的弹性、塑性、强度等。商品的这种性质与其质量关系极为密切，是体现适用性、坚固耐久性和外观的重要内容。

**（二）商品质量变化的外在因素**

商品质量变化的外在因素可分为自然条件因素和社会因素两大类。自然条件因素主要有：

1. 温湿度

温度的变化会使物质微粒的运动速度发生变化，高温能促进商品挥发、渗漏、熔化等物理变化及化学变化，低温易引起商品的冻结、沉淀等变化，同时温度适宜时会给微生物和仓库害虫的生长和繁殖创造有利条件；同样，湿度的变化也会影响商品的含水量、化学成分、外形或体态结构发生变化。所以在商品的保管与养护过程中，一定要控制和调节仓储的温湿度，尽量创造适合商品储存的温湿度条件。

2. 日光照射

日光含有热量、紫外线、红外线等，对商品起着正反两方面的作用：一方面，日光能加速受潮商品的水分蒸发，杀死微生物和害虫，是有利于商品养护的；另一方面，某些商品在日光的照射下会发生物理、化学变化，如挥发、老化、褪色等。所以要根据不同商品的特点，注意避免日光的照射。

3. 臭氧和氧的作用

仓库内一定量的臭氧可以高效、快速、广谱地杀菌，也能够起到商品防护保鲜的作用，但若臭氧含量过高，对人和物都会造成损伤；氧很活跃，空气中21%左右的气体是氧气，能和许多商品发生作用，对商品质量变化影响很大。所以在商品保管养护过程中，要对受臭氧和氧影响较大的商品采取方法进行隔离。

4. 有害气体的影响

有害气体主要来自燃料燃放时放出的烟尘以及工业生产过程中产生的粉尘、废气。商品储存在有害气体浓度大的空气中，其质量变化明显，特别是金属商品，必须远离二氧化硫气体的发源地。

5. 微生物及虫鼠害的侵害

微生物和虫鼠会使商品发生霉腐、虫蛀现象。微生物可使商品产生腐臭味和色斑、霉点，影响商品的外观，同时使商品受到破坏、变质，丧失其使用或食用价值。虫鼠在仓库中不仅蛀食动植物性商品和包装，有的还能危害塑料、化纤等化工合成商品，甚至毁损仓库建筑物。

6. 卫生条件

卫生条件不好，不仅使灰尘、油垢、垃圾等污染商品，造成某些外观瑕疵和感染异味，而且还为微生物、仓库害虫创造了活动场所。所以在储存过程中，一定要搞好储存环境卫生，保持商品本身的卫生，防止商品间的感染。

另一个引起商品质量变化的外在因素就是社会因素，主要包括国家的方针政策、生产经济形势、技术政策、企业管理、人员素质以及规章制度等。这些因素影响商品的储存规模、储存水平及储存时间，对储存质量具有间接影响。

所有这些影响因素都会直接或间接造成商品的变质和损坏。因此，必须采取有效措施防止有害因素的影响，保证商品的储存安全。

## 三、商品储存保管的基本要求

商品只能在一定的时间内、一定的条件下，保持其质量的稳定性。商品经过一定的时间则会发生质量变化，这种情况在运输和储存中都会出现。而且由于商品的不同，其质量变化的快慢程度也不同。由于商品本身和储运条件决定商品质量的变化快慢，同时也决定了商品流通的时间界限。越容易发生质变的商品对储运条件要求得就越严格，它的空间流通就越狭窄，其销售市场就越带有地方性。因此，易发生变质的商品对其流动时间限制就越大，就越需要对它进行保管与养护。

商品的保管与养护是流通领域各部门不可缺少的重要工作之一，应在此过程中贯彻“以防为主、防重于治、防治结合”的方针，达到最大限度地保护商品质量、减少商品损失的目的。“防”是指不使商品发生质量上的降低和数量上的减损，“治”是指商品出现问题后采取救治的方法，“防”和“治”是商品保管养护不可缺少的两个方面。具体来讲，应做好以下几个方面的工作：

### （一）严格验收入库商品

首先要严格验收入库商品，弄清商品及其包装的质量状况，防止商品在储存期间发生各种不应有的变化。对吸湿性商品要检测其含水量是否超过安全水分，对其他有异常情况的商品要查清原因，针对具体情况进行处理和采取救治措施，做到防微杜渐。如果是危险商品入库，如爆炸性物品、氧化剂、遇水燃烧物品、压缩气体和液化气体、易燃液体、易燃固体、腐蚀性物品、毒害性物品、放射性物品，必须包装完整，重量正确，并标有符合商品品名和危险性质的明显标记。

### （二）适当安排储存场所

不同商品的性能不同，对保管条件的要求也不同。如怕潮湿或易霉变、生锈的商品，应储存在干燥的仓库内；易溶化、挥发的商品，应储存在温度较低的仓库内；性能相互抵触或易串味的商品也不能在同一库房混存，以免相互产生不良影响。尤其对于化学危险物品，要严格按照有关部门的规定，分区分类安排储存地点。

**（三）妥善进行堆码苫垫**

地面潮气对商品质量影响很大，要切实做好货垛下垫垛隔潮工作。存放在货场的商品，货区四周要有排水沟，以防积水流入垛下；货垛周围要遮盖严密，以防雨淋日晒。应根据各种商品的性能和包装材料确定货垛的垛形与高度，并结合季节气候等情况妥善堆码。含水率较高的易霉商品，热天应码通风垛；容易渗漏的商品，应码间隔式的行列垛。除此之外，库内商品堆垛时应留出适当的距离，按货垛“五距”的规范要求堆垛。货垛的“五距”指垛距、墙距、柱距、顶距和灯距。规定如下：①垛距：是指货垛与货垛或货架与货架之间的必要距离；库房的垛距应不小于 0.5 m。②墙距：库内货垛与隔断墙的内墙距不得小于 0.3 m；外墙距不得小于 0.5 m。③柱距：货垛或货架与库房内支撑柱子之间应留有不小于 0.2～0.3 m 的距离。④顶距：平房仓库顶距应不小于 0.3 m;多层库房顶距不得小于 0.5 m；人字形屋架库房以屋架下檐（横梁）为货垛的可堆高度，即垛顶不可以触梁。⑤灯距：货垛与照明灯之间的必要距离称为灯距；灯距必须严格规定不得小于 0.5 m；但对危险货物应按其性质另行规定。对易燃商品还应留出适当防火距离。库房存放怕潮商品，垛底应适当垫高，露天存放更应垫高防水。同时，应视商品性质选择适宜的苫盖物料。如硫磺等腐蚀性商品不宜用布苫盖，以用苇席苫盖为宜。

**（四）控制好仓库温湿度**

仓库的温湿度对商品质量变化的影响极大。各种商品由于其本身特性，对温湿度一般都有一定的适应范围。因此，应根据库存商品的性能要求，适时采取密封、通风、吸潮和其他控制与调节温湿度的办法，力求把仓库温湿度保持在适应商品储存的范围内，以维护商品质量安全。

**（五）认真对商品进行在库检查**

做好商品在库检查，对维护商品安全具有重要作用。库存商品质量发生变化，如不能及时发现并采取措施进行救治，就会造成或扩大损失。因此，对库存商品的质量情况，应进行定期或不定期的检查。

**（六）保持好仓库清洁卫生**

储存环境不清洁，易引起微生物、虫类孳生繁殖，危害商品。因此，对仓库内外环境应经常清扫，彻底铲除仓库周围的杂草、垃圾等物，必要时使用药剂杀灭微生物和潜伏害虫。对容易遭受虫蛀、鼠咬的商品，要根据商品性能和虫鼠的生活习性及危害途径，及时采取有效的防治措施。

## 任务二　仓库温度、湿度管理

商品在仓库储存过程的各种变质现象，与空气温湿度有密切关系，仓储商品保管的中心环节就是控制好仓库的温湿度。因此控制好仓库的温度、湿度成为物料保养的中心环节。

## 一、温湿度管理

由于商品的性质不同，其所适应的温湿度也不同。仓库温湿度的变化对储存商品的质量安全影响很大，而仓库温湿度往往又受自然气候变化的影响，这就需要仓库管理人员正确地控制和调节仓库温湿度，以确保储存商品的安全。

### （一）温度湿度的基本知识

1. 空气温度

空气温度是指空气的冷热程度，又叫气温。仓库温度的控制既要注意库房内外的温度，也要注意储存物资本身的温度。空气中的热量主要来自太阳的热量。因为空气的导热性很小，所以只有接近地面的气层温度较高，通过冷热空气的对流，使整个大气层的温度变化发生变化。一般而言，距地面越近气温越高，距地面越远气温越低。

仓库日常温度管理中，多用摄氏温度表示，凡零度以下度数，在度数前加一个"－"，即表示零下多少摄氏度。其他比较常用的温度单位还有华氏温度和绝对温度，它们之间的换算关系为：

摄氏温度＝（华氏温度－32）×5/9

华氏温度＝32＋摄氏温度×9/5

绝对温度＝273＋摄氏温度

2. 空气湿度

空气湿度是指空气中所含水汽量的多少或大气干、湿的程度。空气中水汽量的多少，一方面与气温有关，气温越高，空气中所能包含的水汽也就越多；另一方面还与地表的水分有关，地表的水分越大，地面越潮湿，空气中的水汽相对也就越多。表示空气湿度大小的方法有很多，如绝对湿度、饱和湿度、相对湿度、露点等方法。

（1）绝对湿度：是指单位容积的空气里实际所含的水汽量，一般以克为单位。温度对绝对湿度有着直接影响。一般情况下，温度越高，水汽蒸发得越多，绝对湿度就越大；相反，绝对湿度就小。

（2）饱和湿度：是表示在一定温度下，单位容积空气中所能容纳的水汽量的最大限度。如果超过这个限度，多余的水蒸气就会凝结，变成水滴，此时的空气湿度便称为饱和湿度。

空气的饱和湿度不是固定不变的，它随着温度的变化而变化。温度越高，单位容积空气中能容纳的水蒸气就越多，饱和湿度也就越大。

（3）相对湿度：是指空气中实际含有的水蒸气量（绝对湿度）距离饱和状态（饱和湿度）程度的百分比，即在一定温度下绝对湿度占饱和湿度的百分比数。相对湿度用百分率来表示。公式为：

相对湿度＝绝对湿度/饱和湿度×100％

绝对湿度＝饱和湿度×相对湿度

相对湿度越大，表示空气越潮湿；相对湿度越小，表示空气越干燥。

空气的绝对湿度、饱和湿度、相对湿度与温度之间有着相应的关系。温度如果发生了变化，则各种湿度也随之发生变化。

在地表水分比较充沛的情况下，高温往往伴随着高湿。所以越是在高温的情况下，越应该注意防潮，防止热空气进入商品包装内部。因为一般来说，空气的温度越高，其所含饱和空气的水汽量就越大，一旦冷却下来，就会形成较高的空气湿度，使商品受潮。当湿度和温度适宜时，霉菌就会大量繁殖，从而使商品霉变。

（4）露点：指含有一定量水蒸气（绝对湿度）的空气，当温度下降到一定程度时，空气中所含的水蒸气就会达到饱和状态（饱和湿度）并开始液化成水，这种现象叫做结露。

水蒸气开始液化成水时的温度叫做露点温度，简称露点。如果温度继续下降到露点以下，空气中超饱和的水蒸气就会在商品或其他物料的表面凝结成水滴，此现象称为水池，俗称商品“出汗”。此外，风与空气中的温湿度有密切关系，也是影响空气温湿度变化的重要因素之一。

**（二）仓库内外温湿度的变化**

自然大气中，温湿度的变化的规律是：当气温高、风力大时，空气中的相对湿度就越小，温度低、风力小时，湿度就越大。所以大气的湿度变化与温度变化恰恰相反，日出前湿度最高，午后 2 时湿度最小。

库房温湿度变化的一个总的规律是：基本上和库外的温湿度变化趋势保持一致，但又因为不同库房的密封条件不同，温湿度变化的速度有所不同，密封条件越好，变化的速度就越慢。仓库内的湿度是受大气湿度的影响发生变化的，实际上仓库内变化比外界要小些。从气温变化的规律分析，一般在夏季降低库房内温度的适宜时间是夜间 10 时以后到次日晨 6 时。当然，降温还要考虑到商品特性、库房条件、气候等因素的影响。

## 二、仓库温湿度的控制与调节

仓库温湿度的变化对库存商品的安全有着重要影响，为确保库内商品质量完好，防止库外气候对库内商品的不利影响，库内温湿度应经常保持在一定范围内。温湿度管理是商品养护的重要日常工作，是维护商品质量的重要措施。要做好仓库的温湿度管理工作，需要采取一定的措施来控制库内温湿度的变化，对不适合商品储存的温湿度要及时进行控制和调节，创造适宜商品储存的环境。控制和调节仓库环境的方法有很多，实践证明，密封、通风和吸潮相结合的方法是控制与调节仓库内温湿度行之有效的方法。

**（一）仓库的密封**

仓库密封就是利用防潮、绝热、不透气的材料把商品尽可能严密地封闭起来，以隔绝空气，降低或减小空气温湿度对商品的影响，从而达到商品安全贮存的目的。密封能保持库内温湿度处于稳定状态，采用密封方法，要和通风、吸潮结合运用，如运用得当，可以收到防潮、防霉、防热、防溶化、防干裂、防冻、防锈蚀、防虫等多方面的效果。

1. 密封保管的注意事项

（1）在密封前要检查商品质量、温度和含水量是否正常，如发现生霉、生虫、发热、水淞等现象就不能进行密封；若发现商品含水量超过安全范围或包装材料过潮，也不宜密封。

（2）要根据商品的性能和气候情况来决定密封的时间。怕潮、怕溶化、怕霉的商品，应选择在相对湿度较低的时节进行密封。

（3）常用的密封材料有塑料薄膜、防潮纸、油毛毡、芦席等。这些密封材料必须干燥清洁，无异味。

2. 仓库密封保管的形式

密封保管的形式有整库、整垛、整柜、整件密封等，在仓库中主要采用前两种形式。

（1）整库密封。这种方法适于储存量大，进出不频繁或整进整出的商品。整库密封时，地面可采用水泥沥青、油毛毡等制成防潮层隔潮，墙壁外涂防水砂浆，内涂沥青和油毛毡，库内做吊平顶，门窗边缘使用橡胶条密封，在门口可用气帘隔潮。

（2）整垛密封。这种密封方法适于临时存放的，怕潮、易霉或易干裂的商品。未经干燥处理的新仓库，里面的商品在储存时也必须实行分垛密封保管。在密封过程中，先用塑料薄膜或苫布垫好底，然后再将货垛四周围起，以减少气候变化对商品的影响。

（3）整柜密封。对出入库频繁、零星而又怕潮、易霉、易干裂、易生虫、易锈蚀的商品，可采用整柜密封法。在储存时可在货柜内放一容器，内装硅或氯化钙等吸湿剂，以保持货柜内干燥；若要防虫，还应在货柜内放入适量的驱虫剂。

（4）整件密封。整件密封主要是将商品的包装严密地进行封闭，一般适用于数量少、提价小的易霉、易锈蚀商。多数易潮、生霉、溶化、生锈的商品都适宜先用塑料袋按件包装，加热封口，或放在包装箱、包装桶或包装袋内。总之，要根据商品养护的需要，结合气候情况与储存条件，因地制宜，就地取材，灵活运用。

不过，密封只有控制库房的温度作用，而没有调节的作用。密封是相对的，当出现不适宜温湿度的情况，还必须进行调节，所以只靠密封一种措施不能达到使库房温湿适宜的目的，必须和其他措施相结合。

**（二）通风**

通风是利用库内外空气温度不同而形成的气压差，使库内外空气形成对流，来达到调节库内温湿度的目的。当库内外温度差距越大时，空气流动就越快；若库外有风，借风的压力更能加速库内外空气的对流，但风力也不能过大（风力超过5级，灰尘较多）。正确地进行通风，不仅可以调节与改善库内的温湿度，还能及时散发商品及包装物的多余水分。

1. 通风的目的

通风是调节库内温湿度的简便易行的有效方法，对库内降温、防潮、升温等都可以收到一定的效果。但是库房通风并不是随便开启门窗，让库内外空气自由交换，而是要掌握库内外空气自然流动的规律，要根据商品制成材料的要求，对比库内外温湿度的实际情况和变化趋势，并参考风力、风向有计划地进行，否则通风不适宜，将造成不良后果。按照目的不同，通风可分为通风降温（或增温）和通风降湿两种。

（1）通风降温（或增温）。主要指对湿度要求不高，而对温度要求比较严格的一些怕热商品，如玻璃瓶或铁桶装的易挥发的化工原料、化学试剂和医药等的液体商品。对于一些怕冻的商品，在冬季，只要库外温度高于库内也可以进行通风，以提高库内温度。

(2) 通风降湿。是对易霉腐、溶化、锈蚀等的库存商品的通风。可利用通风散潮来降低库内的相对湿度，首先应该对比库内外绝对湿度的高低，然后再考虑气温与相对湿度的高低。

采取自然通风的方法来降低湿度要遵循以下面四项原则：

①外部温度和湿度都低于库内时可以通风，反之不能通风。

②外部温度低于库内、库内外相对湿度一样时，可以通风，反之不能。

③库外相对湿度低于库内相对湿度而库内外温度一样时，可以通风。

④库内外温湿度的情况不与上述三项原则相同又不相反时，须经计算来确定能否通风。也就是说把库外的相对湿度换算为库内温度下的相对湿度，如果低于库内的相对湿度则可以通风；反之，不能通风。

2. 通风的方法

通风的方法有自然通风和机械通风两种。自然通风一般是在温室顶部或侧墙设置窗户，依靠热压或风压进行通风，并可通过调节开窗的幅度来调节通风量。

决定自然通风量大小的主要因素一般有室内外温差、温室通风口高差、通风口面积、通风口孔口阻力、室外风速风向等。一般情况下，屋顶与侧墙联合通风的通风量是最大的。但对于总宽度小于 30 米的温室，侧墙通风在整个温室通风中占有较大的比重。对于大面积的联栋温室，一般屋顶通风口面积总和远大于侧墙通风口面积，所以，屋顶通风一般占主导地位。自然通风因受外界气候影响比较大，降温效果不稳定，一般室内温度比室外温度高 5 ℃～10 ℃。

机械通风就是在库房上部装设出风扇，在库房下部装置进风扇，利用机械进行通风，以加速库房内外的空气交换。机械通风的理论降温极限是室内温度等于室外温度，但在实际应用中是不可能达到的。由于机械设备物理属性上的原因，一般温室的通风强度设置在每分钟换气 0.75～1.5 次，这样能控制室内外温差在 5 ℃以内。机械通风的优点在于温室的通风换气量受外界气候影响很小。

**（三）吸潮**

吸潮是与密封配合，用以降低库内空气湿度的一种有效方法。在梅雨季节或阴雨天，当库内湿度过高，不适宜商品保管，而库外湿度也过大，不宜进行通风散潮时，可以在密封库内用吸潮的办法降低库内湿度。

吸潮剂的种类很多，常用的有生石灰、氯化钙、硅胶。随着市场经济的不断发展，现代商场仓库普遍使用机械吸潮方法，即使用吸湿机把库内的湿空气通过抽风机吸入吸湿机冷却器内，使其凝结为水而排出。

吸湿机一般适用于储存棉布、针棉织品、贵重百货、医药、仪器、电工器材和烟糖类的仓间吸湿。在温度为 27 ℃、相对湿度为 70%时，一般每小时可以吸水 3～4kg。使用吸湿机吸潮，不仅效率高、降湿快，而且体积小、重量轻、不污染商品。但是吸湿机的应用必须科学合理，要注意吸湿机吸湿功能与库房面积的关系，确保吸湿的效果。如春秋季多雨，吸湿机工作的时间应相应延长。与此同时，要注意吸湿与密封的关系，确保吸湿在密封的条件下进行，否则难以达到吸湿的效果。

# 任务三 商品防护管理

仓储商品的锈蚀、霉变、病虫害等都会影响商品的价值，有效地防止商品发生锈蚀、霉变、病虫害是仓储保管中的一项重要工作。对易发生锈蚀、霉变、病虫害的商品的防护工作就是要创造不利于锈蚀、霉变、病虫害的条件或者采取遏制的方法控制其发生，以达到保护商品价值不受损害的目的。

## 一、仓库害虫的特征与种类

仓库害虫是指在仓库内为害贮藏商品和仓库建筑设施的害虫，这些害虫一般又以为害贮藏粮食为主，所以也叫做贮粮害虫。它们种类繁多，生活习惯多样。仓库害虫蛀食污染各种仓库商品，传播疾病，给人们造成巨大的经济损失，必须引起高度重视。

### （一）仓库害虫的特征

仓库害虫大多来源于农作物，由于长期生活在仓库中，其生活习性逐渐改变，能适应仓库的环境而继续繁殖，主要具有以下特征：

1. 适应性强

仓库害虫为了适应取食，其口器演变成多种口器，有咀嚼式口器、刺吸式口器、虹吸式口器、甜吸式口器、嚼吸式口器等。仓库害虫一般既耐热、耐寒、耐干、耐饥，又具有一定的抗药性。仓库害虫生长繁殖的适宜温度范围一般为 18 ℃～35 ℃，在 5～8 月间生长繁殖最为旺盛，一般能耐 38 ℃～45 ℃的高温。在 10 ℃以下，大多数仓库害虫停止发育，0 ℃左右处于休眠状态，但不易冻死，谷象成虫在－50 ℃的环境下还可生活 24 天。大多数仓库害虫生活于含水量很少的物品中。

大部分仓库害虫能耐长时期的饥饿而不死，如黑皮蠹能耐饥 5 年。花斑皮蠹的休眠幼虫能耐饥 8 年，体长 7～8 mm 的幼虫可缩小到 2.5 mm，一旦复食很快就长大。

2. 食源广

仓库害虫的口器发达，能咬食质坚硬的食物，大多数仓库害虫具有杂食性。仓库内品种繁多的商品以及仓储设施设备给害虫提供了各种丰富的食物来源。

3. 繁殖力强

由于仓库环境气候变化小，天敌少，食物丰富，活动范围有限，雌雄相遇机会多等原因，仓库害虫繁殖力极强，如一对玉米象或米象在适宜的条件下，一年内可以繁殖 80 万只以上的后代。同时，害虫还有多种繁殖方式，除了雌雄两性交配的有性生殖外，另外还有孤雌生殖、卵胎生、多胚生殖等。

4. 身体小、活动隐蔽

大多数仓库害虫体形很小，体色较深，最大的不过几寸长，最小的甚至肉眼也不容易看到。有些害虫隐藏于阴暗角落或在商品中蛀成“隧道”危害商品，寒冬季节常在板墙缝隙中潜伏过冬，人们难以发现。又由于体形小，害虫可用少量的食料完成它的一生。

**（二）常见的仓库害虫**

仓库害虫种类繁多，世界上已定名的有500多种，在我国发现近200种，仓储部门已发现危害商品的就有60多种，严重危害商品的达30多种。

仓库中常见的危害商品的害虫主要是鞘翅目的幼虫、成虫和鳞翅目的幼虫。仓库害虫在个体发育过程中都要经过变态，无论仓库害虫表现为完全变态还是不完全变态，幼虫期都是其中一个重要阶段，因幼虫需大量取食，所以此时也是危害商品最严重的阶段。仓库主要害虫有以下几种：

1. 黑皮蠹

黑皮蠹又名毛毡黑皮蠹，属鞘翅目、皮蠹科。幼虫耐干、耐寒、耐饥能力较强。其食性相当广杂，除喜食动物性商品外，还严重危害粮食、干果、烟叶、干菜等商品。皮蠹科除了黑皮蠹外，还有花斑蠹、花背皮蠹、小圆皮蠹、百怪皮蠹、赤竹皮蠹和拟白腹皮蠹等。

2. 竹长蠹

竹长蠹又名竹蠹，属鞘翅目、长蠹科，喜食竹材制品及包装。长蠹科仓库害虫除了竹长蠹外，危害较大的还有角胸长蠹。

3. 烟草甲

烟草甲又名苦丁茶蛀虫、烟草标本虫，属鞘翅目、窃蠹科，喜食烟叶、卷烟及部分中药材，并能危害丝毛织品及皮毛、皮革、书籍、茶叶等。窃蠹科仓库害虫除烟草甲外，还有危害中药材、面粉及其制品的药材甲。

4. 锯谷盗

锯谷盗又名锯胸谷盗，属鞘翅目、锯谷盗科。大多数以成虫潜伏越冬，成虫可活140～996天之久。其抗寒、抗药性强，并有假死，喜食干果类和含粮分较多的中药材。

5. 袋衣蛾

袋衣蛾又名负袋衣蛾，属鞘翅目、衣蛾科。成虫能结成茧袋并负袋爬行。幼虫耐寒性强，在－10 ℃～－6 ℃的低温下不致冻死。成虫一般产后1～2天死亡。在仓库中，幼虫主要危害毛制品、毛织品、毛衣、毡垫等。衣蛾科中危害毛织制品的仓虫还有织网衣蛾、毛毡衣蛾等。

仓库害虫还有天牛科的星天牛、褐幽天牛，豆象科的各种豆象以及象虫科的玉米象等。

除以上害虫外，还有白蚁和老鼠，它们不仅啃食仓库内储存的商品，还破坏仓库及其他建筑设施。特别是老鼠，还传播污染和疾病，给人们造成巨大的经济损失。

## 二、常见易虫蛀商品

所谓易虫蛀商品，主要是指蛋白质、脂肪、纤维素、淀粉及糖类、木质素等营养成分含量较高的商品。具体包括毛、丝织品及毛皮制品，竹、藤制品，木材，纸张及纸制品，粮食，烟草，肉品，干果干菜，中药材等。容易虫蛀的商品主要是一些由营养成分含量较高的动植物加工制成的商品。为了做好这类商品的虫害防治，以下介绍它们遭受虫害的情况。

1. 丝、毛织品与毛皮制品

这类商品含有多种蛋白质。危害这类商品的常见害虫主要有各种皮蠹、织网衣蛾、毛毡衣蛾、白斑蛛甲等。此类害虫生长繁殖期是4～9月。对温湿度要求：温度25 ℃～30 ℃；相对湿度70％～90％。

2. 竹、藤制品

这类商品含纤维素和糖分。常见的蛀虫有竹长蠹、角胸长蠹、褐粉蠹和烟草甲等。竹藤蛀虫性喜温湿，怕光，一般在4～5月发育成虫，生长繁殖的最适宜气温为28 ℃～30 ℃，相对湿度为70％～80％。

3. 纸张及纸制品

这类商品含纤维素和各种胶质、淀粉糊。常见的蛀虫有衣鱼与白蚁。此类蛀虫喜温湿、阴暗环境。仓库中如有新鲜松木或胶料香味时，便容易诱集白蚁或衣鱼。危害严重季节：衣鱼在7～9月，白蚁一般在4～9月。此外，干果糖分、淀粉及水分含量较高，卷烟含烟碱高，因此这些商品也容易被虫蛀。

## 三、仓库害虫的来源及防治

### （一）仓库害虫的来源

仓库害虫的来源主要有以下几个方面：

（1）商品入库前已有害虫潜伏在商品之中。

（2）商品包装材料内隐藏害虫或虫卵。

（3）运输工具带来害虫。车、船等运输工具如果装运过带有害虫的粮食、皮毛等，害虫就可能潜伏在运输工具之中，再感染到商品上。

（4）仓库内本身隐藏有害虫。

（5）仓库环境不够清洁，库内杂物、垃圾等未及时清理干净，潜有并滋生害虫。

（6）邻近仓间、邻近货垛储存的生虫商品，感染了没有生虫的仓间商品。

（7）储存地点的环境影响。如仓库地处郊外，常有麻雀、老鼠飞入窜入，它们身上常常带有虫卵体。田野、树木上的害虫也会进入仓间，感染商品。

### （二）仓库一般害虫的防治

仓库害虫在其生活过程中，不但破坏商品的组织结构，致使商品发生破碎和孔洞，而且自身的各种代谢废物也会沾污商品，影响商品的质量和外观，更严重的会产生有毒物质或传播疾病，比如食品被害虫污染霉变后产生有毒物质，人吃了常引起腹泻、呕吐、起疹等多种疾病，给人们造成重大损失。因此，仓库害虫的防治是当今仓储商品养护的一个重要内容，其防治工作有以下几个方面：

1. 杜绝仓库害虫来源

（1）商品原材料的防虫、杀虫处理。特别是食品生产的原材料如糖、水果、谷物、肉类等物品在流通过程中要进行严格检疫，发现检疫对象时禁止调运或采取措施，彻底消灭检疫对象。像粮食这类商品，入库前一定要晒干，控制含水量；入库后要严格执行检查制度，查虫情，查温湿度，查粮质。新入库的 1 个月内 3 天查一次，待仓库内湿度正常后一般 10～15 天查一次。对那些质量差、水分高、近墙边、近底部和上面的粮食和食品要勤查、细查，发现问题及时处理。在寒冷的冬季把贮藏物品放在室外摊晾可冻死大部分害虫，这就是低温杀虫；在夏季炎热的中午，把贮藏物品晒在水泥地上也可杀死害虫，这是因为一般仓虫在 38 ℃～40 ℃就失去活动能力，45 ℃以上经 2 小时就死亡。夏季炎热中午的水泥地上温度可达 50 ℃左右，可利用这种高温杀死害虫。可用沸水浸 25～28 秒钟杀死豆象。

（2）入库商品的虫害检查和处理。进行商品入库验收时，首先检查商品包装周围的缝隙处有无虫茧形成的絮状物、仓虫排泄物或蛀粉等，然后开包检查。也可通过翻动、敲打商品，观察有无蛾类飞动。检查中如发现仓虫，必须做好记录并及时报告，不经杀虫处理，禁止入库。

（3）仓库的环境卫生及设备用具的消毒卫生。仓房周围的建筑物、包装材料和垃圾中都潜藏有大量的仓虫，因此，商品入库前仓库及周边环境一定要彻底清洁或消毒，做到仓内面面光，仓外不留杂草、垃圾、砖石瓦砾、污水等。根据季节不同，对包装器材、用具、垫盖物等采用日晒、冷冻、开水烫、药剂消毒等方法加以处理。

2. 药物防治

所谓药物防治，就是让有毒的化学药剂直接与虫体接触，引起害虫内部组织细胞破坏、产生病理变化，最后使其全部生理机能丧失，直至死亡。比如通过喂毒、醋杀熏蒸等方法来杀死害虫，这也是当前防治仓库害虫的主要措施。

化学药剂杀虫的效果与选择杀虫期关系很大。一般在仓虫的幼虫期施药灭杀，效果最好。因为，仓虫在幼虫期时虫体小、体壁薄、抗药力弱，药剂很容易透过体壁表皮破坏内部组织细胞，致其死亡；随着仓虫龄期的增长，虫体组织内的脂肪量也逐渐增多，这些脂肪对一些杀虫药剂有积存和分解作用，虫体内脂肪越多，抗药能力越强。所以，用化学药剂杀虫，要选择最合适的杀虫期施药，才能达到最理想的杀虫效果。

用药时间应选择在害虫繁殖旺盛、气温较高的情况下进行，一般每年要杀 3 遍，分别在 5 月、7 月和 10 月进行，每月喷洒 2～3 次，每次间隔一周左右。目前，常用的防虫、杀虫药剂有以下几种：

（1）驱避剂。驱避剂的驱虫作用是利用易发挥并具有特殊气味和毒性的固体药物挥发出来的气体在商品周围经常保持一定的浓度，从而起到驱避、毒杀仓库害虫的作用。可以将药液渗入棉球、旧布或废纸中，每距离 1～2 m，悬挂于货垛或走道里，使药力慢慢地挥发于空气中，药性可滞留 5～6 天，这对羽化的成虫具有明显的杀伤力。常用驱避剂药物有精萘、对位二氯化苯、樟脑精（合成樟脑）等。

（2）杀虫剂。杀虫剂主要通过触杀、喂毒方式杀灭害虫。触杀剂和喂毒剂很多，常用于仓库及环境消毒的有“敌敌畏”“敌百虫”等。可将这些杀虫剂装入压缩喷雾器内，均匀地喷洒在货垛四周空间，使之挥发弥散，达到杀虫、消毒的功效。

（3）熏蒸剂。杀虫剂的蒸气通过害虫的气门及气管进入其体内，而导致中毒死亡，叫熏蒸作用。具有熏蒸作用的杀虫剂称熏蒸剂。常用的熏蒸剂有溴甲烷、磷化铝、环氧乙烷和硫磺等。熏蒸方法可根据商品数量的多少，结合仓库建筑条件，酌情采用整库密封熏蒸、帐幕密封熏蒸、小室密封熏蒸和密封箱、密封缸熏蒸等形式。必须注意的是，上述几种熏蒸剂均系剧毒气体，使用时必须严格落实安全措施。

仓库害虫的防治方法除了药物防治外，还有高、低温杀虫，缺氧防治，辐射防治以及各种激素杀虫等。

**（三）鼠害的防治**

老鼠属啮齿目鼠科动物，种类很多，繁殖力很强，而且性格机警狡猾，喜欢藏在阴暗隐蔽处，多在夜间活动，食性广杂。它直接损害粮食及其他库存商品，破坏商品包装，并传播病菌，对人类危害很大。据资料记载，25％的偶发性火灾是由老鼠啃咬电线而引起的。仓库鼠害的防治主要有以下几种方法：

1. 物理灭鼠

就是使用鼠夹、鼠笼、粘鼠板、超声波驱鼠器等器械防治鼠害。使用鼠夹时可在鼠夹上放些引诱老鼠的食物，在小范围内可先布饵不放夹，以消除鼠的新物反应；然后支夹守候，并及时取走死鼠。鼠笼适用于老鼠数量多、为害严重的地方。粘鼠板就是将粘鼠胶涂在木板上，中间放饵来诱鼠，鼠粘上就不易逃脱。超声波驱鼠器使用简便，安全可靠，效率高，不污染环境，尤其适合在粮食、食品、编织品仓库中使用。

2. 化学灭鼠法

又称药物灭鼠法。灭鼠药物包括喂毒剂、熏杀剂、驱避剂和绝育剂等。其中，以喂毒剂的使用最为广泛，使用方式是制成各种毒饵，效果好，用法简单，用量很大。目前，主要应用的抗凝血类杀鼠剂有“溴敌隆”“大隆（敌鼠隆）”等。

**（四）白蚁的防治**

白蚁属等翅目昆虫，是世界性大害虫之一。白蚁主要靠蚀食木竹材、分解纤维素作为营养来源，也能蚀食棉、麻、丝、毛及其织品，皮革及其制品，以及塑料、橡胶、化纤等高聚物商品，对仓库建筑、货架、商品包装材料等都有危害。据统计，在我国白蚁虫害主要分布在长江以南及西南各省，长江流域房屋建筑的白蚁为害率可占虫害总数的40％～50％，华南地区可达60％～80％，因此白蚁有“无牙老虎”之称。

影响白蚁生存的环境条件是气温、水分和食料。预防白蚁应根据其生活习性，阻断传播入库途径。其防治措施如下：

1. 预防方法

库内的木制材料可涂抹一层灭蚁药剂防白蚁。

2. 检查方法

在白蚁活动繁殖期间，要加强检查库房木结构、苫垫物料、包装、易被白蚁危害的储存商品以及库外周围环境中的树木等是否有白蚁活动或危害的迹象，发现后采取措施及时灭杀。

3. 灭杀方法

（1）在白蚁的危害处，想法找到蚁路和蚁巢。将灭蚁粉剂尽可能地喷洒到蚁路内的白蚁身上和蚁巢内，使其能够相互传染药物，以达到灭治效果。

（2）在发现白蚁危害的地方，例如木制门窗处，可将木制门窗框按一定距离钻孔灌注药液，周边土壤同时也要喷洒药液，使木制门窗框及土壤都含有一定的毒素，白蚁活动取食或触毒后都会中毒死亡。

（3）诱杀法。可在发现白蚁危害处设立诱杀桩、诱杀坑、诱杀堆、诱杀毒饵等，这几种灭蚁方法可单独使用，也可结合使用。

（4）熏杀法。采用热气或毒气杀灭，也会在一定程度上取得不错的效果。

## 四、商品霉腐的过程及影响因素

### （一）商品霉腐的过程

1. 受潮

商品受潮是霉菌生长繁殖的关键因素，若商品含水量超过安全水分的限度，此时就容易发霉。如棉布含水量超过10%，相对湿度超过75%时，棉布就有发霉的可能。

2. 发热

商品受潮后发热的原因是多方面的，主要是霉变微生物开始生长繁殖的结果。由于霉变微生物生长繁殖，产生热量逐渐增高，热量一部分供其本身利用，其余部分就在商品中散发。

3. 发霉

霉菌在商品上生长繁殖，起初有菌丝生长，肉眼能看到的白色毛状物称为菌毛，霉菌继续生长繁殖形成的小菌点称为霉点，霉菌代谢产物中的色素使菌苔呈黄、红、紫、绿、褐、黑等颜色。

4. 腐烂

商品发霉后，由于霉菌摄取商品中的营养物质，通过霉菌分泌酶的作用将商品内在结构破坏，从而发生腐烂变质。

5. 霉味

霉味是商品腐烂后产生的气味，包括商品中的糖类发酵而产生的酒味、辣味和酸气味，蛋白质的腐败而产生的臭气味以及脂肪类的酸败而产生的“哈喇味”。

### （二）商品霉腐的影响因素

1. 引起商品霉腐的内在因素

商品在储存期间发生各种变化，起决定作用的是商品本身的内在因素，如化学成分、结构形态、物理化学性质、机械及工艺性质等。同时商品中有霉变微生物的存在，包括商品在生产、加工、包装、运输、装卸与搬运等过程中污染造成的；商品有霉变微生物能够利用的营养物质，易霉腐商品主要含有糖类、蛋白质、脂肪、有机酸、维生素等有机物质；商品含有足够的水分或容易吸水，使得霉菌容易生长繁殖。

2. 引起商品霉腐的外在因素

引起商品霉腐的外在因素主要是库房内的温湿度与空气。

首先，霉变微生物的成长必须有适宜的温度。根据各类微生物生长对温度的不同要求，可以把微生物分成三个类型：低温性（嗜冷性）微生物、中温性（嗜温性）微生物和高温性（嗜热性）微生物。霉变微生物大多数属中温性的，其最适宜生长的温度约为20 ℃～30 ℃，在10 ℃以下不易生长，45 ℃以上停止生长。据研究，各种霉变微生物在最适生长温度的范围内，每升高10 ℃的气温，生长速度可加速1～2倍。

高温和低温对微生物的生长都有大影响，高温能使微生物细胞内的蛋白质凝固，从而杀死微生物。低温虽然可以干扰微生物的新陈代谢，降低微生物的发育速度，致使部分微生物死亡，但是却不能完全冻死霉变微生物。

其次，水分是霉变微生物的生命要素之一，它们的生存和繁殖都离不开水。霉变微生物所需水分主要来自商品内部，而商品中的水分高低直接受空气湿度的影响。同时，微生物体内水分的保持也和空气湿度有着密切的关系。因此，霉变微生物生长所需的水分是直接和间接取自商品周围的空气的。

再者，空气中的氧对微生物的生长也有影响。不同的微生物对氧的需求是不同的，绝大多数霉变微生物是需氧类型。

部分商品的安全水分和相对湿度参考数据及部分霉菌的生长湿度要求如表 6-1 和表 6-2 所示。

**表 6-1　部分商品安全水分与相对湿度要求参考数据表**

| 商品名称 | 安全水分（%） | 相对湿度（%） | 商品名称 | 安全水分（%） | 相对湿度（%） |
|---|---|---|---|---|---|
| 棉花 | 11～12 | 85 以下 | 皮鞋、皮箱 | 14～18 | 60～75 |
| 棉布 | 9～10 | 50～80 | 茶叶 | 10 以下 | 50 以下 |
| 针棉织品 | 8 以下 | 50～80 | 木耳 | 12～14 | 65～80 |
| 毛织品 | 9～10 | 50～80 | 机制白砂糖 | 0.1～1 | 80 以下 |

**表 6-2　部分霉菌生长的湿度要求表**

| 项目 | 商品含水量（%） | 相对湿度（%） |
|---|---|---|
| 部分曲霉 | 13 | 70～80 |
| 青霉 | 14～18 | 80 以上 |
| 毛霉、根霉、大部分曲霉 | 14～18 | 90 以上 |

## 五、常见易霉腐商品

微生物生长繁殖所需的营养物质有水、碳水化合物（如糖类、淀物、纤维素、果胶质等）、蛋白质（包括氨基酸等）、脂肪、无机盐（矿物质）、维生素等。凡是含有这些有机成分的商品都称易霉腐商品。但是某些产品（如矿产品、金属商品）其本身不会发霉，如果沾染污垢，以生物为原料制成的附件、配件在一定条件下也会生长微生物。一般而言，主要有以下几种常见的易发生霉腐的商品：

### （一）食品

最容易发生霉腐的食品一般是含蛋白质较多的商品，如肉、鱼、蛋等；含糖较多或者含多种有机物质的食品也很容易霉腐，如糕点、水果、蔬菜、干果干菜、卷烟、茶叶、罐头等。发霉食品易产生霉菌毒素，如黄曲霉毒素。长期食用霉变食品，易发生中毒性肝炎、肝硬化和肝癌。

### (二) 日用品

在日用化学品中，各种化妆品是最容易发生霉变的。因为化妆品的配料多是甘油、白油、水等，都很容易使微生物生长繁殖。还有一些含纤维素较多的日用品，如纸张及其制品也易发生霉腐。

### (三) 药品

糖浆剂、合剂、颗粒剂、片剂、丸剂等如果包装不严，就容易发霉，尤其是中药材(中药片剂）在贮存保管中最易发霉。这是由于空气中有大量的霉菌孢子，透过药品包装或散落在药材表面，当遇到适宜的温度（25 ℃)、湿度（空气中相对湿度在 85%以上或药材含水率超过 15%)，合适的环境（阴暗、不通风）和足够的营养物质等条件，即萌发成菌丝（发霉)，并产生酵素将药品中的糖类、蛋白质、脂肪胶质等营养成分分解致使腐败。

### (四) 皮革及其制品

皮革及其制品一般都是含蛋白质较多的非食品商品。同时，一些皮革制品表面修饰剂的主要成分是乳酪素，一旦温度、湿度适宜的话，微生物就会在其表面繁殖，从而产生霉变，对皮革及其制品产生严重的破坏作用。

### (五) 纺织原料及其制品

蚕丝、麻、棉、羊毛或其他动物粗细毛等天然纤维及其制品，在一定的温湿度下很容易发生霉变。当微生物在这些物品表面繁殖后，将会对纤维的色泽、强度产生不良的影响。

### (六) 工艺美术品

竹制品、木制品、草制品、麻制品等工艺美术品也容易在储存过程中发生霉腐。

还有一些商品，如橡胶、油漆、涂料等商品如果在合适的温湿度条件下，都可能发生霉变。

## 六、商品霉腐的防治

商品在储存待售的过程中，要在仓库停留一段时间，在这一停留过程中，最易引起商品的霉变和腐烂。商品霉变的破坏作用是很大的，商品霉腐的防治就是要针对引起商品霉腐的原因采取有效的措施，减少因霉腐而产生的损失。商品在仓库储存保管过程中，应采取以下方法防治霉腐：

### (一) 化学药剂防霉腐

药剂能杀灭和抑制霉菌，其机理主要是使菌体蛋白质变性、沉淀、凝固，破坏菌体正常的新陈代谢，降低菌体细胞表面张力，改变细胞膜的通透性，导致细胞破裂或分解，即可抑制酶体的生长，通常称这类药剂为防霉腐剂。有些商品可采用药剂防霉腐，在生产过程中把防霉腐剂加入商品中，或把防霉剂喷洒在商品体和包装物上，或喷散在仓库内，可达到防霉的目的。

有实际应用价值的防霉腐剂应该是低毒的，这样使用才比较安全，还要有较强的适应性以确保商品能长时间储存。常用的防霉腐剂有百菌清、多菌灵、灭菌丹、菌霉净、尼泊金酯类、托布津、水杨酰苯胺及五氯酚钠、苯甲酸及其钠盐等。苯甲酸及其钠盐对人体无害，是国家标准规定的食品防腐剂；托布津对水果、蔬菜有明显的防腐保鲜作用；水杨酰苯胺及五氯酚钠等对各类日用工业品及纺织品、服装鞋帽等有防腐的作用。在使用化学药剂防霉腐时可采取下列方法：

(1) 可将防霉腐剂溶成溶液，喷洒或涂布在产品表面。

(2) 将产品浸泡在一定浓度的防霉腐溶液中。

(3) 可在生产包装材料时添加防霉腐剂，再用这种防霉包装材料包装产品，或者直接将一定比例的防霉腐剂加到制品中去。

(4) 将挥发性的防霉腐剂（如多聚甲醛、环氧乙烷）包成小包，密封于商品包装袋中，通过防霉腐剂的挥发成分防止商品霉腐，这种方法又称为气相防霉腐。

**(二) 气调防霉腐**

霉变微生物与生物性商品的呼吸代谢都离不开空气、水分、温度这三个因素，只要有效地控制其中一个因素，就能达到防止商品发生霉腐的目的。气调防霉腐的方法就是利用这样的原理，在密封条件下改变空气组成部分，降低氧气的浓度，抑制霉变微生物的生命活动，从而达到防霉腐的目的。当空间中二氧化碳浓度为10%～14%时，对霉菌有抑制作用；若浓度超过40%时，即可杀死多数霉菌。气调防霉腐的方法有密封和降氧法两种。

(1) 密封法。密封法是保证气调防霉腐的关键，以不透气为宜，并且应该安装测气、测温、充气、抽气口、取样口等装置。以垛密封简便易行，效果好。

(2) 降氧法。降氧法是指控制空气中氧的浓度，人为地造成一个低氧的环境，使霉变微生物的生长繁殖及生物性商品的呼吸受到限制。目前采用较普遍的方法有人工降氧法和自然降氧法。人工降氧法可在空气中充氮，把商品的货垛或包装用厚度不少于0.25～0.3 mm的塑料薄膜进行密封，用气泵先将货垛或包装中的空气抽到一定的真空程度，再将氮气充入；也可以充二氧化碳，但是不必将密封货垛抽成真空，少量抽出一些空气，然后充入二氧化碳，当二氧化碳气体的浓度达到50%时，即可对霉变微生物产生强烈的抑制和杀灭作用。这种方法效果显著，应用面广。自然降氧法就是在密封的贮藏室中，利用生物性商品自身的呼吸作用，逐渐消耗密封垛内的氧气，使密封垛自行逐步降低氧气的浓度，增加二氧化碳的浓度，从而达到自然降氧、防止商品霉腐的目的。这种方法虽然工艺简单，管理方便，但效果一般，所以多应用于水果、蔬菜的防霉腐保鲜。

**(三) 低温防霉腐**

多数含水量大、易发生霉腐的生物性商品，如鲜肉、鲜鱼、水果、蔬菜等要长期保管，多采用低温防霉腐的办法。这种方法就是通过降低商品本身及仓库内的温度，一方面抑制生物性商品的呼吸、氧化过程，使其分解受阻；另一方面抑制霉变微生物的代谢，从而达到防霉腐的目的。低温防霉腐所需的温度与时间应以具体商品而定，一般温度愈低，持续时间愈长，霉变微生物的死亡率愈高。

低温分冷藏和冷冻两种，冷藏温度一般为3 ℃～5 ℃，在此温度下，霉菌生长受到极大抑制，但并非死亡，适用于含水量大且不耐冷冻的食品，如水果、蔬菜等。冷冻温度在−12 ℃以下甚至更低，在此温度下，霉菌多数死亡，适用于耐低温的物品，如肉类、鱼类等。常用的制冷剂有液态氨、天然冰以及冰盐混合物等，需要注意的是，低温防霉包装的材料应使用能耐所需低温的包装材料。

**（四）干燥防霉腐**

干燥防霉腐就是通过减少仓库环境中的水分和商品本身的水分，使霉变微生物得不到生长繁殖所需水分而达到防霉腐的目的。目前主要采用晒干或红外线干燥等方法对粮食、食品等进行干燥保存，这是最常见的防霉腐方法。此外，在密封条件下，用石灰、无水氯化钙、五氧化二磷、浓硫酸、氢氧化钾或硅胶等作吸湿剂，也可很好地达到食品、药品和器材等长期防霉腐的目的。

**（五）加强仓储管理**

这是商品防霉腐的重要措施。关键是应尽量减少霉变微生物对商品的污染和控制霉变微生物生长繁殖的环境条件。仓库温度和湿度是微生物生长繁殖的重要外界因素，为了劣化微生物生长繁殖的温湿度条件，就要调节一个可以抑制或延缓其生长繁殖的温度范围，以及与商品安全含水量相适应的相对湿度范围。所以，必须根据不同商品的不同要求，认真地控制和调节库房的温湿度。

**（六）其他方法**

（1）电离辐射防霉腐。它是用 X、$\gamma$ 等射线照射产品，杀死霉菌。

（2）微波辐射防霉腐。它是用微波处理产品，霉菌受微波作用而死亡。

（3）紫外线照射防霉腐。它是将产品或包装置于紫外线下，可杀死处于表面的霉菌。

（4）远红外辐射防霉腐。霉菌经远红外辐射后，菌体会迅速脱水干燥而死亡。

## 七、商品的锈蚀与防治

**（一）锈蚀**

金属商品与周围环境（主要是空气）发生化学反应或电化反应所引起的破坏现象，即为金属锈蚀。由于金属所处环境的差异，所引起的化学反应也不相同，主要有化学锈蚀和电化学锈蚀两种。在干燥的环境中或无电解质存在的条件下，金属制品遇到空气中的氧而引起氧化反应，叫化学锈蚀。化学锈蚀的结果是在其表面形成一层薄薄的氧化膜，它可使金属表面变暗。有些金属氧化膜对金属还能起保护作用，如铝制品表面的氧化膜。化学锈蚀约占腐蚀总量的10%～20%。

在潮湿的环境中，金属制品表面通过表面吸附毛细管凝聚，特别是结露作用，水蒸气可在金属表面形成水膜，水膜溶解表面的水溶性黏附物或沉淀物（多为盐类）和空气中的二氧化碳、二氧化硫等可溶性气体，最终成为一种具有导电性的电解液。金属制品接触这种电解液后，电位较低的金属成分成为负极（阳极），电位较高的杂质或其他金属成分成为正极（阴极），从而引起电化学反应，反应中金属以离子形式不断进入电解液而被溶解，这种锈蚀称为电化学锈蚀。电化学锈蚀的结果是使金属制品表面出现凹陷、斑点等现象，然后使破坏掉的金属转变成金属氧化物或氢氧化物而附于金属表面，最后或快或慢地往里深入，最终成片往下脱落。锈蚀严重的，使商品内部结构松弛，机械强度降低，甚至完全失去使用价值，所以电化学锈蚀是金属商品的主要破坏形式。电化学锈蚀取决于金属电位的高低，电位愈低的金属愈容易发生锈蚀。另外电化学锈蚀环境因素中最主要的是湿度、温度和氧，同时还与金属表面附着的灰尘、污物和空气中的二氧化碳、二氧化硫等气体有关。

**（二）防锈蚀的方法**

金属商品的电化学锈蚀是造成商品损失的重要因素之一，所以做好金属商品的防锈蚀工作非常重要，也是仓储过程中商品养护的一项重要任务。金属商品的电化学锈蚀除内在因素如金属及其制品本身的组成成分、电位高低、表面状况外，还主要取决于金属表面电解液膜的存在。因此，在防止金属商品电化学锈蚀的方法中，相当多的方法是围绕防止金属表面生成水膜而进行的。在生产部门，为了提高金属的耐锈蚀性能，最常采用的方法是在金属表面涂盖防护层，例如喷漆、搪瓷涂层、电镀等，把金属与促使金属锈蚀的外界条件隔离开来，从而达到防锈蚀的目的。在仓储过程中使用的主要防锈蚀方法是改善仓储条件、涂油防锈、气相防锈和可剥性塑料封存等。

1. 涂油防锈

涂油防锈是常用的一种简便有效的防锈方法。它是在金属表面涂覆一层油脂薄膜，在一定程度上使大气中的氧、水分以及其他有害气体与金属表面隔离，从而达到防止或减缓金属制品生锈的方法。此法属于短期的防锈法，随着时间的推移，防锈油会逐渐消耗，或由于防锈油的变质，而使金属商品又有生锈的危险。根据形成膜的性质，防锈油可分为软膏防锈油、硬膜防锈油、油膜防锈油三类。除防锈油外，凡士林、黄蜡油、机油等也可作防锈油脂。

2. 气相防锈

气相防锈是利用挥发性气相防锈剂在金属制品周围挥发出缓蚀气体，来阻隔空气中的氧、水分等有害因素的锈蚀作用以达到防锈目的的一种方法。这是一种较新的防锈方法，具有使用方便、封存期较长、使用范围广泛的特点。它适用于结构复杂，不易为其他防锈涂层所保护的金属制品的防锈。常用的气相防锈剂有亚硝酸二环己胺、肉桂酸二环己胺、肉桂酸、福尔马林等。

3. 可剥性塑料封存

可剥性塑料是用高分子合成树脂为基础原料，加入矿物油、增塑剂、防锈剂、稳定剂以及防腐剂等，加热溶解后制成的。这种塑料液喷涂于金属制品表面，能形成一层可以剥落的特殊塑料薄膜，像给金属制品穿上一件密不透风的外衣，它有阻隔锈蚀介质对金属制品的作用，以达到防锈目的。可剥性塑料中，常用的树脂有乙基纤维素、醋酸丁酸纤维素、聚氯乙烯树脂、过氧乙烯树脂和改性酚醛树脂等。

**（三）金属商品的除锈**

金属商品的养护应贯彻以防为主的方针，不主张金属商品生锈后再去进行除锈处理，因为金属商品一旦生锈就总是要受到一定损失，特别是精度较高的商品，而且除锈往往比防锈花费更多的人力和物力。但是常常出现商品在进入储存环节前或经过一段时间储存之后发生了锈蚀，这时为了防止锈蚀的继续发展，必须进行防锈处理，对生锈的金属制品必须在防锈处理前进行除锈。

1. 锈蚀程度的鉴别

金属商品严重生锈时，可根据各种金属的锈蚀特征鉴别，但轻微生锈与表面污染在外观上往往没有明显的差别，必要时可用其他方法（如化学定性、酸溶解、金相等）加以鉴别。关于锈蚀程度，除观察表面锈的厚度与金属锈蚀深度外，主要是看锈蚀面积。国外有的用金属总表面与锈蚀面积的比来表示锈蚀程度。例如，钢铁锈蚀程度分为五个级别，如表 6-3 所示。

**表 6-3　钢铁锈蚀程度表**

| 级别 | 生锈面积比值（%） |
| --- | --- |
| A 级 | 0 |
| B 级 | 1～10 |
| C 级 | 11～25 |
| D 级 | 26～50 |
| E 级 | 51～100 |

2. 物理机械除锈法

按作用原理，除锈方法可分为物理机械除锈法和化学除锈法。物理机械除锈法又分为人工除锈法和机械除锈法。

（1）人工除锈法。它是指用钢刷、铁锤、铲（刮刀）、砂布、砂纸等除去铁锈的方法。此法简便，但不适用于小型及大量产品除锈。

①钢刷法——用直径为 0.3 mm 的钢丝制作的钢刷刷除金属制品表面的黑皮与红锈。该法比较费力，但方法简便，适用于结构简单、个体较大、数量不多的钢铁制品。

②铁锤刮刀并用法——这种方法适用于结构致密较厚的黑皮与红锈，或表面附着非锈异物的钢铁制品。刮除后再用钢刷刷锈效果较好。

③砂纸或砂布打磨除锈法——对表面精度要求不高或非加工面可用砂纸、砂布打磨。使用砂纸或砂布的标号可根据要求选择。

（2）机械除锈法。

①喷射法——它是将砂粒等强力喷射在金属表面，借其冲击与摩擦的作用将锈除掉的方法。按喷射材料，可分为喷砂法（用海砂、河砂、石粒为喷射材料）、钢粒喷射法（以小钢弹或碎钢粒为喷射材料）和软粒子喷射法（以植物种子或塑料颗粒为喷射材料）等；按喷射的方式，可分为动力喷射法（将干燥的喷射材料用高压空气喷射的方法）、湿式喷射法（将细砂粒与水混拌成泥浆状用高压空气喷射的方法）以及真空喷射法等。

喷射法适用于大型制品或金属材料的除锈，需要喷射机械，用湿式喷射法时还须在水中加入水溶性缓蚀剂。其优点是除锈效率高，成本低。

②砂轮与布轮除锈法——砂轮只能对非加工面使用；对表面镀层或表面光洁要求较高的钢铁或有色金属制品都可以采用布轮除锈法。此法只适用于表面平整的商品。

此外，国外利用氧化与金属材料热胀系数的不同，采取加热后骤冷使氧化脱离金属表面的方法对大型钢板等表面氧化进行清除，加热时用特制的氧炔或氢氧燃烧器。

3. 化学除锈法

化学除锈法包括酸洗、碱除锈（碱液电解、碱还原、碱液煮沸等法）以及电解酸洗等。应用最为广泛的化学除锈法是酸洗法。酸洗法是将金属制品浸渍在各种酸的溶液中，把金属锈蚀产物化学溶去的方法。酸洗法与物理机械法比较，主要优点是不引起金属材料变形，处理的表面不粗糙，操作简便，效率高，金属制品各个角落的锈都可以除去，适用于大量小型制品的除锈，而且不须用专用设备，成本较低。

4. 电化学除锈法

所谓电化学除锈法，是指被除锈的金属制品在电解液中，并接入外接电源，通过电化学作用除去锈蚀产物的方法。电化学除锈主要用于较大的钢铁制品。电化学除锈法包括阳极法和阴极法。阳极法是以金属制品为阳极，通电后借金属溶解及在阳极上产生的氧气的机械力分离锈层。此法在除锈过程中很难避免金属被腐蚀，所以一般不用，主要应用于金属制品的电抛光。阴极法是以金属制品为阴极，通电后在阴极上产生氢气还原氧化铁，并以氢气的机械作用剥离锈层。此法对金属制品具有保护作用，所以是常用的电化学除锈法。

# 任务四 特殊货物仓储管理

特殊仓储包括危险品、冷藏货物、油品、粮食等物品的仓储，由于这些物品的特殊性，对仓储的要求也比较高，这就使得这些物品的仓储管理有其特殊性。

## 一、冷库管理

冷库是采用机械制冷方法创造特定温度和相对湿度的条件，加工和储存食品、工业原料、生物制品以及医药等物品的保温仓库。

### （一）冷库的类型

1. 按用途分类的冷库种类

保鲜库、气调保鲜库、冷藏库、速冻库等。

2. 按作业性质分类的冷库种类

生产性冷库、中转性冷库、综合性冷库等。

3. 按规模分类的冷库种类

大型冷库、中型冷库、小型冷库。

### （二）冷库的仓储管理

冷库的结构复杂、造价高、技术性强，对此类冷库的使用、维修和管理，必须执行有关规章制度。

1. 对冷库的管理要求

冷库应具备可供商品随时进出的条件，并要经常打扫、清洁、消毒、晾干。冷库的外室、走廊、汽车月台及附属车间等场所都要符合卫生要求。冷库还应置有通风设备，以随时去除异味。冷库内的设备符合卫生要求，并定期消毒。对入库食品要求必须新鲜、清洁，经检查合格。食品到达前应做好准备工作，要根据食品的自然属性和所需要的温度、湿度选库房，并保持库房温湿度的稳定。

2. 冷库的合理使用和管理

冷库的使用应按设计要求，充分发挥其冻结、冷藏的能力，确保安全生产，保证产品质量，维护好冷库建筑结构。库房应设立专门机构和人员来管理，责任落实到人。

3. 冷库人员安全

为防止冻伤，进入冷库的人员必须加以保温防护；为防止缺氧窒息，人员在进入冷库前，尤其是长期封闭的库房，允许进行通风，避免氧气不足；为避免人员被封闭在库内，应设专人开关，限制无关人员入库；为妥善使用设备，冷库作业应使用抗冷设备，且进行必要的保温防护。

### （三）冷库的质量管理

1. 温度控制

在正常生产情况下，冻结物冷藏库的温度应控制在设计温度的±1 ℃范围内，冷却物冷藏库的温度应控制在设计温度的±0.5 ℃范围内。

2. 分组管理

为保证冷库商品的质量，要采用分组管理的方法来管理冷库内商品。按照商品的品种、等级和用途等分批分垛储存，并按垛位编号，填制卡片悬挂于货位明显的地方。

3. 特殊处理

有些商品（如家禽、鱼类、副食品等）在冷藏时，要求表面包冰衣。可在垛表面喷水，但要防止水滴在地坪、墙和冷却设备上。

表 6-4～表 6-6 给出了易腐商品冷藏的推荐条件。

**表 6-4　肉、禽、蛋类冷藏推荐条件**

| 类别、品名 | 温度（℃） | 相对湿度（%） | 预计冷藏时间（月） | 备　注 |
|---|---|---|---|---|
| 冻猪肉 | −12 | 95～100 | 3～5 | 肥度较大的期限还应缩短 |
| | −18 | 95～100 | 8～10 | |
| | −20 | 95～100 | 10～12 | |
| 冻牛肉 | −12 | 95～100 | 6～10 | |
| | −18 | 95～100 | 10～12 | |
| | −20 | 95～100 | 12～14 | |
| 冻鸡、鸭肉等 | −12 | 95～100 | 3～4 | |
| 冻羊肉 | −12 | 95～100 | 6～10 | |
| | −18 | 95～100 | 10～12 | |
| | −20 | 95～100 | 12～14 | |

表 6-5　水产品类冷藏推荐条件

| 类别、品名 | 温度（℃） | 相对湿度（%） | 预计冷藏时间（月） | 备　注 |
| --- | --- | --- | --- | --- |
| 鳗鱼、沙丁鱼 | －25～－18 | 95～100 | 6～10 | |
| 比目鱼、黄花鱼 | －25～－18 | 95～100 | 10～14 | |
| 鳘、鲭鱼 | －25～－18 | 95～100 | 8～12 | |
| 贝类、蛤 | －25～－18 | 95～100 | 6～10 | |
| 虾类 | －25～－18 | 95～100 | 6～10 | |

表 6-6　副食品类冷藏推荐条件

| 类别、品名 | 温度（℃） | 相对湿度（%） | 预计冷藏时间（月） | 备　注 |
| --- | --- | --- | --- | --- |
| 灌肠 | －25～－18 | 95～100 | 4～8 | |
| 熏肉 | －18 | 95～100 | 5～7 | |
| 油煎鸡 | －18 | 95～100 | 3～4 | |

## 二、危险品仓库管理

### （一）危险品概述

依照其性质，化学危险品可分为十类：爆炸品、氧化剂、压缩气体和液化气体、自燃物品、遇水燃烧物品、易燃液体、易燃固体、毒害品、腐蚀物品和放射性物品。

### （二）危险品仓储的基本要求

（1）包装物品多使用地上库房，库房要求坚固、不导热，单间独立库房不宜过大（一般在 50 $m^2$ 左右），库房之间保持必要的安全距离。

（2）一级易燃液体、固体宜储存于钢筋混凝土结构的地下库或窖（山洞）内，以利保持低温或防火。

（3）二级易燃液体、固体常储存于阴凉、干燥的砖拱顶库房（用不燃材料建造）内。

（4）某些自燃品的库房必须隔热、降温、密闭、通风、地面平整、干燥。

（5）压缩气体、液化气体宜储存于阴凉干燥的半地下库和地下库内。

（6）腐蚀性物品宜采用货棚储存，围墙须一面或两面半截敞开。若采用库房储存，不宜使用普通金属结构。

（7）毒品可用普通砖木结构库房储存。易分解或散发毒害气体的毒品应专库储存，并注意隔离。

（8）放射性物品必须专库储存，最宜采用地下库储存。

### （三）危险品堆码

危险品堆码与一般商品的堆码方式基本相同，但要求更加严格，货垛不宜过高过大，堆码要牢固，苫垫要妥善。一般堆垛高度，液体商品不超过 2 m，固体商品不超过 3 m 为宜，以利操作和防止倒垛。

库房存放的怕潮商品，垛底应当适当垫高，便于通风散潮；若在露天存放，则更应垫高防水，同时应根据商品性质，选择适宜的苫垫物料。苫垫危险品的苫垫物料必须分类专用和分别存放，不能用以苫垫其他商品；需要调剂使用时，要谨慎选择，并刷洗干净、晒干后再用。

**（四）安全操作**

（1）危险品的装卸搬运，必须轻装轻卸，使用不发生火花的工具，禁止滚、摔、碰、撞、重压、震动、摩擦和倾斜。

（2）对怕热、怕潮的危险品，在搬运时应采取必要的防护措施。

（3）装卸场地和道路必须平坦、畅通。若夜间装卸，必须有足够亮度的安全照明设备。

（4）工作人员在对危险品进行装卸搬运操作时，应穿戴相应的防护服具，严防有害物质危害人体健康。用过的防护用具须及时清洗干净。

（5）在对毒害性、强腐蚀性和放射性危险品进行各项作业的过程中，不宜随便饮食；确须饮食和休息时，均应用肥皂擦洗手脸。

**（五）危险品应急处理**

1. 化学烧伤应急处理

化学烧伤后，脱去致伤因素浸湿的衣服，迅速用大量的清水长时间冲洗，尽可能去除创面上的化学物质；生石灰烧伤应用干布擦净生石灰，再用水冲洗；磷烧伤时要用大量水冲洗浸泡，或用多层湿布包扎创面，防止磷自燃，冲洗完后再用中和剂，中和时间不宜过长，片刻之后再用流动水冲洗，及时确认是否伴有中毒现象，并按其救治原则及时治疗。

2. 危险品中毒紧急处理

（1）清除皮肤毒物。迅速使中毒者离开中毒场地，脱去其被污染衣物，用微温水反复冲洗身体，清除沾染的毒性物质。

（2）清除眼内毒物。迅速用0.9%的盐水或清水冲洗5～10分钟。

（3）吸入毒物的急救。应立即将中毒人员脱离中毒现场，搬至空气新鲜的地方，同时可吸入氧气。

（4）食入毒物的急救。催吐、洗胃、灌肠、排除毒物等。

## 三、油品仓库管理

**（一）油品储存的特性**

油品是指原油、成品油（汽油、煤油、柴油、石脑油等）和液化石油气。由于它们具有易燃烧、易爆炸、易蒸发、易带电、易膨胀、易流动、易渗透、易漂浮等物理化学性质，从而给油品的收、发、存等环节带来了诸多不安全因素。

**（二）油品仓储的作业管理**

1. 油品入库

及时做好接收准备，主管人员必须亲自检查准备工作情况，并到现场指挥。散装油品要检查车、船的技术状况，铅封，并进行化验、计量；桶装油品要清点件数，尽快卸收，防止积压车船。

卸收铁路罐车油品时，要收尽底部余油；卸收船装油品时，轻油要注水冲舱，黏油要进行刮洗。卸收和输转油品时，要严格遵守操作规程，指定专人巡视油管线。卸收完毕，及时办理入库手续，做好登记、统计工作。

2. 油品出库

保管人必须根据发货凭证检查发出油品的质量和数量，做好装运准备。装车前要检查车船的技术状况、容器的洁净程度，符合要求者及时装车。

装车船后，按规定进行计量、铅封，出具合格证，及时办理出库手续；发出的桶装油品要做到标记清晰，桶盖拧紧、无渗漏。

3. 油品储存保管

（1）灌装油品的储存保管。不同规格、品种的油品要实行专罐储存；油罐改储其他油品时，按要求进行清洗。

（2）桶装油品的储存保管。要遵循先进先出的原则，避免长期存放。如存放期超过半年，应进行倒垛；不同品种、规格的油品进行分类堆码。

根据实际情况实行定期检查保养制度，发现库内油品蒸气浓度超过规定时，要加强通风。露天存放的桶装汽、煤油，气温高于 28 ℃时要采取降温措施。

### （三）油品仓储的安全管理

（1）油品的防火和防爆。控制可燃物，断绝火源，防止电火花引起燃烧和爆炸，防止金属摩擦产生火花引起燃烧和爆炸，防止油蒸气积聚引起燃烧和爆炸。

（2）油品的防静电。一切用于储存、输转油品的油罐、管线、装卸设备，都必须有良好的接地装置，及时把静电导入地下，并应经常检查静电接地装置的技术状况和测试接地电阻。天热时放慢灌油速度。

（3）油品的防毒。尽量减少油品蒸气的吸入量，避免口腔及皮肤与油品接触。

（4）油品的防腐。涂层防腐、护屏防腐、外加电流的阴极防腐。

## 四、粮仓管理

### （一）粮食储存的特性

1. 粮食的呼吸作用

粮食在储存中的主要生理活动是呼吸作用，分为有氧呼吸和无氧呼吸，过于旺盛的呼吸会加速粮食所含物质的分解，引起品质变劣。粮食含水量不超过 15%一般是比较安全的，含水量在 13%以下，可以抑制大部分微生物的生长和繁殖；粮食的呼吸作用在一定的温度范围内随粮食温度的升高而增强。保持低温有利于保护粮食的品质，空气中充分的氧气及杂草籽等杂质亦能促进粮食的呼吸作用。

2. 粮食的自热

粮食温度自行升高的现象称为粮食的自热，其根源是粮食呼吸作用产生的热量。粮食的自热现象会对粮食的储存带来不利影响，使粮食品质迅速恶化。

3. 粮食的吸附性和吸湿性

吸附性是指各种粮食都具有吸附各种物质的蒸气和异味的性能。吸湿性是指由于粮食为多孔毛细管结构体，并含有大量淀粉、蛋白质等亲水胶体物质，因而具有较强的吸湿性。

4. 粮食的导热性

粮食的导热性甚低，是热的不良导体。在正常情况下，粮温的变化比环境温度的变化缓慢。

### (二) 粮仓安全管理

1. 粮仓要保证干净无污染

为保证粮食清洁干净，粮食入库前必须保证粮仓内清洁干净。尽可能采用专用的粮筒仓，如采用通用仓，仓库应封闭性较好并进行防尘处理；采用金属筒仓则应进行除锈处理后无异味方可使用。

2. 保持干燥、控制水分

粮仓内不得安装日用水源，消防水源应妥善关闭，洗仓水源应离仓库有一定距离，并在排水下方。仓库的排水沟应保持畅通，无堵塞。随时监控粮仓内湿度，将湿度严格控制在合适的范围内。仓内湿度升高时，要检查粮食的含水量；水量超过要求时，及时采取除湿措施。粮仓通风时，要采取措施避免将空气中的水分带入粮仓。

3. 控制温度

粮食具有自热性，每日要测试粮食温度，特别是内层温度，及时发现自热升温，及时降温，采取加大通风、进行货堆内层通风降温、内层释放干冰等措施，必要时进行翻仓、倒垛散热。

4. 防止火源

粮食具有易燃特性，在粮食出入库、翻仓作业时，应避免一切火源出现，特别要注意对作业设备运转的静电，粮食与仓壁、输送带的摩擦静电的消除。粉尘遇火源也会爆炸起火，应加强吸尘措施，排除扬尘。

5. 防霉变

粮仓防霉变以预防为主，主要措施有：严把入口关、避开潮湿货位、加强库内温湿度管理、经常清洁仓库、经常检查粮食和粮仓、充分使用现代化防霉技术和设备。

6. 防虫鼠害

危害粮仓的昆虫种类有很多，如甲虫、蜘蛛、米虫、白蚁等，这些害虫能在短时间内造成大量损害，应采取有效措施预防。如保持良好的仓库状态，保持门窗密封；防止虫鼠随货入仓，经常检查，使用药物灭杀，使用诱杀灯、高压电灭杀等，确保粮食的安全。

## 知识复习题

1. 简述商品养护的含义。
2. 库存商品的质量变化有哪些？
3. 怎样控制和调节仓库的温湿度？
4. 商品霉变的原因及防治措施有哪些？
5. 简述虫害的综合防治措施。
6. 商品锈蚀的机理与防锈方法是什么？

**【实训项目一】**

### 郑州市计算机学校和洞口一中食堂食品仓库保管案例

谈到商品保管，我们来看看以下两个学校的食品保管制度。

一、郑州市计算机学校食品保管制度

(1) 根据库房设置，各种食品应严格分类，按入库先后批次、生产日期存放，有霉烂、变质的食品不能入库，质检员应定期对库存食品进行质量检查。

(2) 有毒、有害、易与食品串味的化学物品严禁与食品同库存放。

(3) 食品与非食品、原料与半成品、卫生质量差的与正常的食品、短期存放的与长期存放的食品、有特殊气味的与易吸收气味的食品不能混杂堆放。

(4) 各种食品之间应有足够间隙，与地板、墙壁有一定距离，熟食品绝对不得靠墙着地。

(5) 食品储存过程中应注意防霉、防虫、防尘、防鼠及保持适当温湿度。

(6) 易腐食品应置入冷藏设备保存，冷藏食品也应分类，按入库先后依次存放，注意搞好防霉、除臭和消毒工作。

(7) 应定期进行仓库的清扫与消毒，并注意防止消毒剂对食品的污染。

二、洞口一中食堂食品保管制度

(1) 凡食品入库前必须做好检查和验收工作，发霉、变质、腐烂、不洁净的食品和原料不准入库。

(2) 食品入库后要分类存放且整齐划一。大米不得靠墙或直接放在地面上，以防潮湿、发霉、变质。购量根据销量来定，避免存放时间过长而降低食品质量。

(3) 常进库房检查，发现霉变食品要及时报告领导处理，不得食用。

(4) 仓库内应保持清洁、卫生，空气流通，要做好防潮、防火、防虫、防鼠、防蝇、防尘等工作。

(5) 库房内严禁嬉戏、玩牌、吸烟、住人，非有关工作人员不准入内。

(6) 食品出入库要有登记，日清月结，坚持先进先出原则。

问题：

1. 从这两个学校的食品保管制度中分析影响商品质量变化的因素有哪些。
2. 结合案例分析仓库商品保管的基本要求。
3. 结合案例分析食品保管的注意事项。

**【实训项目二】**

### 茶叶和啤酒的仓储保管条件分析

一、茶叶的保管

茶叶是一种有益于人体健康的饮料，而如何保管好茶叶，保持其原有的风味，并不是每个喝茶者都知晓的。要使茶叶保持其原有的风味，在保管过程中，主要是控制湿度、温度和光照等气象因素，避免其对茶叶质量产生不良影响，以及防止茶叶串上异味、怪味。尤其在高温高湿的夏季，更应倍加注意。

首先，最重要的是控制湿度。茶叶最适宜在其本身含水量5%以下的条件下密封贮存。当其含水量在8%左右时，贮存6个月就会有陈茶气味；当其含水量在10%时，就很容易出现霉变气味；当其含水量超过12%时，因茶叶中含有蛋白质、维生素等多种营养成分，霉菌很容易大量滋生，霉变气味会加强、加浓，倘饮用，对身体有害，有时甚至发霉、结块，根本无法饮用。若茶叶中含水量过高，可用干净的器具温火炒干或烘干后再贮存。

其次，要控制温度。茶叶适宜在低温情况下存放。因为温度较高，能促使茶叶吸湿变质。在温度0 ℃～5 ℃的条件下，茶叶能长时间保持其原有的色泽与香味不变；在10 ℃左右时，其色泽变化缓慢，且无质变气味；在15 ℃以上时，其色泽变化加快，开始出现老化现象，并伴有陈茶气味。

其三，应遮阴避光。茶叶在无光线照射的环境中存放效果最好。在有光的环境中，特别是光线直接照射时，不但茶叶的色泽变化加快，而且还能加速陈化变质，使其出现一种令人作呕的“日晒气”“尘土味”。尤其是高级绿茶，对光线的照射作用特别敏感，其中所含的叶绿素、维生素等很容易见光分解损失，若经10天光照就会完全变成棕红色。

其四，要单独存放，避免串味。因为茶叶中含有烯萜类物质，具有很强的吸附异味的能力。所以，贮存茶叶应避免放在用樟木、杉木等具有较大异味的木材制作的箱、柜内；不能与香皂、花露水等异味较大的化妆品以及卫生球、油漆、海产品等一起存放，否则很容易串味。倘若与具有腥臭气味的海产品在一起存放，饮用时会使人感到恶心。另外，红、绿、花茶分类密封存贮，可达到令人满意的效果。

二、啤酒的保管

首先，啤酒入库验收时外包装要求完好无损、封口严密，商标清晰；啤酒的色泽清亮，不能有沉淀物；内瓶壁无附着物；抽样检查具有正常的酒花香气，无酸、霉等异味。

其次，鲜啤酒适宜储存温度为0 ℃～15 ℃，熟啤酒适宜储存温度为5 ℃～25 ℃，高级啤酒适宜储存温度为10 ℃～25 ℃。库房相对湿度要求在80%以下。

再次，瓶装酒堆码高度为5～7层，不同出厂日期的啤酒不能混合堆码，严禁倒置。

最后，严禁阳光曝晒，冬季还应采取相应的防冻措施。

问题：

食品类货品的一般保管条件是什么？储存过程中应该注意些什么问题？

**【实训项目三】**

一、实训任务

仓储温度和湿度的调节。

二、实训目的及训练要点

1. 掌握仓储调节温度和湿度的方法。

2. 了解不同温度和湿度的设施和设备。

三、实训设备、仪器、工具及资料

仓储实训室。

四、实训内容及步骤

1. 申请和清点实训设备、仪器、工具及相关图文资料。
2. 讲解实训目的、要求和具体实施的步骤。
3. 按实训作业指导书分别进行仓储温度和湿度的调节操作。
4. 总结实训操作中出现的问题及提出改进意见。
5. 分组撰写实训报告。

# 仓库库存与成本控制

## 学习目标

- 掌握库存的概念及分类；掌握EOQ库存的计算方法，并根据库存的数量进行库存控制。
- 了解仓储成本的构成及影响因素，掌握控制和降低仓储成本的基本方法。
- 掌握仓库运营绩效管理的相关知识；能够准确运用仓库运营绩效管理的方法，根据仓库运营需要设置绩效考核指标体系。

任务一 库存控制
任务二 仓储成本与计算
任务三 仓库运营绩效管理

实训项目一 布鲁克林酿酒厂对物流成本的控制
实训项目二 Y集团解决库存问题的实践
实训项目三

仓储是物流的重要环节，物品在物流过程中相当一部分时间处在仓储过程中，在仓储过程中进行运输整合，在仓储过程中进行配送准备，在仓储过程中进行流通加工，也在仓储过程中进行市场供给调整，因而仓储成本是物流成本的重要组成部分。仓储成本控制是物流企业实现企业经营目标的重要保障手段，该项工作贯穿于物流企业经营管理活动全过程。通过该项目的实施和训练，可使得学生以经营管理者的角色来认识和把握仓储企业活动的各环节。

**【案例导入】**

**仪征化纤公司仓储成本控制分析**

仪征化纤通过直供和代储代销的形式淘汰了 150 多家供应厂商，全年减少流动资金占用 2.5 亿多元，仅利息就少支付 1 000 多万元。他们通过物资采购方式的改革，使包装材料实现零库存。仪征化纤公司过去为了保证生产的需要，物资采购和库存的量比较大，以前仅包装材料每月入库额就达 400 多万元，占用的流动资金比较多，采购成本较大。同时，企业在采购过程中承担着很大的市场风险。为了降低采购成本，抵御市场风险，公司首先对部分原辅材料、包装材料变间接供应改为直接供应的方式，就是生产需要多少包装材料，供应厂商直接将需要的包装材料送到生产现场，定期结算，不占用流动资金。为了确保包装材料的稳定供应，仪征化纤公司还组织供应厂商参与到公司的生产经营中。供应厂商根据公司的生产经营情况安排物资供应，并根据仪征化纤公司的生产及时调整物资供应的品种和数量。2004 年二季度以来，仪征化纤公司由于受市场低迷的影响，生产经营形势处于低谷，与公司签订协议的供应厂商就把多生产出来的包装材料存在自己的仓库内。某年 2 月中旬，公司原涤纶三厂设备大修期间，一家供应厂商准备了 50 多万元的密封件，由于现场大修人员通过修旧利废，仅用了 10 万元的密封件，供应商就把剩余的密封件调剂到浙江一家用户。如果在过去，这些备件就成了仪征化纤公司的库存积压物资。

仪征化纤公司使用的包装材料等物资采用直供的方式，不仅保障了物资供应，也保证了物资的质量，为公司生产的长周期安全稳定运行创造了有利条件。

## 库存控制

我们从库存的功能以及其在加工过程中的地位来进行分类，学习库存控制的内容和目标、EOQ 库存的计算方法，以降低库存水平、提高物流系统运作效率。

### 一、库存及相关概念

物流管理体系中，经常涉及“库存”“储备”及“储存”这几个概念，而且经常被混淆。其实，这三个概念虽有共同之处，但仍有区别，认识这个区别有助于理解物流中

“储存”的含义和以后要遇到的“零库存”概念。

**（一）库存**

库存指的是仓库中处于暂时停滞状态的物资。这里要明确两点：其一，物资所停滞的位置不是在生产线上，不是在车间里，也不是在非仓库中的任何位置，如汽车站、火车站等类型的流通节点上，而是在仓库中；其二，物资的停滞状态可能由任何原因引起，而不一定是某种特殊的停滞。这些原因大体有：能动的各种形态的储备；被动的各种形态的超储；完全的积压。

**（二）储备**

物资储备是一种有目的地储存物资的行动，也是这种有目的的行动和其对象总体的称谓。物资储备的目的是保证社会再生产连续不断地、有效地进行。所以，物资储备是一种能动的储存形式，或者说，是有目的地、能动地使生产领域和流通领域中的物资暂时停滞，尤其是指在生产与再生产、生产与消费之间的那种暂时停滞，如粮食储备、石油储备等。

**（三）储存**

储存是包含库存和储备在内的一种广泛的经济现象，是一切社会形态都存在的经济现象。在任何社会形态中，对于不论什么原因形成停滞的物流，也不论是什么种类的物资，在没有进入生产加工、消费、运输等活动之前或在这些活动结束之后，总是要存放起来，这就是储存。这种储存不一定在仓库中，也不一定是有储备的要素，而是在任何位置，也有可能永远进入不了再生产和消费领域。在一般情况下，“储存”“储备”两个概念是不做区分的。

## 二、库存的分类

**（一）按功能划分**

库存有五种基本类型：波动（需求与供应）库存；预期库存；批量库存；运输库存；屏障库存。

*1. 波动（需求与供应）库存*

波动库存是指由于销售与生产的数量与时机不能被准确地预测而持有的库存。对一给定物品，其平均订货量可能是每周 100 单位，但有时销售量可高达 300 或 400 单位。通常从工厂订货后三周可收到订货，但有时可能要用六周。这些需求与供应中的波动可用后备存货或安全存货来弥补。“后备存货”或“安全存货”也就是波动库存的常用名。当通过各工作中心的工作流不能完全平衡时，在工作中心也存在波动库存。在生产计划中可能提供名为“稳定存货”的波动库存以满足需求中的随机变化而不需改变生产水平。

*2. 预期库存*

预期库存指为迎接一个高峰销售季节、一次市场营销推销计划或一次工厂关闭期而预先建立起来的库存。基本上，预期库存既是为未来的需要也是为了限制生产速率的变化而储备工时与机时。

3. 批量库存

要按照物品的销售速率去制造或采购物品往往是不可能或不实际的，因此要以大于眼前所需的数量去获得物品。由此造成的库存就是批量库存。生产调整时间是确定此类库存时的一个主要因素。

4. 运输库存

运输库存指由于物料必须从一处移动到另一处而存在的库存。处在运输工具上被运往一个仓库去的库存在途中可能要经历 10 天之久。当在途时，库存不能为工厂或客户服务。它存在的原因只是由于运输需要时间。

5. 屏障库存

使用大量矿产品（诸如煤、汽油、银或水泥）或农牧产品（诸如羊毛、谷类或动物产品）的公司可以通过在价低时大量购进这些价格易于波动的物品而实现可观的节约，这种库存就叫屏障库存。还有，对预计以后将要涨价的物品，在现行价格较低时，买进额外数量就将降低该物品的物料成本。显然，由此而实现的节约是对该项追回投资的真正报酬。

例如：考虑一种典型的成品，它可按每年 12 批、每批 1 000 件来制造。每个月，仓库将收货 1 000 件。如果均匀地使用掉，则现有数将平均为 500 件——其平均批量库存就将是 500 件。为弥补需求的波动，可能再额外持有 250 件作为后备或安全存货。因此该物品的平均总库存量（等于平均批量库存加上安全存货）将为 750 件。为迎接即将来临的一个假期，那时工厂将关闭，可能要给库存再加上 250 件，这就是预期库存。如果此产品要通过远方的分支仓库来分配，则在主厂与仓库之间将存在在途的运输库存。

**（二）按其在加工过程中的地位来分类**

（1）原料库存：用来制造成品中组件的钢铁、面粉、木料、布料或者其他物料。

（2）组件库存：准备投入产品总装的零件或子装配件。

（3）在制品库存：工厂中正被加工或等待于作业之间的物料与组件。

（4）成品库存：备货生产工厂里库存中所持有的已完工物品，或订货生产工厂里准备按某一订单发货给客户的完工货物。

此外，按物品所处状态库存可以分成静态库存和动态库存。静态库存指长期或暂时处于储存状态的库存，这是人们一般意义上认识的库存概念。实际上广义的库存还包括处于制造加工状态或运输状态的库存，即动态库存。

## 三、库存控制的内容和目标

库存控制是以控制库存为目的的方法、手段、技术以及操作过程的集合，它是对企业的库存（包括原材料、零部件、半成品以及产品等）进行计划、协调和控制的工作。

库存控制的内容：主要是根据市场需求情况与企业的经营目标，决定企业的库存量、订货时间以及订货量等。

库存控制的目标有两个：一是降低库存成本；二是提高客户服务水平。

达成这些目标的过程中主要的问题是这些目标基本上是互相冲突的。库存控制就是要在互相冲突的目标之间寻求平衡，以达到最佳结合。具体的冲突目标有哪些，可以从

库存费用、成本的角度来认识一下。

## 四、EOQ库存控制原理

EOQ（economic order quality）称为经济订购批量，即通过库存成本分析求得在库存总成本为最小时的每次订购批量，用以解决独立需求物品的库存管理问题。

EOQ库存管理模型中的成本主要包括：①订货成本——是指为取得某种库存物资而支出的成本，包括手续费、派人外出采购的费用等；②储存成本——是指为保持库存而发生的成本，包括库存占用资金应付的利息以及使用仓库、保管货物、货物损坏变质等支出的各项费用；③缺货成本——是指由于存货供应不足造成供应中断而造成的损失，如失去销售机会的损失、停工待料的损失以及不能履行合同而缴纳罚款等。

EOQ库存控制模型设立的假设条件：企业能及时补充库存，即需要订货时便可立即取得库存；需求量稳定，并且能预测；存货单价不变，不考虑现金折扣；企业现金充足，不会因为短缺现金而影响进货；所需存货市场供应充足，不会因买不到需要的存货而影响其他；前置时间固定。

EOQ库存控制模型计算公式：

$$Q = \sqrt{2SD/C_i}$$

式中，$Q$为经济批量；$S$为每次订货费用；$D$为所需用量；$Ci$为单位储存成本。

每年最佳订货次数公式：

$$N = \sqrt{DC_i/2S}$$

最佳订货周期公式：

$$T = 360/N$$

存货总成本公式：

$$TC = \sqrt{2SDC_i}$$

# 任务二　仓储成本与计算

## 一、仓储成本的构成

仓储成本是发生在货物储存期间的各种费用支出。其中，一部分是用于仓储的设施设备投资和维护货物本身的自然损耗，另一部分则是用于仓储作业所消耗的物化劳动和活劳动，还有一部分是货物存量增加所消耗的资金成本和风险成本。这些在货物储存过程中的劳动消耗是商品生产在流通领域中的继续，是实现商品价值的重要组成部分。

由于不同仓储商品的服务范围和运作模式不同，其内容和组成部分也各不相同，同时控制仓储成本的方法也多种多样。我们这里将成本分为以下两大部分：仓储运作成本和仓储存货成本。

仓储成本分为以上两类的原因是：在组织管理中，仓储与存货控制是两个不同的部门。仓储运作成本发生在仓储部门，并且由仓储部门来控制；而货品存货成本发生在存货控制部门，其成本由存货控制部门来控制。仓储管理与存货控制是紧密相关的，要联系起来分析和控制。

### （一）仓储运作成本

1. 仓储运作成本的构成

仓储运作成本是发生在仓储过程中，为保证商品合理储存、正常出入库而发生的与储存商品运作有关的费用。仓储运作成本包括房屋、设备折旧，库房租金，水、电、气费用，设备修理费用，人工费用等一切发生在库房中的费用。仓储运作成本可以分为固定成本和变动成本两部分。

2. 仓储运作成本的计算

（1）固定成本的计算。仓库固定成本在每月的成本计算时相对固定，与日常发生的运作、消耗没有直接关系，在一定范围内与库存数量也没有直接关系。固定成本中的库房折旧、设备折旧、外租库房租金和固定人员工资从财务部可以直接得到。库房中的固定费用可以根据不同的作业模式而有不同的内容，包括固定取暖费、固定设备维修费、固定照明费用等。

（2）变动成本的计算。库房运作变动成本的统计和计算根据实际发生的运作费用进行，包括按月统计的实际运作中发生的水、电、气消耗，设备维修费用，由于仓储货量增加而发生的工人加班费和货品损坏成本等。

### （二）仓储存货成本

仓储存货成本是由于存货而发生的除运作成本以外的各种成本，包括订货成本、资金占用成本、存货风险成本、缺货成本等。

1. 订货成本

订货成本是指企业为了实现一次订货成本而进行的各种活动费用，包括处理订货的差旅费、办公费等支出。订货成本中有一部分与订货次数无关的称为订货的固定成本，如常设机构的基本支出等。另一部分与订货次数有关的称为订货的变动成本，如差旅费、通信费等。具体来讲，订货成本包括下列费用：检查存货费用；编制并提出订货申请的费用；对多个供应商进行调查比较的费用；填写并发出订单的费用；填写并核对收货单的费用；验收货物费用；选择合适的供应商的费用；筹集资金和付款过程中产生的各种费用。

2. 资金占用成本

资金占用成本是购买货品和保证存货而使用资金的成本。资金成本可以用公司投资的机会成本或投资期限来衡量，也可以用资金实际来源的发生成本来计算。为了简化和方便，一般资金成本用银行贷款利息来计算。

3. 存货风险成本

存货风险成本是发生在货品持有期间，由于市场变化造成的企业无法控制的商品贬值、损坏、丢失、变质等成本。

4. 缺货成本

缺货成本是指由于库存供应中断而造成的损失，包括原材料供应中断造成的停工损失、成品库存缺货造成的延迟发货损失和丧失销售机会的损失（还应包括商誉损失）。如果生产企业以紧急采购代用材料来解决库存材料的中断之急，那么缺货成本表现为紧急额外购入成本（紧急采购成本与正常采购成本之差）。当一种产品缺货时，客户就会购买该企业的竞争对手的产品，这就会对该企业产生直接利润损失；如果失去客户，还可能为企业造成间接或长期成本。另外，原材料、半成品或零配件的缺货，意味着机器空闲，甚至停产。

如果发生缺货，将导致以下情况发生：

（1）延期交货。延期交货可以有两种方式：一是缺货商品可以在下次规则订货时得到补充；二是利用快递延期交货。如果客户愿意等待到下一个规则订货，那么企业实际上没有什么损失。但如果经常缺货，客户可能就会转向其他供应商。

商品延期交货会产生特殊订单处理费用和运输费用。延期交货的特殊订单处理费用要比普通处理费用高。由于延期交货经济是小规模装运，运输费率相对较高，而且延期交货的商品可能需要从一个地区的一个工厂的仓库供货，进行长距离运输。另外，可能需要利用速度快、收费较高的运输方式运送延期交货的商品。因此，延期交货成本可根据额外订单处理费用的额外运费来计算。

（2）失销。由于缺货，可能造成一些用户会转向其他供应商，也就是说，许多公司都有生产替代产品的竞争者，当一个供应商没有客户的商品时，客户就会从其他供应商那里订货。在这种情况下，缺货导致失销，对企业来说，直接损失就是这种商品的利润损失。因此，可以通过计算这批商品的利润来确定直接损失。

除了利润的损失，失销还包括当初负责相关销售业务的销售人员所付出的努力损失。这就是机会损失。需要指出的是，很难确定在一些情况下失销的总损失。比如，许多客户习惯用电话订货，在这种情况下，客户只是询问是否有货，而未指明订货多少，如果这种产品没货，那么客户就不会说明需要多少，企业也不会知道损失的总成本。此外，企业很难估计一次缺货对未来销售的影响。

（3）失去客户。第三种可能发生的情况是由于缺货而失去客户，也就是说，客户永远转向另一个供应商。如果失去了客户，企业也就失去了未来一系列收入，这种缺货造成的损失很难估计，需要用管理科学的技术以及市场营销的研究方法来分析和计算。除了利润损失，还有由于缺货造成的商誉损失。

为防止因市场变化或供应不及时而发生存货短缺的现象，企业会考虑保持一定数量的安全库存及缓冲库存，以防在需求方面的不确定性。但是，其困难在于确定在任何时候需要保持多少安全库存，安全库存太多意味着多余的库存，而安全库存不足则意味着缺货或失销。增加安全库存，会减少货品短缺的可能性，同时会增加仓储成本。仓储安全库存决策就是寻求缺货成本和安全库存成本两者的综合成本最小化。

**（三）在途存货成本**

仓储成本主要是指仓库中货品的运作和存货成本，但另一项成本也必须加以考虑，这就是在途存货成本。它与选择的运输方式有关。如果企业以目的地交货价销售商品，这意味着企业要负责将商品运达客户处，当客户收到订货商品时，商品的所有权才转移。从财务的角度来看，商品仍是销售方的库存。因为这种在途商品在交给客户之前仍然属于企业所有，运货方式及所需的时间是储存成本的一部分，企业应该对运输成本与在途存货成本进行分析。

在途库存的资金占用成本一般等于仓库中库存资金的占用成本。仓储运作成本一般与在途库存不相关，但要考虑在途货物的保险费用。选择快速运输方式时，货物过时或变质的风险要小一些，因此仓储风险较小。一般来说，在途存货成本要比仓库中的存货成本小，在实际中，需要对每一项成本进行仔细分析，才能准确计算出实际成本。

## 二、仓储成本的计算

仓储成本是伴随着物流仓储活动而发生的各种费用。仓储成本是企业物流成本中的重要组成部分，其高低直接影响着企业的利润水平。因此，合理控制仓储成本、加强仓储成本管理是企业物流管理的一项重要内容。

### （一）仓储成本的计算目的

仓储成本是指物流活动中所消耗的物化活动和活劳动的货币表现。可以将仓储活动的成本分为以下三部分：①伴随货物的物理性活动而发生的费用，以及从事这些活动所必需的设备、设施成本；②伴随物流信息的传送与处理活动而发生的费用，以及从事这些活动所必需的设备、设施成本；③对上述活动进行综合管理的成本。

仓储成本是客观存在的。但是，由于仓储成本的计算内容和范围没有一个统一的计算标准，加之不同企业的运作模式也各不相同，因而不同企业有不同的计算方法。但从企业经营的总体需求来讲，仓储成本的计算和信息的收集主要为了满足以下几个方面的需要：为各个层次的经营管理者提供物流管理所需的成本资料；为编制物流预算以及预算控制所需的成本资料；为制定物流计划提供所需的成本资料；为监控仓储管理水平而收集的各种成本信息；提供价格计算所需的成本资料。

为达到以上目的，仓储成本除了按物流活动领域、支付形态等类别分类外，还应根据管理的需要进行分类，而且要通过不同时期间成本的比较、实际发生费用与预算标准的比较，并结合仓储周转数量和仓储服务水平，对仓储成本进行分析比较。

### （二）仓储成本的计算范围

在计算仓储成本之前，需要明确仓储成本的计算范围。计算范围取决于成本计算的目的，如果要对所有的仓储物流活动进行管理，就需要计算出所有的仓储成本。同样是仓储成本，由于所包括的范围不同，计算结果也不一样。如果只考虑库房本身的费用，不考虑仓储物流等其他领域的费用，不能全面反映仓储成本的全貌。每个企业在统计仓储费用时，往往缺乏可比性。因此，在讨论仓储成本的时候，首先应该明确成本计算所包括的范围。

在计算仓储成本时，原始数据主要来自财务部门提供的数据。因此，应该把握按支付形态分类的成本。在这种情况下，对外支付的保管费可以直接作为仓储物流成本全额统计，但企业内发生的仓储费用是与其他部门发生的费用混合在一起的，需要从中剥离出来，如材料费、人工费、物业管理费、管理费、营业外费用等。

1. 材料费

与仓储有关的包装材料、消耗工具、器具备品、燃料等费用，将此期间与仓储有关的消耗量计算出来，再分别乘以单价。

2. 人工费

根据材料的出入库记录便可得出仓储材料费。人工费可以从物流人员的工资、资金、补贴等报酬的实际支付金额得到，或者由企业统一负担部分按人数分配后得到的金额计算出来。

3. 物业管理费

物业管理费包括水、电、气等费用，可以根据设施上所记录的用量来获取相关数据，也可以根据建筑设施的比例和物流人员的比例简单推算。

4. 管理费

管理费无法从财务会计方面直接得到相关数据，可以按人头比例简单计算。

5. 营业外费用

营业外费用包括折旧、利息等，据物流相关资产的货款率计算。

**（三）仓储存货成本的计算方法**

1. 购进存货成本的计算

库存商品购进是指流通企业为了出售或加工后出售，通过货币结算的方式取得商品或商品所有权的交易行为。

存货的形式主要有外购和自制两个途径。从理论上讲，企业无论是从何种途径取得的存货，凡与存货形成有关的支出均应计入存货成本。流通企业由于其行业的特殊性，在购进商品时，按照进价和按规定应计入商品成本的税金作为实际成本，采购过程中发生的运输费、装卸费、保险费、包装费、仓储费等费用，运输途中发生的合理损耗，入库前的挑选整理费等，直接计入当期损益。流通企业加工的商品，以商品的进货原价、加工费用和按规定应计入成本的税金作为实际成本。

2. 仓储成本的计算方法

为了达到合理计算仓储成本，有效监控仓储过程中发生的费用来源，可以按支付形态、按仓储活动项目或按适用对象等不同方法计算仓储成本。

(1) 按支付形态计算仓储成本。把仓储成本分别按仓储搬运费、仓储保管费、材料消耗费、人工费、仓储管理费、仓储占用资金利息等支付形态分类，就可以计算出仓储成本的总额。这样可以了解成本最多的项目，从而确定仓储成本管理的重点。

这种计算方法是从月度损益表中“管理费用、财务费用、营业费用”等各个项目中取得一定数值乘以一定的比率（物流部门比率，分别按人数平均、台数平均、面积平均、时间平均等计算出来）算出仓储部门的费用（表 7-1），再将仓储成本总额与上一年度的数值做比较，弄清楚增减的原因并制订整改方案。

**表 7-1　某公司按成本形态分别计算的仓储成本计算表**

金额单位：元

| 仓储成本形态 | 管理等费用 | 计算基准 | 仓储成本 | 备　注 |
|---|---|---|---|---|
| | ① | ② | ③=①×② | |
| （1）仓库租赁费 | 115 000 | 100 | 115 000 | 金额 |
| （2）材料消耗费 | 35 477 | 100 | 35 477 | 金额 |
| （3）工资津贴费 | 561 260 | 22.4 | 125 722 | 人数比率 |
| （4）燃料动力费 | 18 376 | 42.5 | 7 810 | 时间比率 |
| （5）保险费 | 9 850 | 48.8 | 4 807 | 面积比率 |
| （6）修缮维护费 | 17 403 | 45.2 | 7 866 | 固定资产比率 |
| （7）仓储搬运费 | 30 135 | 51.8 | 15 610 | 面积比率 |
| （8）仓储保管费 | 31 467 | 51.8 | 16 300 | 面积比率 |
| （9）仓储管理费 | 17 632 | 37.1 | 6 541 | 仓储费比率 |
| （10）易耗品费 | 18 410 | 37.1 | 6 830 | 仓储费比率 |
| （11）资金占用利息 | 26 545 | 37.1 | 9 848 | 仓储费比率 |
| （12）税金等 | 35 416 | 37.1 | 13 139 | 仓储费比率 |
| 仓储成本合计 | 916 971 | 39.8 | 364 950 | 仓储费占费用总额比率 |

（2）按仓储活动项目计算仓储成本。按仓储活动项目计算仓储成本是将仓库中的各个运作环节发生的成本分别统计，例如入库费用、出库费用、分拣费用、检查费用、盘点费用等。在仓库活动很多的情况下，采用按活动项目计算仓储成本的方法可以较容易地进行相互之间的比较，从而达到有效管理的目的。

（3）按适用对象计算仓储成本。仓储成本的计算也可以按照仓库商品所适用的对象，按产品、地区的不同分别计算仓储成本，这就是一般所说的按适用对象计算仓储成本。按照不同地点的仓储发生成本，计算出各单位仓储成本与销售金额或毛收入所占比例，及时发现仓储过程中存在的问题，并加以解决。

3. 销售存货的成本计算

仓储管理中销售存货的成本计算是比较复杂的。对于种类众多、销售时间敏感的商品，必须选用正确的存货计算方法。所谓商品销售是指企业以现金或转账结算的方式向其他企业销售商品，同时商品的所有权转移的一种交易活动。

（1）确认销售商品收入的条件。流通企业销售商品时，从财务角度出发，如同时符合以下三个条件，即确认为收入。

①企业已将商品所有权上的主要风险和报酬转移给买方。风险主要是指商品有了贬值、损坏、报废等造成的损失；报酬是指商品中包含的未来经济利益，包括商品因升值等给企业带来的经济利益。判断一项商品所有权上的主要风险和报酬是否已转移给买方，需要视不同的情况而定。在大多数情况下，所有权上的风险和报酬的转移伴随着所有权凭证的转移或实物的交付而转移。但在有些情况下，企业已将所有权凭证或实物交付给买方，但商品所有权上的主要风险和报酬并未转移。

②与交易相关的经济利益能够流入企业。与交易相关的经济利益即为企业销售商品的价款，销售商品的价款是否能够收回是确认收入的一个重要条件，如收回的可能性

大，则可作为收入确认；如收回的可能性不大，则不能确认为收入。

③相关的收入和成本能够被可靠地计算。根据收入与费用配比原则，与同一项销售有关的收入和成本，应在同一会计期间予以确认。因此，如果成本不能被可靠地计算，相关的收入也无法确认。

（2）存货销货成本的计算。物流企业在将商品销售出去以后，既要及时反馈商品的销售收入，也要计算已售存货的成本，以便据以计算商品的销售成果。能否正确计算存货发出的成本，不仅影响当期的经营损益，而且也影响期末存货价值的真实性。实行数量进行金额核算的物流企业，商品发出的计价方法主要有以下几种：

①个别认定法。个别认定法也称个别计价法、分批认定法、具体辨认法等，是指以某批材料购入时的实际单位成本作为该批材料发出时的实际成本的存货计价方法，适用于大件物品、贵重物品。这种方法使存货的成本流动与实物流动完全一致，因而能准确反映销货成本和期末存货成本。优点：能正确计算存货的实际成本和耗用存货的实际成本。缺点：分别记录各批的单价和数量，工作量很大，进货批次较多时不宜采用。

②加权平均法。

加权平均单位＝（期初结存金额＋本期进货金额合计）/

（期初结存数量＋本期进货数量合计）

期末存货成本＝加权平均单位×期末结存数量

本期销货成本＝期初成本＋本期进货成本－期末存货成本

③移动加权成本法。存货的计价和明细账的等级在日常进行，比较烦琐。

移动加权平均单价＝（新购进金额＋原结存金额）/（新购进数量＋原结存数量）

④先进先出法。先进先出法是指假定先购进的存货先耗用或先销售，期末存货就是最近入库的存货，因此先耗用或先销售的存货按先入库存货的单位成本计价，后耗用或后销售的存货按后入库存货的单位成本计价的存货计价方法。其特点是：期末存货的账面价值反映最近入库存货的实际成本。

⑤后进先出法。后进先出法是指假定后入库的存货先耗用或先销售，因此耗用或销售的存货按最近入库存货的单位成本计价，期末存货按最早入库存货的单位成本计价的存货计价方法。后进先出法在实地盘存制和永续盘存制下均可使用。但是采用不同的方法在不同的盘存制度下，计算的期末存货成本的销货成本是不同的。

## 三、影响仓储成本的因素

构成仓储成本的重要部分是仓储存货成本，仓储存货增加，既增大了仓库的占用面积和作业量，同时占用了大量的资金。存货的存量多少是仓储费用的决定因素，那么仓储货物的存量就成了控制成本的重要一环。对于不稳定的商品，易燃、易爆、易变质和时尚性强的商品，库存量要小一些，以避免在仓储过程中发生质量变化和商品贬值；对于时尚性不强的商品，耐储存商品的库存量可以提高一些。从货物管理方面来看，运输条件的便利与否也是影响因素之一。从交通方面来看，运输周期长的商品，可以保持较小的库存量。从货物的使用和销售方面来看，一般销售量增加，相应的库存量也要增加；反之，销售量减少，库存量也要减少。一般考虑以下因素决定采购批量和存货数量。

### （一）取得成本

取得成本是指在采购过程中所发生的各种费用的总和。这些费用大体可以归结为两大类：一是随采购数量的变化而变化的变动费用；二是与采购数量多少关系不大的固定费用。

### （二）存储成本

生产销售使用的各种货物，在一般情况下，都应该有一定的储备。只要储备就会有成本费用发生，这种费用也可以分为两大类：一是与储备资金多少有关的成本，如储备资金的利息、相关的税金、仓储货物合理损耗成本等；二是与仓储货物数量有关的成本，如仓库设施维护修理费，货物装卸搬运费，仓库设施折旧费，仓库管理人员工资、福利费、办公费等。

### （三）缺货成本

由于计划不同或环境条件发生变化，导致企业在仓储中发生了缺货现象，从而影响了生产的顺利进行，造成的供应或销售上的损失和其他额外支出称为缺货损失。所以，为了防止缺货损失，在确定采购批量时必须综合考虑采购费用、存储费用等相关因素，以确定最佳的经济储量。

### （四）运输时间

在商品采购过程中，做到随要随到是有条件的。在一般情况下，从商品采购到企业仓库总是要一定的时间。所以，在商品采购时需要将运输时间考虑在相关因素中。

只有对上述影响商品采购批量的因素进行分析之后，才能确定商品的最佳经济采购量，从而确定合适的货品仓储数量。

## 四、仓储成本的控制

### （一）仓储成本控制的重要性

仓储成本控制的重要性主要体现在以下几个方面：

（1）仓储成本控制是企业增加盈利的“第三利润源”，直接服务于企业的最终目标。增加利润是企业的目标之一，也是社会经济发展的原动力。无论在什么情况下，降低成本都可以增加利润。在收入不变的情况下，降低成本可以使利润增加；在收入增加的情况下，降低成本可以使利润增加；在收入下降的情况下，降低成本可以抑制利润的下降。

（2）仓储成本控制是加强企业竞争能力、求得生存和扩展的主要保障。企业在市场竞争中降低各种运作成本、提高产品质量、创新产品设计和增加销量，是保持竞争力的有效手段。降低仓储成本可以提高企业价格竞争能力和安全边际率，使企业在经济萎缩时继续生存下去，在经济增长时得到较高的利润。

（3）仓储成本控制是企业持续发展的基础。只有把仓储成本控制在同类企业的先进水平以上，才有迅速发展的基础。仓储成本降低了，可以降低售价以扩大销售，销售扩大后经营基础稳定了，才有实力去提高产品质量，创新产品设计，寻求新的发展。同时，仓储成本一旦失控，就会造成大量的资金沉没，严重影响企业正常经营活动。

### （二）仓储成本控制的原则

1. 政策性原则

质量和成本的关系：不能因片面追求降低储存成本而忽视储存货物的保管要求和保管质量。国家利益、企业利益和消费者利益的关系：降低仓储成本从根本上说对国家、企业、消费者都是有利的，但是如果在仓储成本控制过程中采用不适当的手段损害国家和消费者的利益，就是错误的，应予避免。

2. 经济性原则

经济性原则主要强调推行仓储成本控制而发生的成本费用支出不应超过因缺少控制而丧失的收益。同销售、生产、财务活动一样，任何仓储管理工作都要讲求经济效益。为了建立某项严格的仓储成本控制制度，需要发生一定的人力或物力支出，但这种支出要控制在一定的范围之内，不应超过建立这项控制所能节约的成本。经济性原则在很大程度上使企业只在仓储活动的重要领域和环节上对关键的因素加以控制，而不是对所有成本项目都进行同样周密的控制。要求仓储成本控制能起到降低成本、纠正偏差的作用，并具有实用、方便、易于操作的特点。还要求管理活动遵循重要性原则，将注意力集中于重要事项，对一些无关大局的成本项目可以忽略。

## 五、降低仓储成本的方法

### （一）ABC 分类控制法

存货的 ABC 分类控制法，是运用数理统计原理，根据“关键的少数和一般的多数”理论，将仓储的货物分为 A、B、C 三类。A 类存货在品种上占总数的 5%～10%，而其资金占用较多，一般占储存总数的 70%以上，应进行重点管理。B 类存货为一般存货，品种数约占 20%左右，资金占用也是 20%左右，应进行常规管理。C 类存货品种数量繁多，约占总数的 70%以上，资金占用比例则只有 10%左右，不必花费太多精力，一般凭经验管理即可。

采用 ABC 分类方法控制库存时，对 A 类存货，由于其占用资金较大，应严格按照最佳库存量的方法采取定期订货方式，设法将库存降到最低限度，并对库存变动实行经常或定期检查，严格盘存。C 类存货物资虽然品种数量较多，但占用资金不大，一般按订货点组织订货，在库管上定期盘点，适当控制库存。对 B 类存货，可进一步再分类，对金额偏高的可参照 A 类存货管理，金额偏低的参照 C 类管理。

### （二）加速周转，提高仓容利用率

存货周转速度加快，能使企业的资金循环周转加快、资本增值加快、货损货差变小、仓库吞吐能力增强、成本下降。

### （三）充分利用现代仓储技术和设备

如采用计算机定位系统、计算机存取系统、计算机监控系统等计算机管理技术，仓储条码技术，现代化货架，专业作业设备、叉车、新型托盘等。充分利用电子商务下仓储管理信息化、网络化、智能化的优势，有效地控制进销存系统，使物流、资金流、信息流保持一致，运用动态资料辅助决策系统，能有效降低库存的成本费用，提高仓储服务的效率。

**（四）加强劳动管理，降低管理成本**

人工费是仓储成本的重要组成部分，加强管理能避免人力浪费和劳动效率低下。经营管理费用的支出时常不能产生直接的收益和回报，但也不能完全取消。加强管理是很必要的。

**（五）加强企业成本管理的核算，降低仓储服务产品的价格**

仓储服务成本是制定仓储服务价格的主要依据。通过对仓储服务产品成本的科学管理，在逐步提升服务质量的前提下，使仓储服务成本降至最低，便可在社会平均利润率的基础上降低其产品价格，企业就可能取得更大的市场份额。

# 仓库运营绩效管理

## 一、仓库运营绩效考核的意义

不论在企业物流系统中还是在社会物流系统中，仓库都担负着货主企业生产经营所需的各种物品的收发、储存、保管保养、控制、监督和保证及时供应货主企业生产和销售经营需要等多种职能。这些活动对于货主企业是否能够按计划完成生产经营目标、控制仓储成本和物流总成本至关重要。因此仓库有必要建立起系统科学的仓库运营绩效考核指标体系。

仓库运营绩效考核指标是仓库运营管理成果的集中体现，是衡量仓库管理水平高低的尺度。利用指标考核仓库经营的意义在于对内加强管理，降低仓储成本，对外接受客户定期评价。

**（一）对内加强管理，降低仓储成本**

仓库可以利用运营绩效考核指标对内考核仓库各个环节的计划执行情况，纠正运作过程中出现的偏差。

（1）有利于提高仓储管理水平。仓库运营绩效考核指标体系中的每一项指标都反映某部分工作或全部工作的一个侧面。通过对指标的分析，企业能发现工作中存在的问题，特别是对几个指标的综合分析，能找到彼此间的联系和关键问题所在，从而为计划的制订、修改以及仓库运营过程的控制提供依据。

（2）有利于落实岗位责任制。指标是衡量每一个工作环节作业量、作业质量以及作业效率和效益的尺度，是仓库掌握各岗位计划执行情况，实行按劳分配和进行各种奖励的依据。

（3）有利于仓库设施设备的现代化改造。一定数量和水平的设施和设备是保证仓储生产活动高效运行的必要条件，通过对比作业量系数、设备利用等指标，可以及时发现仓库作业流程的薄弱环节，以便仓库有计划、有步骤地进行技术改造和设备更新。

（4）有利于提高仓储经济效益。经济效益是衡量仓库工作的重要标志，通过指标考核与分析，可以对仓库的各项活动进行全面的检查、比较、分析，确定合理的仓库作业定额指标，制定优化的仓储作业方案，从而提高仓库利用率、提高客户服务水平、降低仓储成本，以合理的劳动消耗获得理想的经济效益。

**（二）进行市场开发，接受客户评价**

仓库还可以充分利用运营绩效考核指标对外进行市场开发和客户关系维护，给货主企业提供相对应的质量评价指标和参考数据。

（1）有利于说服客户和扩大市场占有率。货主企业在仓储市场中寻找供应商的时候，在同等价格的基础上，服务水平通常是最重要的因素。这时如果仓库能提供令客户信服的服务指标体系和数据，则将在竞争中获得有利地位。

（2）有利于稳定客户关系。在我国目前的物流市场中，以供应链方式确定下来的供需关系并不太多，供需双方的合作通常以一年为期，到期客户将对物流供应商进行评价，以决定今后是否继续合作，这时如果客户评价指标反映良好，则将使仓库继续拥有这一合作伙伴。

## 二、仓库运营绩效考核指标制定应遵循的原则

为了保证仓库运营绩效考核真正发挥作用，指标体系的科学制定和严格实施及管理非常重要。

**（一）科学性**

科学性原则要求所设计的指标体系能够客观如实地反映仓库运营的所有环节和活动要素。

**（二）可行性**

可行性原则要求所设计的指标便于工作人员掌握和运用，数据容易获得，便于统计计算，便于分析比较。

**（三）协调性**

协调性原则要求各项指标之间相互联系、相互制约，但是不能相互矛盾和重复。

**（四）可比性**

在对指标的分析过程中，很重要的是对指标进行比较，如实际完成与计划相比、现在与过去相比、与同等相比等，所以可比性原则要求指标在期限、内容等方面要一致，使指标具有可比性。

**（五）稳定性**

稳定性原则要求指标一旦确定之后，应在一定时期内保持相对稳定，不宜经常变动、频繁修改；在执行一段时间后，经过总结再进行改进和完善。

## 三、仓库运营绩效考核指标体系

仓库运营绩效考核指标体系是反映仓库运营成果及仓库经营状况的各项指标的总和。指标的种类由于仓库在供应链中所处的位置或仓库的经营性质不同而不同。有的企业或部门把指标分为了五大类，即反映仓库运营成果数量的指标、反映仓库作业质量的指标、反映仓库运营物化劳动和活劳动消耗的指标、反映仓库运营作业物化劳动占用的指标和反映仓库运营劳动效率的指标。

**（一）反映仓库运营成果数量的指标**

反映仓库运营成果数量的指标主要是吞吐量、仓库吞吐能力实现率、库存量、存货周转率、库存品种数。

（1）吞吐量。吞吐量是指计划期内仓库中转供应物品的总量，计量单位通常为“吨”。

吞吐量＝入库量＋出库量＋直拨量

（2）仓库吞吐能力实现率。

仓库吞吐能力实现率＝（期内实际吞吐量/仓库设计吞吐量）×100％

（3）库存量。库存量通常指计划期内的日平均库存量。该指标同时也是反映仓库平均库存水平和库容利用状况的指标。计量单位为“吨”。

月平均库存＝（月初库存量＋月末库存量）/2

年平均库存＝（年初库存量＋年末库存量）/2

（4）存货周转率。存货周转率主要体现仓库空间和利用程序及流动资金的周转速度。从现代仓储经营角度看，仓库中物品的停留时间越短越好。

存货周转率＝存货销售成本/存货平均余额×100％

其中存货平均余额为年初加年末除以2。

**（二）反映仓库作业质量的指标**

反映质量的指标主要是收发正确率（收发差错率）、业务赔偿费率、物品损耗率（物品完好率）、账实相符率、缺货率等。

（1）收发正确率：收发正确率表示仓库在某一段时期正确收发货物的程度；从反向看，则表示了收发误差程度。

物资收发正确率＝收发货正确次数/收发货累计总数×100％

（2）业务赔偿费率：是以仓库在计划期内发生的业务赔偿罚款占同期业务总收入的百分比来计算，此项指标反映仓库履行仓储合同的质量。

业务赔偿费率＝期内业务赔偿罚款总额/同期业务收入×100％

（3）物品损耗率。表示在统计期内货物发生丢失、损坏、变质等质量事故的整体程度。

物品损耗率＝期内丢失、损坏、变质的物资总量/同期业务收入×100％

（4）账实相符率。是指在进行物品盘点时，仓库保管的物品账面上的结存数与库存实有数量的相互符合程度。在对库存物品进行盘点时，要求根据账目逐笔与实物进行核对。

账实相符率＝账实相符货笔数/库存货物总笔数×100％

（5）缺货率。反映仓库保证供应、满足客户需求的程度。出现缺货而无法满足客户订单的次数，用缺货次数与客户订货次数的比率表示。

缺货率＝缺货次数/客户订货次数×100％

**（三）反映仓库运营物化劳动和活劳动消耗的指标**

反映仓库运营物化劳动和活劳动消耗的指标包括：材料、燃料和动力等库用物资消耗指标；平均验收时间、整车（零担）发运天数、作业量系数等工作时间的劳动消耗指标；进出库成本、仓储成本等综合反映人力、物力、财力消耗水平的成本指标等。

（1）库用物资消耗指标：指库用材料、燃料、动力的消耗定额。

（2）平均验收时间：即每批物品的平均验收时间。

平均验收时间＝期内各批验收天数之和/同期验收批次数（天/批）

（3）发运天数：仓库发运的形式主要分为整车、集装箱整箱发运和零担发运，所以发运天数的计算公式也就不同，计算公式分别为：

整车（箱）平均发运天数＝各车（箱）发运天数之和/发运车（箱）总数（天/车）

零担平均发运天数＝各批零提发运天数之和/零担发运总指数（天/批）

（4）作业量系数：作业量系数反映仓库实际发生作业任务之间的关系。

作业量系数＝装卸作业总量/进出库物品数量

（5）单位进出库成本和单位仓储成本：综合反映仓库物化劳动和活劳动的消耗。

单位进出库成本＝进出库总费用/进出库物品数量（元/吨）

单位仓储成本＝仓储总费用/各月平均出库量之和（元/吨）

**（四）反映仓库运营作业物化劳动占用的指标**

反映仓库运营作业物化劳动占用的指标主要有仓库面积利用率、仓容利用率、设备利用率等。

仓库面积利用率＝仓库货场占地面积之和/仓库总占地面积×100％

仓容利用率＝仓库平均库存量/最大库存量×100％

设备利用率＝全部设备实际工作时数/设备工作总能力（时数）×100％

**（五）反映仓库运营劳动效率的指标**

反映仓库运营劳动效率的指标主要是全员劳动生产率。

全员劳动生产率＝全年物品出入库总量/全员年工日总数（吨/工日数）

## 四、仓库绩效管理

仓库绩效管理有以下几种分析方法：

**（一）指标分析**

利用绩效考核指标体系的统计数据对指标因素的变动趋势、原因等进行分析是一种比较传统的分析方法，仓库在使用这类方法时，必须注意以下问题：

第一，指标本身必须正确，即统计数据必须正确、可靠，指标计算法正确；第二，在进行指标比较时，必须注意指标的可比性；第三，对指标应进行全面分析，不能以偏概全；第四，在分析差距、查找原因的过程中，将影响指标变动的因素分类，并在生产技术因素、生产组织因素和经营管理因素中找出主要因素；第五，一定要正确运用每项指标的计算公式。

1．对比分析法

这种方法是将两个或两个以上有内在联系的、可比的指标（或数量）进行对比，从对比中寻差距、找原因。对比分析法是指标分析法中使用最普通、最简单和最有效的方法。根据分析问题的需要，主要有以下几种对比方法：

（1）计划完成情况的对比分析。它是将同类指标的实际或预计完成数与计划数进行对比分析，从而分析计划完成的绝对数的程度，然后通过帕累托图法、工序图法等进一步分析计划完成或未完成的具体原因。

（2）纵向动态对比分析。它是同类有关指标在不同时间的对比，如本期与基期或上期比、与历史平均水平比、与历史最高水平比等。这种对比反映了事物发展的方向和速度，表明了是增长或是降低，然后再进一步分析产生该种结果的原因，提出改进措施。

（3）横向类比分析。它是有关指标在同一时期相同类型的不同空间条件下的对比分析。类比单位的选择一般是同类企业中的先进企业，可以是国内的，也可以是国外的，通过横向对比可找出差距，采取措施赶超先进。

（4）结构对比分析。它是将总体分为不同性质的各部分，然后以部分数值与总体数值之比来反映事物内部构成的情况，一般用百分数来表示。如我们可以计算分析因保管养护不善造成的霉变残损、丢失短少、不按规定验收、错收错付而发生的损失等各占的比例为多少。

应用对比分析法进行对比分析时，需要注意以下几点：

首先要注意所对比的指标或现象之间的可比性。在进行纵向对比时，主要考虑指标所包括的范围、内容、计算方法、计量单位、所属时间等相互适应，彼此协调；在进行横向对比时，要考虑对比的单位之间必须在经济职能或经济活动性质、经营规模上基本相同，否则就缺乏可比性。

其次要结合使用各种对比分析方法。每个对比指标只能从一个侧面来反映情况，只做单项指标的对比会出现片面性，甚至会得出误导性的分析结果。把有联系的对比指标结合运用，有利于全面、深入地研究分析问题。

最后还需要正确选择对比的基数。对比基数的选择应根据不同的分析和目的进行，一般应选择具有代表性的作为基数。如在进行指标的纵向动态对比分析时，应选择企业发展比较稳定的年份作为基数，这种对比分析才更具有现实意义；与过高或过低的年份所做的比较，都达不到预期的目的和效果。

2. 因素分析法

它是用来分析影响指标变化的各个因素以及它们对指标各自的影响程序的。其基本做法是：假定影响指标变化的诸因素中，在分析某一因素变动对总指标变动的影响时，假定只有这一个因素在变动，而其余因素都必须是同度量因素（固定因素），然后逐个进行替代，使某一项因素单独变化，从而得到每项因素对该指标的影响程度（表 7-2）。

在采用分析法时，应注意各因素按合理的顺序排列，并注意前后按合乎逻辑的衔接原则处理。如果顺序改变，各因素变动影响程序之积（或之和）虽仍等于总指标的变动数，但各因素的影响值就会发生变化，从而得出不同的结果。

**表 7-2　某仓库 2 月份燃料消耗**

| 指　标 | 单　位 | 计　划 | 实　际 | 差　数 |
|---|---|---|---|---|
| 装卸作业量 | 吨 | 300 | 350 | +50 |
| 单位燃料消耗量 | 升/吨 | 0.9 | 0.85 | −0.05 |
| 燃油单价 | 元/升 | 2.8 | 3.3 | +0.5 |
| 燃油消耗量 | 元 | 756 | 981.75 | +225.75 |

据表 7-2 中数据得出：装卸作业量变化使燃油消耗额变化：＋50×0.9×2.8＝＋126（元）

单位消耗量变化使燃油消耗额变化：－0.05×350×2.8＝－49（元）

燃油单价变化使燃油消耗额变化：＋0.5×350×0.85 ＝＋148.75（元）

合计：＝＋225.75（元）

3. 平衡分析法

它是利用各项具有平衡关系的经济指标之间的依存情况来测定各项指标对经济指标变动的影响程度的一种分析方法（表 7-3）。

**表 7-3　平衡分析表**

单位：吨

| 指　标 | 计　划 | 实　际 | 差　额 |
|---|---|---|---|
| 年初库存 | | | |
| 全年进库 | | | |
| 全年出库 | | | |
| 年末库存 | | | |

在此平衡分析表基础上，可进一步分析各项差额产生的原因和在该年度内产生的影响。

### （二）程序分析

程序分析使人们懂得流程如何开展工作以便找出改进的方法。仓库生产就是一个比较典型的流程控制过程。所以，这些方法非常适合于在仓库绩效管理中使用。

1. 工序图法

它是一种通过一件产品或服务的形成过程来帮助理解工序的分析方法，用工序流程图标示出各步骤以及各步骤间的关系。仓库可以在指标对比分析的基础上，运用这种方法进行整个仓储流程或某个作业环节的分析，将其中的主要问题分离出来，并进行进一步分析。例如经过对比分析发现物品验收时间出现增加的情况，就可以运用工序图法对验收流程，即验收准备—核对凭证—实物检验—入库堆码—上架登账进行分析，以确定导致验收时间增加的主要问题出现在哪一个环节，然后采取相应的措施。

2. 因果分析法

也叫石川图或鱼刺图，每根鱼刺代表一个可能的差错原因，一张鱼刺图可以反映企业或仓储部质量管理中的所有问题。因果分析图可从人员（man）、机器设备（machine）、物料（material）和方法论（method）四个方面进行，这个 4 个“M”即为原因。4M 为开始分析提供了一个好的框架，当系统地将此深入进行下去时，很容易找出可能的质量问题并设立相应的检验点进行重点管理。例如一些客户对仓库服务的满意度下降，仓库管理部门可以从以上四个方面分析原因，以便改进服务体系。

### （三）成本分析

1. 传统的成本分析

在传统的仓库成本分析中，经常采用的方法是把成本总金额分摊到客户或渠道的重量数上，但是，实际上客户或渠道上库存的物品通常并不按金额或重量数的比例消耗仓储资源。例如仓库中经常有从低价值到高价值的物品混存的情况，仓库接受、存储和发送物品时不仅有价值方面的差别，还会出现单个物品、托盘货物到大宗货物的差别，因此，传统的仓库成本计算系统会扭曲真实的成本。

2. *以活动为基准的成本分析*

以活动为基准的成本分析方法是一种相对较新的方法。这种方法将正常成本之外的成本直接分摊在产品或服务上，资源被分摊到活动中，活动又被分摊到成本对象上。这种分摊分两步进行：第一步是确定仓库等组织内的成本活动；第二步是将活动成本追溯到对服务所做的工作上。

但是，成本分摊中依然存在许多问题，因为客户需求和市场竞争会使物流资源的供求矛盾不断发生变化，所以使用任何成本分析方法都要注意那些成本分摊中的潜在问题。

## 知识复习题

1. 简述库存的概念。
2. 库存的分类。
3. 仓储成本的概念。
4. 仓储成本的计算方法有哪些？
5. 仓储成本控制的原则是什么？
6. ABC 分类控制法的原理是什么？
7. 仓储成本的影响因数有哪些？
8. 仓库运营绩效考核的意义是什么？
9. 仓库运营绩效指标的原则有哪些？

**【实训项目一】**

### 布鲁克林酿酒厂对物流成本的控制

美国布鲁克林酿酒厂于 1987 年 11 月将它的第一箱布鲁克林拉格（指酿造后再贮藏熟成的啤酒）运到日本，并在最初的几个月里使用了各种航运承运人。最后，日本金刚砂航运公司被选为布鲁克林酿酒厂唯一的航运承运人。金刚砂公司之所以被选中，是因为它向布鲁克林酿酒厂提供了增值服务。金刚砂公司在其国际机场的终点站交付啤酒，并在飞往东京的商航班上安排运输，金刚砂公司通过其日本报关办理清关手续。这些服务有利于保证产品完全符合保鲜要求。布鲁克林酿酒厂对物流时间与价格进行了控制。啤酒之所以能达到新鲜的要求，是因为这样的物流作业可以在啤酒酿造后的一周内将啤酒从酿酒厂直接运送到顾客手中。新鲜啤酒能超过一般的价值定价，比海运装运的啤酒价格的五倍还要高。虽然布鲁克林拉格在美国是一种平均价位的啤酒，但在日本，它是一种溢价产品，获得了极高的利润。布鲁克林酿酒厂对包装成本进行控制。布鲁克林酿酒厂将改变包装，通过装运小桶装啤酒而不是瓶装啤酒来降低运输成本。虽然小桶重量与瓶的重量相等，但减少了玻璃破碎而使啤酒损毁的机会。此外，小桶啤酒对保护性包装的要求也比较低，这将进一步降低装运成本。

问题：

1. 分析仓储成本的构成。

2. 结合美国布鲁克林酿酒厂对物流成本的控制和我国仓库成本管理现状，谈谈降低仓储成本的对策。

3. 结合案例分析降低仓储成本的重要性。

**【实训项目二】**

## Y集团解决库存问题的实践

Y集团公司是全国520家重点企业之一，总资产50亿元，现已发展成为煤化工、磷化工、盐化工三足鼎立的大型企业集团，其下辖10多家子公司，其中有一家上市公司、三家中外合资公司，产品涵盖化肥、化工、热点三大领域20多个品种，年销售收入达60亿元。该集团公司是湖北省重点企业，也是明星企业。近几年，公司以较快的速度发展，但也面临种种问题，其中库存成本居高不下就是阻碍企业发展的一块“石头”。

一、Y集团公司库存现状分析

（一）总库存水平过高，各子公司呈不均衡分布

全集团库存物资总额达1.36亿元，占集团公司销售收入的2%，而正常库存应该为1%。也就是说，集团公司因库存物资过多而减少现金流量6 832万元，此外每年还需为此多支出利息近500万元。各子公司中，子公司1是整个集团库存占用最大的因素，但其实际库存超合理库存比例并非最高；子公司8实际库存超过正常库存量最大，主要是钢材类库存多，占库存的42%；子公司5次之，主要是配件、设备类物资库存较多，占库存的66%；子公司3和子公司4也是配件类物资较多，均占本公司库存的38%。通过每万元产值库存资金占用分析显示，子公司9和子公司8万元销售产值库存资金额最高，说明这两个子公司库存控制最不合理；子公司3和子公司2万元销售产值库存资金额最低，说明其物资库存控制较合理。

（二）不同种类物资周转速度差别较大，少数物资周转严重偏缓

全集团库存物资中配件库存量最大，占总库存量37%；设备库存量其次，占总库存量的16%。库存增长方面，其他类比年初增长120%；其次为五金库，比年初增长53%；钢材库比年初增长了23%。在各类物资中，配件库存周转速度严重偏低；其次是五金、钢材和设备。周转过慢自然会引起库存的大量积压，这也是配件、五金、钢材和设备库存过多的原因。

（三）现场二级库数量过大

企管部通过组织设备动力部和财务部对各事业部现场物资进行清查和摸底，发现各事业部大小仓库达50个，其他备件点30多处，总价值1 800万元左右。仅集团公司合成氨系统同型号的造气、合成、压缩、尿素各工段主要设备及运转部件库存约550

万元。

（四）物资闲置较多，浪费严重

截至 2004 年 12 月 31 日，全集团闲置物资总金额约 639 万元，主要是各公司新建工程及技术改造工程现场回收的剩余物资包括已办理出库手续但尚未领用的物资设备及更新换代和工艺改造后不适应要求的物资等。据统计，各公司库存一年以上未使用或因技术改造等原因长期未使用的物资约 4 019 万元。

二、Y 集团公司库存增多的原因

（一）分散库存控制体制，导致集团库存过高

目前虽然采购统一由集团采购部进行，但各子公司独立报计划，库存资金控制、子公司物资信息不能共享，导致整个集团物资库存过高。如按集团各子公司地域划分，在区域推行同型配件联合库存，按不同配件使用周期合理调配，仅合成氨系统就可以减少约 406 万元的资金占用。

（二）二级库存大量存在，导致库存物资信息严重失实

目前，各事业部对生产急需的原材料或多或少地进行“二级仓库”储存，使部分资金占用由公司转移到事业部。二级库存的存在导致物管部的库房盘点数据不能客观地反映企业库存的实际情况。各事业部也没有对在线“库存”进行及时的清点就申报计划，因此，导致采购的数量超出实际的需要量。

（三）采购申报与物资领用制度不严谨，导致物资大量闲置

采购部是通过各事业部申报的计划进行采购的，因此，采购数量与时间是否准确取决于计划的准确性。但事实上，各事业部计划的申报缺乏严谨性，申报的数量往往超过实际需要，导致采购的物资在仓库积压、实际闲置。计划申报不严谨主要体现在以下几个方面：一是申报计划提前未到仓库核实库存。如 2004 年 3 月，某型号进口轴承仓库有库存 10 套，供电部又申报 4 套；某型号不锈钢弯头库存有 11 个，尿素事业部又申报 9 个；某型号视镜玻璃库存 20 块，尿素事业部又申报 10 块等，即属此问题。二是计划申报无预见性、时效性。如尿素事业部申报筛板、支架、管卡等合成塔备件，第二年大修时才用，却提前 6 个月申报。三是计划申报人员未查看物资计量单位。如能源事业部申报不锈钢角钢 300 吨、角铁 700 吨，而实际单位应该为公斤，两者数差巨大。四是技术改造项目未经审批就申报物资计划，技术改造物资的采购要报集团安全生产管理办公室审批后方可申报物资计划，如能源事业部所报无缝钢管 6.5 吨属合成氨改造项目材料，集团安全生产管理办公室尚未审批，能源事业部就已申报采购计划。

（四）物资报废与处理不及时，使物资浪费升级

基于集团公司现行的物资管理制度，不能经常对各个生产现藏库存进行盘点，而要到年终总盘点时才对废旧物资做出鉴定和处理，使大量报废和需处理的物资长时间不能消耗和报废变现，导致物资浪费程度不断升级。

（五）信息化程度低，导致库存管理低效率

企业在库存管理上虽然采用了一些信息化的工具，如采用了昕友仓库管理软件等，但整个企业集团还没有真正实现物流的 ERP 集成，因此，计划申报物资采购和领用等还不可能在种类、时间、数量上做到十分准确。尤其是仓库的管理没有实现条码化，主

要还是靠手工管理，使整个企业的物资还处在经验管理的层面上，所以，整个集团的库存不能控制在一个合理的水平。

三、Y集团公司降低库存的解决方案

（一）制定降低物资库存责任制

①成立攻关小组。公司分管采购的副总担任组长，分享仓库和设备的部长担任副组长，各事业部的部长为成员。②设定分级目标。将超库存按50%、30%、20%分三期压缩，一期目标为2005年1～3月，库存总额由1.36亿元下降至1.02亿元；二期目标为3～6月，库存总额由1.02亿元下降至8 198万元；三期目标为6～12月，库存总额由8 198万元下降至6 832万元。③制定奖惩措施。对组长和副组长只扣不奖，每人从工资中拿出5 000元作为浮动部分。按照三期目标的比例50%、30%、20%进行兑现，也就是说没有完成一期目标要扣除2 500元，二期扣除1 500元、三期扣除1 000元。对组员只奖不扣，公司设立4万元，一期2万元，二期1.2万元，三期0.8万元，分期目标完成，根据各个事业部的具体情况，由组长统一分配。

（二）优化物资计划和采购管理程序

规定计划申报次数：各事业部原则上只能在每月1日和15日前申报物资计划、急件计划，技术改造项目计划每月不得超过4次。各事业部在申报物资计划时，必须在系统存货档案中查询物资的库存量并到仓库核库，确保所报物资的规格、型号、数量准确无误，且要有一定的预见性和时效性。所有计划必须在网上申报，纳入企业物流信息系统。各计划单位由专人负责进入相应的物流采购管理模块，在系统中申报计划，经单位分管设备的领导和负责人审批后保存，物管部每月抽查系统计划是否相符并实施考核。物资采购部门对计划的审批严格把关。物管部计划管理员每月1日和15日从网上下载计划，打印出《物资计划申报表》，送相关专业管理部门审核，确定是否需要购买或可从其他公司调剂，确需购买则由物管部部长审批，总经理对审批情况随机抽查。所有物资到厂后要求各事业部在一个月领用。

仓库负责常用物资的计划申报、备库，各事业部不再申报仓库备库范围的物资。仓库备库物资范围包括五金类、电仪类、常用轴承类、电焊条类、常用燃化类、常用各种规格黑色钢材类。对因工艺或技术改造等临时发生变动而使计划失效的，事业部应在第一时间通知物管部终止计划的继续执行，若因通知不及时导致物资已到货的，则由物管部进行考核并追究责任。

（三）取消“二级库存”

坚决取消各事业部及生产线的“现场二级库存”，要求物管部实行“承诺服务”，确保仓库24小时提供生产线所需物资。部分物资和氯气、丙烯、甘油、石灰等原料不入物管部仓库，不直接进入生产装置的配套设施，既避免了环境污染，缩短了运输距离，又减少了物流环节，节省了场地搬运、工具等项费用，更重要的是便于物资数量的有效盘点，并为采购决策提供科学依据。

（四）加大盘活闲置物资和废旧物资处理力度

集团公司要求仓储部门将闲置物资在物流信息系统中单独列出，使集团的闲置物资共享。各单位领导用闲置物资时只需经职能部门设备动力部审核，就可以直接到对方单位领用，并按使用金额的2%奖励使用单位。Y集团公司通过采取以上措施，充分调动了各部门和公司员工的积极性。各部门只抓生产，库存多少和浪费多少与自己无关的局面得到了改观。从运行情况看，截至2005年12月，集团公司共审减物资计划880多项，审减金额达到4 000多万元，全年共盘活闲置物资约475万元。

问题：

1. 除了案例中提出的解决方案，仓库经理还可以采用哪些措施提高生产率水平？

2. 了解某些物流企业改善库存的措施与现状，分析哪些问题可能阻碍管理层改进物流绩效。

**【实训项目三】**

一、实训任务

仓储成本控制。

二、实训目的及训练要点

1. 掌握仓储成本管理的基本目标、计算方法。

2. 了解仓储成本管理的控制。

三、实训设备、仪器、工具及资料

仓储实训室。

四、实训内容及步骤

1. 简述仓储作业流程和仓储经营管理的过程及其产生的成本。

2. 搜集仓储费用成本相关的一系列凭证资料。

3. 分组讨论或模拟现实的仓储企业管理过程，提出仓储成本控制策略或措施。

4. 总结本次实训的意义。

5. 撰写实训报告。

# 仓库安全管理

## 学习目标

- 熟悉防盗、防抢设施设备的正确使用，掌握仓库安全维护的各种方法。
- 熟悉消防器材、设施设备的正确使用方法；掌握仓库安全维护使用的技术的、人工的和制度性的方法。
- 熟悉仓库常用作业设施设备并了解其使用方法。

任务一 仓库保卫管理
任务二 仓库消防管理
任务三 仓库作业安全管理

实训项目一 广东佛山烟花仓库爆炸案
实训项目二 黄岛油库“8·12”特大火灾事故分析
实训项目三

仓库安全管理是仓库管理的重要组成部分。仓库的安全工作贯穿于仓库各个作业环节中，要做好安全教育工作，提高相关工作人员的安全意识。严格执行安全制度，确实遵守作业的人工或机械操作规范。加强危险品的监督检查，严禁带入火种，防止水害，以减少财产物资的损失。因此，进行仓库安全管理就是及时发现问题，采取科学方法消除各种危险隐患，有效防止灾害事故的发生，保护仓库中人、财、物的安全。

**【引导案例】**

### 上海国家储备棉仓库火灾事故分析

上海闵行区一座建筑面积约两万平方米、储存有近万吨进口棉的巨型国家储备棉仓库，于2000年11月13日凌晨零时45分发生火灾。至当晚10时左右，经市消防局出动52辆消防车、近500名消防战士连续扑救，火势基本得到控制，但棉花阴燃现象仍在发生。

该仓库位于上海闵行区通海路275号，在13日零时45分，值班人员发现仓库三楼有火情，但并未立即报警，而是先向值班领导作了汇报后才拨打“119”报警，延误了火灾初期紧要的20分钟灭火时间。

据目击者称，火灾现场浓烟滚滚，一公里外就能看见，仓库3～5层均被火龙包围。下午三四时，大火烧穿了仓库楼顶，由于承受大量的消防用水，仓库墙壁出现裂缝，有倒塌的危险，但无人员伤亡事故发生。

据市消防局有关人员介绍，该国家储备棉仓库存在重大火情隐患。按规定，储存棉花的仓库面积不得超过4 000平方米，每个防火分区的面积不得超过1 000平方米。但该仓库总面积达两万平方米，防火分区面积近1 800平方米；同时，仓库消防用水不足，消防泵房被擅自改为储藏室，进水管道直径仅10厘米，远未达到应有20厘米的基本要求，无法维持水枪喷射，近10辆消防车被迫到黄浦江边抽水应急；仓库内未装火警报警装置，没有喷水灭火器，且消防栓仅有两个，是规定应有最低限度的1/3。更严重的是，只有四五千吨储存量的仓库竟存放有近万吨棉花，严重违反了有关消防安全防火的规定。据消防人员介绍，这个棉花仓库三个楼面起火，而且两侧窗户紧闭，不易透风，对灭火不利。消防队员到场后，先是用高压水枪包围、喷射，控制火情后，再将玻璃打碎，让烟雾及时排放；而后，再派出突击队，分赴各楼面进入房间内部灭火。上午10时，仓库2～5层明火已得到控制。11时，仓库第四层再度火光冲天。指挥员解释，棉花表层火虽不难扑灭，但隐藏在棉花中心的高温暗火极易复燃。记者在截稿前得知，为彻底灭火，13日晚有超过300名消防战士坚守火线彻夜作战。

（案例选编自《中国纺织报》2000年11月15日第001版）

# 仓库保卫管理

## 一、仓库保卫人员的岗位要求

仓库的治安保卫工作主要有防盗、防火、防抢、防破坏、防骗以及人身安全保护、保密等工作。治安保卫工作不仅有专职保安员承担的工作（如门卫管理、治安巡查、安全值班等），还有大量的治安工作可由在岗员工负责（办公室防火防盗、财务防骗、商务保密、仓库员防火、锁门关窗等）。仓库主要的治安保卫工作及要求如下：

### （一）守卫大门和要害部门

大门守卫是维持仓库治安的第一道防线。大门守卫除了要负责开关大门，限制无关人员、接待入库办事人员，并及时审核身份与登记外，还要检查入库人员是否携带火源、易燃易爆物品，检查入库车辆的防火条件，查问和登记出库人员随身携带的物品，特殊情况下有权检查当事者物品、封闭大门。对于危险品仓、贵重品仓、特殊品仓等要害部位，须安排专职守卫看守，限制无关人员接近，防止破坏和失窃。

### （二）治安检查

治安责任人应按规章制度经常检查治安保卫工作。治安检查实行定期检查与不定期检查相结合的制度。班组每日检查，部门每周检查，仓库每月检查，及时发现治安保卫漏洞、安全隐患，通过有效手段消除各种安全隐患。

### （三）巡逻检查

巡逻检查是指一般由两名保安员共同进行，携带保安器械和强力手电筒不定时、不定线、经常性地巡视整个仓库的安全保卫工作。保安员应查问可疑人员，检查各部门的防卫工作，关闭无人办公的办公室、关好仓库门窗、关闭电源，禁止挪用消防器材，检查仓库内有无异常现象，停留在仓库内过夜的车辆是否符合规定等。巡逻检查中发现不符合治安保卫制度要求的情况，应采取相应的措施处理或者告知主管部门进行处理。

### （四）防盗设施、设备的使用

仓库的防盗设施大到包括围墙、大门、防盗门，小到门锁、窗。仓库应该根据法规和治安保管的需要配置这些设施。仓库使用的防盗设备除了专职保安员的警械外，主要有视频监控设备、自动警报设备、人工报警设备等，仓库应按照规定合理利用配置的设备，专人负责操作和管理，确保其有效工作。

### （五）治安应急

治安应急是指仓库发生治安事件时，采取紧急措施，防止和减少事件造成损失的制度。治安应急需要通过制订应急方案，明确应急人员的职责，规定发生事件时的信息（信号）发布和传递方法。这些应急方案要在平时经常进行演习。

## 二、完善仓库治安保卫规章制度

仓库应通过规章制度明确工作规范、工作行为，划分岗位责任；通过制度建立管理系统，及时顺畅地交流信息，随时堵塞保卫漏洞，确保工作进行得及时有效。仓库治安保卫规章制度有安全防火责任制度，安全设施、设备保管使用制度，门卫值班制度，人员、车辆进出库管理制度，保卫人员值班巡查制度等。

为了使得治安保卫规章制度得以有效执行，规章制度需要有相对的稳定性，使每一位员工都清楚，以便依照规章制度严格办事。随着形势的发展、技术的革新、环境的变化，规章制度也要适应新的需要进行相应修改。

仓库需要依据国家法律、法规，结合仓库治安保卫的实际需要，以保证仓储运营高效率进行、确保仓库安全、防止治安事故的发生为目的，科学地制定治安保卫规章制度。仓库的规章制度不得违反法律规定，不能侵害公民人身权和其他合法权益，应最低限度地减少对社会秩序造成的妨碍。

# 任务二 仓库消防管理

从仓库危险的因素及危害程度来看，火灾造成的损失最大，它可以在很短的时间内使整个仓库变成一片废墟，对国家财产和人民生命安全造成极大的损失。我们需要围绕“预防为主、防消结合”的基本思想，认识仓库火灾的种类，掌握常见灭火器材的使用方法以及特殊货物的扑救方法。

## 一、仓库防火的工作要点

（1）仓库的防火工作要依法办事，根据企业法人是第一责任人的规定，遵循“谁主管谁负责”的原则，成立防火灭火安全委员会（领导小组），全面负责仓库的消防安全工作。

（2）建立以岗位责任制为中心的三级防火责任制，把防火安全工作具体落实到各级组织和责任人。

（3）建立健全各工作的安全操作制度和安全操作机制，特别是各种用电设备的安全作业规程，经常进行安全教育，坚持做到职工考核合格持证上岗的制度。

（4）定期开展防火灭火的消防安全检查，消除各种火灾隐患，落实各项消防措施，及时处理各类事故，做到“三不放过”。

## 二、防火工作的措施

### （一）普及防火知识

坚持经常性的防火宣传教育，普及消防知识，不断提高全体仓库职工防火的警惕性，让每个职工都学会基本的防火灭火方法。

**（二）遵守“建筑设计防火规范”**

新建改建的仓库要严格遵照“建筑设计防火规范”的规定，不得擅自搭建违章建筑，也不得随意改变建筑的使用性质。仓库的防火间距内不得堆放可燃物品，不得破坏建筑物内已有的消防安全设施，消防通道、安全门、疏散楼梯、过道要保持畅通。

**（三）易燃、易爆的危险品仓库必须符合防火防爆要求**

凡是储存易燃、易爆物品的危险品仓库，进出的车辆和人员必须严禁烟火；储存危险品专库专储，性能相抵触的商品必须严格分开储存和运输，专库须由专人管理，防止剧烈震动和撞击。易燃、易爆危险品仓库内应选用不会产生电火花的电器开关。

**（四）电气设备应始终符合规定要求**

仓库中的电气设备不仅安装时要符合规定要求，而且要经常检查，一旦发现绝缘装置损坏要及时更换，不应超负荷，不应使用不合规格的保险装置。电气设备附近不能堆放易燃物品，工作结束应及时切断电源。

**（五）配备适量的消防设备和火灾报警装置**

根据仓库的规模、性质、特点，配备一定数量的防火灭火设备及火灾报警器，按防火灭火的要求分别布置在明显和便于使用的地点，并定期进行维护和保养，使之始终保持适用状态。

**（六）遇火情或爆炸应立即报警**

如遇仓库发生火情或爆炸事故，必须立即向当地的公安消防部门报警。事故过后，应根据“三不放过”的原则，认真追查原因，严肃处理事故责任者，并以此教育广大职工。

## 三、仓库火灾种类

**（一）普通火**

普通可燃固体燃烧所引起的火灾，如棉花、化纤、煤炭等。普通火虽然说燃烧扩散较慢，但燃烧较深入，货堆内部都在燃烧，灭火后重燃的可能性极高。普通火较适合用水扑灭。

**（二）油类火**

各种油类、油脂发生燃烧所引起的火灾。油类属于易燃物品，且具有流动性，着火的油流动，会迅速扩大着火范围。油类轻于水，会漂浮在水面，随水流动，因此不能用水灭火，只能采用泡沫、干粉等灭火。

**（三）电气火**

电器、供电系统漏电所引起的火灾，以及具有供电系统的仓库发生的火灾。其特征是在火场中还有供电系统存在，有人员触电的危险；另外由于供电系统的传导，还会在电路的其他地方产生电火源。因而发生火灾后，要迅速切断供电系统，采用其他安全方式照明。

**（四）爆炸性火灾**

指具有爆炸性的货物发生的火灾，或者火场内存在爆炸性物品，如易发生化学爆炸的危险品、会发生物理爆炸的密闭容器等。爆炸不仅会加剧火势，扩大燃烧范围，更危险的是直接对人的生命造成威胁。发生这类火灾首要的工作是保证人身安全，迅速撤离人员。

## 四、常用的灭火器材以及特殊货物的扑救措施

灭火器材主要有灭火器、水和砂等，还有消防栓、消防泵、消防车等。

### （一）常用的灭火方法

火灾是物质的燃烧过程，破坏燃烧的三个条件之一，就会达到灭火的目的。根据这一原理，常见的灭火方法有以下几种：

1. 常用的灭火器

干粉、二氧化碳、卤代烷、1211 和泡沫灭火器。干粉灭火器不导电、不腐蚀、毒性低，可用于扑救易燃液体、有机溶剂、可燃气体和电气设备的初起火灾；二氧化碳灭火器不导电、不含水分、不污损仪器和设备，可用于扑灭贵重仪器、电气设备及其他忌水物资的初起火灾，但不能用于含碳商品的灭火，如木材、棉、毛、纸张；卤代烷灭火器不导电、不腐蚀、不污损仪器和设备；1211 灭火器主要用于扑救可燃气体、可燃液体、带电设备及一般物资的初起火灾；泡沫灭火器可导电，不能用于电气设备灭火，可用于扑救汽油、煤油等油类，香蕉水、松香水等易燃液体，木材及一般货物的初起火灾。

2. 水是仓库消防的主要灭火剂

仓库中应有足以保证消防用水的给水、蓄水、泵水设备以及水塔、消防供水管道、消防车等。当库场中无自来水设备、距自然水源又远时，则必须修建水池，以储备消防用水。有自来水设备的仓库，按面积大小合理设置消防栓，应保证在每一个可能的着火点有不少于两个水龙头可进行灭火。但不能用水对反应剧烈的化学危险品，如电石、金属钾、保险粉等进行灭火，也不能用于比水轻、不溶于水的易燃液体，如汽油、苯类物品的灭火。

3. 砂土

砂土可用以扑救电气设备及液体燃料的初起火灾，也可用于扑灭酸碱性物质的火灾和过氧化剂、遇水燃烧的液体、化学危险品的火灾。因此，仓库中应备有砂箱。但须注意的是，爆炸性物品（如硫酸铵等）不可用砂土灭火，而应用冷却法灭火，可用水浸湿的旧棉絮、旧麻袋覆盖在燃烧物上。

4. 自动消防设备

常见的自动消防设备有离子烟感火灾探测报警器、光电烟感报警器、温感报警器、紫外火焰光感报警器、红外火焰光感报警器和自动喷洒灭火装置等。

### （二）特殊货物的扑救

储存有特殊货物的仓库的消防工作有其特殊要求，其火灾的扑救工作也应采用特殊的方法。

（1）爆炸品引起的火灾一般用水扑救，氧化剂引起的火灾大多可用雾状水扑救，也可以用二氧化碳灭火器、泡沫灭火器和砂等进行扑救。

（2）易燃固体一般可以用水、砂土、泡沫灭火器和二氧化碳灭火器等进行扑救。

（3）易燃液体引起的火灾用泡沫灭火器最有效，也可以用干粉灭火器、砂土、二氧化碳灭火器等进行扑救。由于绝大多数易燃液体都比水轻，且不溶于水，故不能用水扑救。

（4）有毒物品失火一般可以用大量的水扑救，液体有毒物品的失火宜用雾状水或砂土、二氧化碳灭火器等进行扑救。但如果氰化物着火，绝不能用酸碱灭火器和泡沫灭火器，因为酸与氰化物作用会产生剧毒的氨化氢气体，危害极大。

（5）腐蚀性物品、酸类和碱类的水溶液着火可用雾状水扑救，但遇水分解的多卤化合物、氯氨酸等，绝不能用水扑救，只能用二氧化碳灭火器扑救，也可用干砂灭火。

另外，遇水燃烧的物品只能用干砂和二氧化碳灭火器灭火。自燃性物品起火，可用大量的水或其他灭火器材。压缩气体起火，用干砂、二氧化碳灭火器、泡沫灭火器扑救。放射性物品着火，可用大量的水或其他灭火剂扑救。

# 任务三　仓库作业安全管理

## 一、仓库安全生产措施

作业安全涉及货物的安全、作业人员人身安全、作业设备和仓库设施的安全。这些安全事项都是仓库的责任范围，所造成的损失都由仓库承担。因而说仓库作业安全管理是经济效益管理的组成部分。仓库需要特别重视作业安全管理，特别是重视作业安全的预防管理，完全避免发生作业事故；正确认识生产效率与安全作业的关系，将生产效率的提高建立在安全作业的基础上。作业安全管理从作业设备和场所、作业人员两方面进行管理，一方面消除安全隐患，减小危险的系统风险；另一方面提高人员的安全责任心和安全防范意识。

### （一）安全操作管理制度化

作业安全管理应成为仓库日常管理的重要项目，通过制度化的管理保证管理的效果，制定科学合理的各种作业安全制度、操作规程和安全责任制度，并通过严格的监督，确保管理制度得以有效和充分执行。

### （二）加强劳动安全保护

劳动安全保护包括直接和间接施行于员工人身的保护措施。仓库要遵守《劳动法》的劳动时间和休息规定，采用每日 8h、每周不超过 44h 的工时制，依法安排加班；保证员工有足够的休息时间，包括合适的工间休息；提供合适和足够的劳动防护用品，如高强度工作鞋、安全帽、手套、工作服等，并督促作业人员使用和穿戴。

### （三）重视从业教育与培训

新参加仓库工作和转岗的员工应进行仓库安全作业教育，对所从事的作业进行安全作业和操作培训，确保熟练掌握岗位的安全作业技能和规范。从事特种作业的员工必须经过专门培训并取得特种作业资格，方可进行作业，且仅能从事其资格证书限定的作业项目操作，不能从事其他岗位的作业。

## 二、安全生产基本要求

### （一）人力操作

（1）人力作业仅限制在轻负荷的作业。男工人搬举货物每件不超过 80 kg，距离不大于 60 m；集体搬运时每个人负荷不超过 40 kg，女工人不超过 25 kg。

（2）尽可能采用人力机械作业。人力机械承重也应在限定的范围，如人力绞车、滑车、拖车、手推车等承重不超过 500 kg。

（3）只在适合作业的安全环境进行作业。作业前应使作业员理解作业要求，了解作业环境，指明危险因素和危险位置。

（4）作业人员按要求穿戴相应的安全防护用具，使用合适的作业工具进行作业。应采用安全的作业方法，不宜进行自然滑动和滚动、推倒垛、挖角、挖井、超高等危险作业，人员在滚动货物的侧面作业。注意人员与操作机械的配合，在机械移动作业时人员须避开。

（5）合理安排安全工间休息。每作业 2 小时至少有 10 分钟休息时间，每作业 4 小时要有 1 小时的休息时间，并合理安排生理需要时间。

（6）必须有专人在现场指挥，严格按照安全规范进行作业指挥。人员避开不稳定货垛的正面，塌陷、散落的位置，运行设备的下方等不安全位置作业；在作业设备调位时暂停作业；发现安全隐患时及时停止作业，消除安全隐患后方可恢复作业。

### （二）机械安全作业

（1）使用合适的机械设备进行作业。尽可能采用专用设备作业，或者使用专用工具。使用通用设备必须满足作业需要，并进行必要的防护，如货物绑扎、限位等。

（2）所使用的设备应具备良好的工作状况。设备不得带“病”作业，特别是设备的承重机件更应无损坏，符合使用要求。应在设备的许可负荷范围内进行作业，绝不超负荷运行。进行危险品作业时还需降低负荷 25%作业。

（3）设备作业要有专人进行指挥。采用规定的指挥信号，按作业规范进行作业指挥。

（4）汽车装卸时，注意保持安全间距。汽车与堆物距离不小于 2 cm，与滚动物品距离不得小于 3 m。多辆汽车同时进行装卸时，直线停放的前后车距不得小于 2 m，并排停放的两车侧板距离不得小于 1.5 m。汽车装载应固定妥当，绑扎牢固。

（5）移动吊车必须在停放稳定后方可作业。叉车不得直接叉运压力容器和未包装货物。移动设备在载货时须控制行驶速度，不得高速行驶。货物不能超出车辆两侧0.2 m，禁止两车共载同一货物。

（6）载货移动设备上不得载人运行。除了连续运转设备如自动输送线外，其他设备须停止稳定后方可作业，不得在运行中作业。

### （三）安全技术

1. 装卸搬运机械的作业安全

要经常定期地对职工进行安全技术教育，从思想认识上提高其对安全技术的认识；

组织职工不断学习仓储作业技术知识；严格执行各项安全操作规程，这些都是防止事故发生的有效方法。

2. 仓库储备物资保管保养作业的安全

作业前要做好准备工作，检查所用工具是否完好；作业人员应根据危险特性的不同，穿戴相应的防护服装；作业时要轻吊稳放，防止撞击、摩擦和震动；工作完毕后要根据危险品的性质和工作情况及时洗手、洗脸、漱口或淋浴。

3. 仓库电气设备的安全

电气设备在使用过程中应有可熔保险器和自动开关；电动工具必须有良好的绝缘装置，使用前必须使用保护性接地；高压线经过的地方必须有安全措施和警告标志；电工操作时，必须严格遵守安全操作规程；高大建筑物和危险品库房要有避雷装置；对于装有起重行车的大型库房、储备化工材料和危险物品的库房，都要经常检查维护各种建筑物的安全设施，并执行国家规定的建筑安全标准。

**（四）劳动保护制度**

劳动保护是为了改善劳动条件，提高生产的安全性，保护劳动者的身心健康，减轻劳动强度所采取的相应措施和有关规定。具体如下：

（1）要防止事故“难免论”的错误思想。要提高各级管理人员的安全思想和安全技术知识以及各班组安全员的责任心，使其认识到危险因素是可以被认识的，事故是可以控制的，只要思想重视，实现安全作业是完全可能的。

（2）建立和健全劳动保护机构及规章制度。专业管理与群众管理相结合，把安全工作贯穿到仓库作业的各个环节，对一些有害、有毒工种要建立保健制度，实行专人、专事、专责管理，推行安全生产责任制；还要建立群众性的安全生产网，使劳动保护收到良好效果。

（3）结合仓库业务和中心工作，开展劳保活动。要根据上级指示和仓库具体情况制定有效的预防措施，做到年度有规划，季度有计划，每月有纲要，使长计划与短安排结合；同时还要经常检查，防止事故的发生。仓库要经常开展安全检查，清查发现潜在的危险因素，及时消除事故的隐患，防患于未然。

（4）经常组织仓库职工开展文体活动，丰富职工精神生活，增强体质，改善居住条件等，这些都将对劳动保护起着重要的作用。

除此之外，采用具有较高安全系数的作业设备、作业机械，作业工具应适合作业要求，作业场地必须具有合适的通风、照明、防滑、保暖等适合作业的条件。不进行冒险作业和危险环境的作业，在大风、雨雪影响作业时暂缓作业，避免人员带伤病作业。

## 三、库区的安全管理

库区的安全管理可以划分成几个环节，即库区、库房、货物保管、货物收发、货物装卸与搬运、货物运输、技术检查、修理和废弃物的处理等。其中，着重讨论以下几个环节：

**（一）库区的安全管理**

库区是库区重地，应严格安全管理。库区周围应设置高度大于 2 m 的围墙，上置钢丝网，高 1.7 m 以上，并设置电网或其他屏障。库区内道路、桥梁、隧道等通道应畅通、平整。库区出入口设置日夜值班的门卫，对进出人员和车辆进行检查和登记，严禁易燃易爆物品和火源带入。库区内严禁危及货物安全的活动（如吸烟、鸣枪、烧荒、爆破等）；未经上级部门的批准，不准在库区内进行参观、摄影、录像或测绘。

### （二）库房的安全管理

经常检查库房结构情况，对于地面裂缝、地基沉降、结构损坏，以及周围山体滑坡、塌方，或防水防潮层和排水沟堵塞等情况应及时维修和排除。此外，库房钥匙应妥善保管，实行多方控制，严格遵守钥匙领取手续。对于存放易燃易爆、贵重货物的库房要严格执行两人分别掌管钥匙和两人同时进库的规定。有条件的库房应安装安全监控装置，并认真使用和管理。

### （三）货物装卸与搬运中的安全管理

仓库机械应实行专人专机，建立岗位责任制，防止丢失和损坏，操作手应做到“会操作、会保养、会检查、会排除一般故障”。根据货物尺寸、重量、形状来选用合理的装卸、搬运设备，严禁超高、超宽、超重、超速以及其他不规范操作。不能在库房内检修机械设备。在狭小通道、出入库房或接近货物时应减速鸣号。

## 四、腐蚀与毒害品安全作业

毒害品与腐蚀品关系密切，有的毒害性物品同时具有腐蚀性，如氰化钾、氰化纳等；有的腐蚀物品又具有毒害性，如氢氟酸。因此，针对腐蚀性和毒害性的物品，需要采取以下措施：

### （一）专库专柜保管，专人负责

毒害品应集中保管，单独设库；当数量不多不需要占用一个库房时，可在库内间隔成小室（库中库），妥善保管。剧毒品还应存入保险柜或铁柜内，并上锁加封，由仓库主管掌管钥匙，仓管员必须在主管协同下方能开柜存取。对于腐蚀性物品（如酸碱类），必须分库单独保管，酸类不准与碱类混存。存放酸碱的库房在建筑上要考虑到防腐的要求，如房顶最好是水泥平顶结构，内涂防腐漆，铺设水泥混凝土地面，并铺垫黄砂。木制门窗和各部位的铁制附件都应加涂防腐漆。腐蚀品仓库以采取半地下方式为宜。

### （二）控制库内温湿度

大部分毒害品和腐蚀品都具有比较强的挥发性，挥发出来的毒气或腐蚀性气体会使人身中毒或被腐蚀。而这些有害气体的挥发受温度的影响很大，温度越高挥发越快，人身中毒或被腐蚀的可能性就越大。所以控制库内温度，是减少挥发、防止毒害和腐蚀的主要措施之一。

毒害品和腐蚀品的保管还应注意防潮。因为有些毒害品，如氯化钾、氰化钠等，受潮后会分解出剧毒的氰化氢气体，其在空气中的浓度若达到 0.03%，数分钟就有致命的危险。有的腐蚀品，如氢氧化钠受潮后发生水解，其溶液具有很大的腐蚀性。所以应保持库内干燥，相对湿度应控制在 80%以下。

### （三）密封容器与库房通风

毒害品及腐蚀品的密封极为重要。如果盛装毒害品及腐蚀品的容器破裂或封口不

严，就会使其中的液体外流，挥发气体外散，造成中毒或被腐蚀。容器密封不良，还会使潮气侵入，引起内装物的变质。使用玻璃瓶盛装毒品，应将瓶口用石蜡密封；坛装罐装腐蚀品应用石膏等密封。如发现容器破裂，应及时修补或更换。

具有挥发性的毒害品和腐蚀品，由于容器的密封不严或破损，总有一部分毒气和腐蚀性气体散布到库内空气中，而且浓度会不断增加，这对库内作业人员的身体是有害的。因此，毒害品和腐蚀品的库房应有良好的通风系统。一般在库内作业前先进行通风。除打开门窗自然通风外，还要利用通风设备进行强迫通风，将毒害或腐蚀性气体排出库外，换以新鲜空气，然后再进行作业。

**（四）加强劳动保护**

毒害品和腐蚀品的装卸、搬运、倒装、分装等作业，必须认真执行操作规程，加强作业人员的劳动保护措施。如作业时戴好防毒口罩或防毒面具、防护眼镜、防腐手套，穿上紧袖口厚布工作服或橡胶雨衣，穿长筒胶靴，颈部围好毛巾，外露皮肤涂抹防护药膏等。具体穿戴何种防护用品，要根据作业对象的毒性和腐蚀性而定。作业人员工作时间不宜过长，要采取间歇式作业，不断呼吸新鲜空气。作业结束后，有条件的应进行淋浴，或用肥皂洗净手脸和外露皮肤部分，经漱口后方可饮水或进餐。

良好的工作环境是保证安全生产和作业的重要前提之一。在工作环境中，最适当的温度为 12 ℃～22 ℃，相对湿度为 40％～60％，空气流动速度为 0.1～0.2 m/s。如果工作场所空气中每立方米含有 2 mg 以上的微尘，就会引起慢性疾病。工作地点照明不足极易引起眼疾和导致作业事故，因此仓库在保证充分的自然采光时，也要保证合适的照明。

## 知识复习题

1. 仓库保卫人员的岗位要求是什么？
2. 劳动保护制度的内容是什么？
3. 仓库火灾的种类有哪些？

**【实训项目一】**

### 广东佛山烟花仓库爆炸案

2008 年 2 月 14 日，广东省佛山市三水区粤通仓储运输有限公司的烟花爆竹仓库发生爆炸，造成 20 栋仓库不同程度毁损，产生的冲击波将一公里外民宅的玻璃震碎，直接经济损失约合人民币 929 万元。

一、事故经过

粤通公司的烟花爆竹仓库位于广东省佛山市三水区西南街道金本彭坑村，于 2001 年 11 月由原三水市计划局批准立项建设。2003 年 12 月 31 日，该仓库取得三水区公安局核发的《爆炸物品储存许可证》，专为从三水港出口的贸易公司储存烟花爆竹。仓库占地 173 亩，有 20 栋仓库，总面积近两万平方米，核定存药量 80 吨，是中国国内规模最大的存放烟花爆竹的仓库。事故发生时，仓库内储存有湖南、江西等地七家烟花爆竹出口贸易公司的约1.5万箱烟花爆竹。

2008年2月14日凌晨3时30分左右，爆炸发生。四名值班人员立即撤出现场。随即，佛山消防部门出警处置，出动了消防坦克。附近150余名村民由当地政府组织疏散到安全地带。经过30个小时的奋战，现场平息。

事发后，国家安全监管总局派员并组织有关专家赶到事故现场，指导协助事故抢险及调查处理工作。三水区和佛山市政府立即成立了事故善后处理领导小组和事故调查组开展工作，安抚群众，逐户统计财产损失情况，并及时拨出专款给予村民补偿。

2月16日，转移疏散的村民陆续返回家中居住，当地群众生产生活恢复正常，社会稳定。同日，国务院安全生产委员会办公室发布紧急通报，指出：粤通仓储运输有限公司的仓库存在库区无围墙的严重缺陷，并使用部分C级仓库违规超量储存A级产品。这反映出烟花爆竹的生产、经营、储存等环节和安全监管中存在重大隐患。农历正月十五（2008年2月21日）前仍是经营、运输、燃放烟花爆竹的集中时期，有关部门要立即组织开展烟花爆竹储存仓库安全检查，严禁将A级产品储存在C级库房内；持续做好烟花爆竹行业隐患排查治理工作；进一步强化烟花爆竹产品包括出口产品的质量安全性能检验检测工作；严格烟花爆竹运输、配送和零售的安全管理。

二、处置过程

爆炸事故发生后，广东省政府迅速成立了由安全监管局、公安厅、监察厅、总工会及佛山市政府相关部门官员组成的佛山市“2·14”烟花爆竹仓库爆炸事故省政府调查组，广东省人民检察院派员参加了事故调查。历经五个多月的调查取证后，事故调查组形成《佛山市“2·14”烟花爆竹仓库爆炸事故调查报告》，认为：事故发生的直接原因为粤通仓库A二仓库内储存的烟花爆竹火药受潮，产生大量的热量并聚集引起爆炸。邻近的C四、C九以及其他仓库内的产品受到A二仓库爆炸影响而爆炸燃烧。企业安全生产主体责任不落实是此次事故的间接原因。

根据《中华人民共和国安全生产法》和《生产安全事故报告和调查处理条例》等法律法规的规定，广东省安全监管局依法对粤通公司处以20万元人民币的罚款；对粤通公司法定代表人等六名责任人做出不同程度的处罚处理；责令事故责任单位作出书面检讨；吊销粤通公司及有关责任人员的相关证照。同时，此次事故的全部善后处理费用由粤通公司承担。

三、教训与启示

目前，我国正处于生产安全事故的高发期。各种生产安全事故的频繁发生与企业生产安全责任意识淡漠、措施不到位有着密切的关系。为了加强企业“安全生产大于天”的观念，我们必须加大对违反安全生产法律法规行为的惩罚力度。与此相应，我们也必须使企业真正领会“安全发展”的含义，处理好经济增长与安全生产之间的关系。如果企业不能认真履行安全生产的责任，一旦重大安全生产事故发生，企业的经济效益势必受到严重影响，甚至毁于一旦。佛山市“2·14”烟花爆竹仓库爆炸事故就是一个活生生的例证。企业不仅需要承担事故本身造成的近千万元损失，还要承担善后处理费用及罚款。

《突发事件应对法》第二十二条规定："所有单位应当建立健全安全管理制度，定期检查本单位各项安全防范措施的落实情况，及时消除事故隐患；掌握并及时处理本单位存在的可能引发社会安全事件的问题，防止矛盾激化和事态扩大；对本单位可能发生的突发事件和采取安全防范措施的情况，应当按照规定及时向所在地人民政府或者人民政府有关部门报告。"第二十三条规定："矿山、建筑施工单位和易燃易爆物品、危险化学品、放射性物品等危险物品的生产、经营、储运、使用单位，应当制定具体应急预案，并对生产经营场所、有危险物品的建筑物、构筑物及周边环境开展隐患排查，及时采取措施消除隐患，防止发生突发事件。"

粤通公司烟花爆竹仓库库区无围墙，使用部分C级仓库违规超量储存A级产品，这些都说明了其安全生产措施还需要进一步加强。

问题：

广东佛山烟花仓库爆炸案的直接原因是什么？

**【实训项目二】**

## 黄岛油库"8·12"特大火灾事故分析

一、事故概况

1989年8月12日9时55分，石油天然气总公司管道局胜利输油公司黄岛油库老罐区，两三万立方米原油储量的5号混凝土油罐爆炸起火。到14时35分，青岛地区西北风风力增至4级以上，几百米高的火焰向东南方向倾斜。燃烧了4个多小时，5号罐里的原油随着轻油馏分的蒸发燃烧，形成速度大约每小时1.5 m、温度为150 ℃～300 ℃的热波向油层下部传递。当热波传至油罐底部的水层时，罐底部的积水、原油中的乳化水以及灭火时泡沫中的水汽化，使原油猛烈沸溢，喷向空中，撒落在四周地面。

15时左右，喷溅的油火点燃了位于东南方向相距5号油罐37 m处的另一座结构相同的4号油罐顶部的泄漏油气层，引起爆炸。炸飞的4号罐顶混凝土碎块将相邻30 m处的1号、2号和3号金属油罐顶部震裂，造成油气外漏。约1分钟后，5号罐喷溅的油火又先后点燃了1号、2号和3号油罐的外漏油气，引起爆燃，整个老罐区陷入一片火海。失控的外溢原油像火山喷发出的岩浆，在地面上四处流淌。大火分成三股，一部分油火翻过5号罐北侧1米高的矮墙，进入储油规模为30万 $m^3$、全套引进日本工艺装备的新罐区的1号、2号、6号浮顶式金属罐四周。烈焰和浓烟烧黑三个罐壁，其中2号罐壁的隔热钢板很快被烧红；另一部分油火沿着地下管沟流淌，汇同输油管网外溢原油形成地下火网；还有一部分油火向北，从生产区的消防泵房一直烧到车库、化验室和锅炉房，向东从变电站一直引烧到装船泵房、计量站、加热炉。

火海席卷着整个生产区，东路、北路的两路油火汇合成一路，烧过油库1号大门，沿着新港公路向位于低处的黄岛油港烧去。大火殃及青岛化工进出口黄岛分公司、航务二公司四处、黄岛商检局、管道局仓库和建港指挥部仓库等单位。18时左右，部分外溢原油沿着地面管沟、低洼路面流入胶州湾。大约600吨油水在胶州湾海面形成几条十几海里长、几百米宽的污染带，造成胶州湾有史以来最严重的海洋污染。事故发生后，社会各界积极行动起来，全力投入抢险灭火的战斗。在大火迅速蔓延的关键时刻，党中央和国务院对这起震惊全国的特大恶性事故给予了极大关注。江泽民总书记先后三次打电话向青岛市人民政府询问灾情。李鹏总理于13日11时乘飞机赶赴青岛，亲临火灾现场视察指导救灾。李鹏总理指出："要千方百计把火情控制住，一定要防止大火蔓延，确保整个油港的安全。"

山东省和青岛市的负责同志及时赶赴火场进行了正确的指挥。青岛市全力投入灭火战斗，党政军民一万余人全力以赴抢险救灾，山东省各地市、胜利油田、齐鲁石化公司的公安消防部门、青岛市公安消防支队及部分企业消防队共出动消防干警1 000多人，消防车147辆。黄岛区组织了几千人的抢救突击队，出动各种船只10艘。在国务院的统一组织下，全国各地紧急调运了153吨泡沫灭火液及干粉。北海舰队也派出消防救生船、水上飞机和直升机参与灭火，抢运伤员。经过5天5夜浴血奋战，13日11时火势得到控制，14日19时大火扑灭，16日18时油区内的残火、地沟暗火全部熄灭，黄岛灭火取得了决定性的胜利。大火前后共燃烧104小时，烧掉原油4万多立方米，占地250亩的老罐区和生产区的设施全部烧毁，这起事故造成直接经济损失3 540万元。在灭火抢险中，10辆消防车被烧毁，19人牺牲，100多人受伤。其中公安消防人员牺牲14人，负伤85人。在与火魔的搏斗中，灭火人员团结战斗，勇往直前，经受住浓烟烈火的考验，涌现出许许多多可歌可泣的英雄事迹。他们用生命和鲜血保卫着国家财产和人民生命的安全，表现了大无畏的英雄主义精神和满腔的爱祖国、爱人民的热情。

二、事故原因及分析

黄岛油库特大火灾事故的直接原因是由于非金属油罐本身存在的缺陷，遭受对地雷击产生感应火花而引爆油气。事故发生后，4号、5号两座半地下混凝土石壁油罐烧塌，1号、2号、3号拱顶金属油罐烧塌，给现场勘察、分析事故原因带来很大困难。在排除人为破坏、明火作业、静电引爆等因素和实测避雷针接地良好的基础上，根据当时的气象情况和有关人员的证词（当时青岛地区为雷雨天气），经过深入调查和科学论证，事故原因的焦点集中在雷击的形式上。混凝土油罐遭受雷击引爆的形式主要有六种：一是球雷雷击；二是直击避雷针感应电压产生火花；三是雷电直接燃爆油气；四是空中雷放电引起感应电压产生火花；五是绕击雷直击；六是罐区周围对地雷击感应电压产生火花。

经过对以上雷击形式的勘察取证和综合分析，5号油罐爆炸起火的原因排除了前四种雷击形式。第五种雷击形成的可能性也极小，理由是：绕击雷绕击率在平地是0.4%，山地是1%，概率很小；绕击雷的特征是小雷绕击，避雷针越高绕击的可能性越大。当时青岛地区的雷电强度属中等强度，5号罐的避雷针高度为30 m，属较低的，故绕击的可能性不大。经现场发掘和清查，罐体上未找到雷击痕迹，因此绕击雷也可以排除。事故原因极大可能是由于该库区遭受对地雷击产生感应火花而引爆油气，根据是：

（1）8月12日9时55分左右，有6人从不同地点目击到5号油罐起火前，在该区域有对地雷击。

（2）中国科学院空间中心测得，当时该地区曾有过两三次落地雷，最大一次电流为

104 安培。

(3) 5 号油罐的罐体结构及罐顶设施随着使用年限的延长，预制板裂缝和保护层脱落，使钢筋外露；罐顶防感应雷屏蔽网连接处均用铁卡压固；油品取样孔采用九层铁丝网覆盖；5 号罐体中钢筋及金属部件的电气连接不可靠的地方颇多，均有因感应电压而产生火花放电的可能性。

(4) 根据电气原理，50～60 m 以外的天空或地面雷感应可使电气设施 100～200 mm的间隙放电。从 5 号油罐的金属间隙看，在周围几百米内有对地雷击时，只要有几百伏的感应电压就可以产生火花放电。

(5) 5 号油罐自 8 月 12 日凌晨 2 时起到 9 时 55 分起火时，一直在进油，共输入 1.5 万 $m^3$ 原油。与此同时，必然向罐顶周围排放同等体积的油气，使罐外顶部形成一层达到爆炸极限范围的油气层。此外，根据油气分层原理，罐内大部分空间的油气虽处于爆炸上限，但由于油气分布不均匀，通气孔及罐体裂缝处的油气浓度较低，仍处于爆炸极限范围。

问题：

1. 结合案例分析出现这个事故的原因。

2. 谈谈仓库安全管理的重要性。

3. 结合案例谈谈仓库治安保卫管理措施。

**【实训项目三】**

一、实训任务

仓库消防、防盗设施设备管理与操作。

二、实训目的及训练要点

1. 掌握仓库消防、防盗设施设备的使用和操作方法。

2. 了解不同安全条件下仓库消防、防盗设施设备的管理和操作流程及应急处置措施。

三、实训设备、仪器、工具及资料

仓储实训室，仓库消防、防盗设施，实训作业指导书和实训区域的规章制度。

四、实训内容及步骤

1. 申请仓库消防、防盗设施及相关图文资料。

2. 讲解实训目的、要求和具体实施的步骤。

3. 分组实践，并认真观察每组学生的实际操作过程及使用方法。

4. 总结实训的作用，与学生共同讨论实训的整改建议。

5. 撰写实训报告。

# 仓储管理信息技术

## 学习目标

- 掌握条码及条码技术的概念和主要特点，了解条码的发展历史；掌握条码的制作及条码在仓储管理中的应用。
- 了解RFID的构成及工作原理；掌握RFID在仓储管理中的应用及使用注意事项。
- 了解EDI系统的构成及工作方式，掌握EDI在仓储管理中的应用。
- 了解仓库管理信息系统的组成及主要功能。

任务一 条码技术
任务二 无线射频识别技术
任务三 电子数据交换技术
任务四 仓库管理信息系统

实训项目一 条码技术在仓库管理中的应用实例
实训项目二 中远公司EDI系统应用情况
实训项目三

为了提高仓储作业效率，信息化技术被不断应用到其中。仓储管理信息技术模块主要介绍了条码、RFID、EDI、仓储管理信息系统等仓储作业中常用的几种信息技术，熟悉这些信息技术的工作原理和应用领域对提高仓储作业效率具有重要作用。

**【案例导入】**

## 某食品有限公司仓储管理系统的应用

某食品有限公司A为世界500强企业，该公司于1995年11月在苏州投资5 000万美元建立。先进的生产设备和技术为它奠定了坚实的基础，公司主要产品为曲奇等烘烤食品，在国内保持市场份额领先，现在有300多名员工。B公司于2004年下半年开始为A公司的仓库实施基于条码的无线仓储管理系统，工程于年内实施完毕，目前已正式上线运行。

企业的产品决定了其原料的复杂性。与一般的企业仓库不同，A公司仓库储存的物料既有箱式包装，也有料罐式的流体型原料，出入库的方式也存在常规栈板出入库和管道出入库两种方式。

实施仓储管理系统前，仓库只简单进行分区，种类繁多、形式各异的物料未按照固定的区域存放，经常出现仓库员工不能准确找到和区分物料的现象；物料入库后也没有严格按照批次进行管理，有的原料因长时间没有使用甚至过期变质，造成了一定的资源浪费。生产中使用的物料种类、规格繁多，传统的手工出入库记录和不准确的库位限制了出入库操作的速度，与先进的高速生产线形成强烈的反差，并成为企业内部物流的瓶颈。

该仓库还存在一个重要问题，车间生产是三班倒，24小时连续运转，这就要求仓库同步工作，因此，仓库根本不能进行准确的盘点，只能利用生产线休息时盘点或由员工在出入库操作的同时进行粗略清点，仓库库存数据与实际值一直都有较大偏差。库存数据是ERP系统的基础，属于重要数据，但是不准确的库存数据造成ERP的一些功能形同虚设，企业各级领导也为之大伤脑筋。

针对该仓库的具体情况，经过B公司实施人员近两个月的现场调查和多次的双方座谈，最终确定了两种物料形式（箱式、流体）兼容、统一分区编码、动态盘点的无线仓储管理系统方案。系统在B公司仓库管理系统的基础上进行了部分客户化的功能定制，利用无线数据采集终端和条码打印设备，统一物料的条码和格式，对原料、成品建立批次，实现物料的全面条码管理，原料严格按批次先进先出。对仓库进行区位划分，物料与库位严格对应，规范管理。出入库和盘点操作都采用无线手持终端进行，实际操作的同时，出入库和盘点的数据也自动录入系统中，提高操作速度。系统按发料单对要发的物料批次、位置进行指定，既提高了发料速度，也减少了发料的错误与ERP集成，建立从采购到生产的连续物流体系，仓库库存数据和出入库、移库数据及时反馈到ERP系统，并建立库存预警机制，使得企业信息系统的功能得到全面发挥。

系统为实现仓库不停工的动态盘点设计了精巧缜密的算法，基于自动识别技术的动态盘点功能使得盘点操作不再需要停工后进行，而是与其他出入库操作同时进行。该仓库切实实现了 7×24 的连续运转，与生产线的节奏保持了一致。对管道出入库的物料，实施中建立起设备数据自动采集功能，并根据管道流体的特点设计了相应的解决方案。

系统实施以后，企业的库存准确率提高到 99.8%，并通过与 ERP 数据交互，保证了 ERP 系统中实时库存数据的准确性。出入库采用条码扫描方式，速度快，数据准确，使用一年多来，未出现以前人工操作时物料出入库错误的现象。同时，采用批次管理后，实现了先进先出，并且加快了库存周转率，减少了库存资金的占用。

# 任务一　条码技术

## 一、条码及条码技术的概念

所谓条码，是由一组特定规则排列的条、空组成的图形符号，可表示一定的信息内容。识读器根据条、空对光的反射率不同，利用光电转换器件获取条码所示信息，并自动转换成计算机数据格式，传输给计算机信息系统。

条码技术是现代物流系统中非常重要的快速信息采集技术，是适应物流大量化和高速化的要求，大幅度提高物流效率的技术。条码技术包括条码的编码技术、条码标识符号的设计、快速识别技术和计算机管理技术，是实现计算机管理和电子数据交换不可少的前端采集技术。因此，掌握条码技术在仓储作业中的应用极为重要。

## 二、条码的发展历史

早在 20 世纪 40 年代，美国的乔·伍德兰德和伯尼·西尔沃两位工程师就开始研究用代码表示食品项目及相应的自动识别设备，并于 1949 年获得了美国专利。1976 年在美国和加拿大的超级市场中，UPC 码获得了成功。次年，欧洲共同体在此基础上制定出欧洲物品编码 EAN－13 和 EAN－8 码，签署了“欧洲物品编码”协议备忘录，并正式成立了欧洲物品编码协会（简称 EAN）。到了 1981 年，由于 EAN 已经发展成为一个国际性组织，故改名为“国际物品编码协会”，简称 IAN。由于历史原因和习惯，至今仍称其为 EAN，后改为 EAN-international。日本于 1978 年制定出日本物品编码 JAN，同年加入 EAN，开始进行厂家登记注册，并全面转入条码技术及其系列产品的开发工作，10 年之后成为 EAN 最大的用户。

我国条码技术的研究始于 20 世纪 70 年代末，而真正建立条形码应用系统则是在 20 世纪 80 年代初，直到 80 年代末才开始实施条码技术的标准化工作。1988 年 12 月，我国成立了中国物品编码中心，1991 年上半年中国物品编码中心正式加入国际物品编码协会，同意采用 EAN 条码系统，为我国大规模推广应用条码技术创造了有利条件。近年来，我国的条码事业发展迅速。目前，商品使用的前缀有 690、691、692 和 693，条码技术在我国已得到了广泛应用。

## 三、常用条码简介

### （一）EAN 码

EAN 码是国际物品编码协会制定的一种商品用条码，适用于全世界。EAN 码符号有标准版（EAN-13）和缩短版（EAN-8）两种，我国适用的商品条码与其等效。我们日常购买的商品包装上所印的条码就是 EAN 码。

### （二）UPC 码

UPC 码是美国统一代码委员会制定的一种商品用条码，主要用于美国和加拿大地区，我们在从美国进口的商品上可以看到。

### （三）39 码

39 码是一种可表示数字、字母等信息的条码，主要用于工业图书及票证的自动化管理，目前使用极为广泛。

### （四）库德巴码

库德巴码也可表示数字和字母信息，主要用于医疗卫生、图书情报、物资等领域的自动识别。

### （五）128 码

128 码可表示 ASCⅡ0 到 ASCⅡ127 共计 128 个 ASCⅡ字符。

### （六）二维条码

一维条码所携带的信息有限，如商品上的条码仅能容纳 13 位（EAN-13 码）阿拉伯数字，更多的信息只能依赖商品数据库的支持，离开预先建立的数据库，这种条码就没有意义了，因此在一定程度上也限制了条码的应用范围。基于这个原因，在 20 世纪 90 年代有人发明了二维条码。二维条码除了具有一维条码的优点外，同时还有信息量大、可靠性高、保密性好、防伪性强等优点。

二维条码依靠其庞大的信息携带量，能够把过去使用一维条码时存储于后台数据库中的信息包含在条码中，可以直接通过阅读条码得到相应的信息，并且二维条码还有错误修正技术及防伪功能，增加了数据的安全性。比如二维条码可把照片、指纹编制于其中，可有效地解决证件的可机读和防伪问题，因此，可广泛应用于护照、身份证、行车证、军人证、健康证、保险卡等。

## 四、条码技术的优点

条码技术是迄今为止最经济实用的一种自动识别技术，具有以下几个方面的优点：

（1）输入速度快。与键盘输入相比，条码输入的速度是键盘输入的 5 倍，并且能实现“即时数据输入”。

（2）可靠性高。键盘输入数据的出错率为 1/300，利用光学字符识别技术的出错率为万分之一，而采用条码技术的误码率低于百万分之一。

（3）采集信息量大。利用传统的一维条码一次可采集几十位字符的信息，二维条码更可以携带数千个字符的信息，并有一下的自动纠错能力。

（4）灵活实用。条码标识既可以作为一种识别手段单独使用，也可以和有关识别设

备组成一个系统实现自动化识别，还可以与其他控制设备连接起来实现自动化管理。

另外，条码标签易于制作，对设备和材料没有特殊要求，识别设备操作容易，不需要特殊培训，且相对便宜。

## 五、条码技术在仓储管理中的作用

今天的仓库作业和库存控制作业已多样化、复杂化，靠人工去记忆处理十分困难。如果不能保证正确的进货、验收、质量保证及发货，就会导致浪费时间、产生库存、延迟交货、增加成本，以致失去为客户服务的机会。采用条码技术，并与信息处理技术结合，可确保库存量的准确性，保证必要的库存水平及仓库中物料的移动与进货协调一致，保证产品的最优流入、保存和流出仓库。

### （一）实际用途

今天在仓库中最普遍的技术话题是条码化。条码技术与信息处理技术的结合帮助我们合理、有效地利用仓库空间，以最快速、最正确、最低成本的方式为客户提供最好的服务。

条码方案可对仓库中的每一种货物、每一个库位做出书面报告，可定期对库区进行周期性盘存，并在最大限度地减少手工录入的基础上，确保将差错率降至零，且能调整采集大量数据。

### （二）操作实例

仓库员用手持式条码终端对货位进行扫描，扫入货位号后，对其上的货物对应的物品号进行扫描，并键入该物品的数量，如此重复上述步骤，直到把仓库中的货物全部点清；然后将条码终端中采集到的数据通过通讯接口传给计算机。计算机装有可进行数据统计和仓库管理的软件。一台计算机可同时为多台条码终端采集器服务。

系统中须配置条码打印机，以便打印各种标签：货位、货架用的标签，物品标识用的标签，并标明批号、数量。

### （三）应用优势

条码技术像一条纽带把产品生命期中各阶段发生的信息连接在一起，可跟踪产品从生产到销售的全过程，使企业在激烈的市场竞争中处于有利地位；条码化可以保证数据的准确性；使用条码设备既方便又快捷，自动识别技术的效率是键盘无法比拟的。

日本夏普电子公司多年来采用条码化的仓库管理系统取得了较好的效果。过去基于纸质的作业方式，在发货和入库方面每月约有200个错误发生，错误发生后，往往需要几个月来跟踪这些差异，以免扩大其影响。现在每一件货物出入库时，操作员马上用手持式激光数据采集器对货物上的条码进行识读，通过数据采集器把数据及时地送入计算机进行统计和管理。仓库作业数呈两位数字增加，人员数却没有增加，且库存精度达到100%；发货和进货作业的差异率降为零，而一些劳动量大的工作却压缩了。

# 任务二 无线射频识别技术

无线射频识别技术（radio frequency identification，RFID）是一种较新的自动识别技术，它最早出现在20世纪80年代，用于跟踪业务。无线射频识别技术利用感应、无线电波或微波能量进行非接触双向通信，实现识别和交换数据。

## 一、RFID的构成及工作原理

### （一）RFID的构成

无线射频识别技术的基本组成是射频标签（标签中存有数据）、读写器和天线。

1. 射频标签（tag）

由耦合元件及芯片组成，每个RFID标签具有唯一的电子编码，附着在物体上标识目标对象，常称为感应式电子晶片、感应片、非接触卡、电子标签等。

2. 读写器（reader）

读取（有时还可以写入）标签信息的设备，可设计为手持式或固定式。它的任务是控制收发器发射RF信号。收发器可以集成封装在读写器内，也可以作为独立设备存在，收发器的任务是对由天线发射和接收的电频进行控制及调制解码。通过收发器接收来自标签上的已编码RF信号，对标签的认证识别信息进行解码，将认证识别信息连带标签上的其他相关信息传输到主机以供处理。

3. 天线（antenna）

在标签和读写器间传递射频信号。任何RFID系统至少应包含一个天线以发射和接收RF信号。一套完整的RFID系统还须具备数据传输和处理系统。

### （二）RFID的工作原理

在多数RFID系统中，读写器可在2.5 cm～30 m范围内发出无线电波形成电磁场，射频标签经过这个区域时，检测到读写器的信号后发送储存的数据，读写器接收射频标签发送的信号，解码并校验数据的准确性以达到识别目的，最终将数据传送给主机处理。

## 二、RFID的适用领域

由于无线射频识别技术最突出的特点是可以非接触识读（识读距离可以从几厘米至几十米）、可识别高速运动物体、抗恶劣环境、保密性强、可同时识别多个对象等，因而广泛应用于制造业及其他不适宜条码标签存在的环境中。

RFID适用于物料跟踪、运载工具和货架识别等要求非接触数据采集与交换的场合，由于RFID具有可读写能力，对于需要频繁改变数据内容的场合尤为适用。

## 三、RFID在仓储管理中的应用

将RFID用于智能仓库货物管理，完全有效地解决了仓库里与货物流动有关信息的管理。它不但增加了一天内处理货物的件数，还监管这些货物的一切信息。射频标签贴在货物所通过的仓库大门上，读写器和天线都放在叉车上，每件货物都贴有条码，货物的有关信息都能在计算机里查到。当货物被装走运往别处时，由另一读写器识别并告知计算中心它被放在哪个拖车上。这样管理中心可以实时地了解到已经生产了多少产品和发送了多少产品，并可自动识别货物，确定货物的位置。

总之，借助RFID系统，仓储企业可以完成实时查询和动态分配货位，可以优化资源分配，可以按需进行定期或随机盘点工作。将仓储管理系统与RFID相结合，能够提高物品出入库过程中的识别率，还能缩减盘点周期，实现对库存物品的可视化管理，精确掌握物资情况，优化合理库存；能够帮助企业在节省人工成本、提高作业精确性、加快处理速度、有效跟踪物流动态方面发挥巨大的作用。

# 任务三　电子数据交换技术

电子数据交换（EDI）是指通过电子方式，采用标准化的模式，利用计算机网络进行结构化数据的传输与交换。它是一种计算机应用技术，商业伙伴们根据事先达成的协议对信息按照一定的标准进行格式化处理，并把经格式化的数据通过计算机通信网络在他们的计算机系统之间进行交换和自动处理。

## 一、EDI系统的构成

构成EDI系统的三个要素是EDI软件和硬件、通信网络以及EDI标准。

### （一）EDI的软件、硬件

EDI软件能将用户数据库系统中的信息译成EDI的标准格式，以便传输和交换。由于每个公司都有其自己所规定的信息格式，因此，当需要发送EDI电文时，必须用某些方法从公司的专有数据库中提取信息，并把它翻译成EDI的标准格式进行传输，这就需要有EDI相关软件的帮助。

EDI所需的硬件设备大致有计算机、调制解调器（modem）及电话线。

### （二）通信网络

通信网络是实现EDI的手段。EDI通信方式有多种，点对点方式只有在贸易伙伴数量较少的情况下使用。但随着贸易伙伴数目的增多，当多家企业直接电脑通信时，会出现计算机厂家不同、通信协议相异以及工作时间不易配合等问题，这会造成相当大的困难。为了解决这些问题，许多应用EDI的公司逐渐采用第三方网络与贸易伙伴进行通信，即增值网络（VAN）方式。它类似于邮局，为发送者与接收者维护邮箱，并提供存储转送、记忆保管、通信协议转换、格式转换、安全管制等功能。因此通过增值网络传送 EDI 文件，可以大幅度降低相互传送资料的复杂度和困难度，大大提高 EDI 的效率。

### （三）EDI 标准

EDI 是以格式化、可用计算机自动处理的方式来进行公司间的文件交换的。要使计算机“看懂”订单，订单上的有关信息就不应该是自然文字形式，而应是数码形式，并且这些数码应该按照事先规定的格式和顺序排列。事实上，商务上的任何数据和文件的内容都要按照一定的格式和顺序排列，才能被计算机识别和处理。这些大家共同制定并遵守的格式和顺序，就是 EDI 的标准。

EDI 标准主要包括以下内容：语法规则、数据结构定义、编辑规则与转换、公共文件规范、通信协议、计算机语言。

## 二、EDI 系统的工作方式

我们简单介绍一下 EDI 的工作方式。

（1）当买方的库存管理系统提出购买某种物资的数据时，EDI 的翻译软件据此编制一份 EDI 订单。

（2）通信软件将订单通过网络送至网络中心指定的卖方邮箱内。同时，利用公司内部计算机应用程序之间的搭桥软件将这些数据传送给应付账部门和收货部门，进行有关的登记。

（3）卖方定时经通信网络到网络中心的邮箱内取回订单，EDI 的翻译软件把这份订单翻译成卖方数据格式。

（4）如果确认可以售给买方指定的物资，则送出供应单经相反方向返回给买方。若只能部分满足买方要求或不能满足要求，则以相同的方向返回相应信息。卖方收到订单时，卖方的搭桥软件把有关数据传送给仓库或工厂以及开票部门，并对计算机发票文件的内容进行相应的更新。

（5）买方收到供应单后，在订单基础上产生一份商品情况询问表，传送给卖方，双方就商品价格等问题进行讨论，直到达成一致。

（6）达成一致后，卖方的仓库或工厂填制装运单，编制船期通知，并将其传送给买方。同时，通过搭桥软件将船期通知传送给开票部门，生成电子发票，传送给买方。卖方在开立发票时，有关数据就进入应收账部门，对应收账的有关数据进行更新。

（7）买方接到船期通知后，有关数据自动进入收货部门文件，产生收货通知。收货部门的收货通知通过搭桥软件传送给应付账部门。

（8）买方收到电子发票以后，产生一份支付核准书，传送给应付账部门。

（9）买方应付账部门开具付款单据通知自己的开户银行账户，同时通知卖方付款信息。

（10）卖方收到汇款通知后，有关数据经过翻译进入应收账户，买方则因支付而记入贷方项目。

由此可见，当买方提出购买的要求后，EDI 就可以自动进行转换操作，生成不同用途的数据，送至各相关伙伴，直到该事务处理结束。通过以上分析可以看出，使用 EDI

的主要优点有：①实现了贸易无纸化，降低了纸张的消费。②提高了工作的效率和可靠性，加快了表单的传递速度，减少了传递环节和交换手续。③简化了订货过程和存货过程。④改善了贸易伙伴间的关系，提高了仓储管理的质量。

## 三、EDI在仓储管理中的应用

可在仓储管理中应用EDI技术，仓储各方通过EDI系统进行仓储物流数据交换，并以此为基础实施仓储物流作业活动。下面是一个典型的仓储物流EDI运作实例。

(1) 发货方在接收订货后制定货物运送计划，并把运送货物的清单及运送时间安排等信息通过EDI发送给货物承运方和货物接收仓库，以便货物承运方预先制定车辆调配计划和货物接收仓库制定货物接收计划。

(2) 发货方依据顾客订货的要求和货物运送计划下达发货指令、分拣配货、打印出货物的条形码标签并贴在货物包装箱上，同时把运送货物的品种、数量、包装等信息通过EDI发送给货物承运方，货物接收仓库依据请示下达车辆调配指令。

(3) 货物承运方在从发货方取运货物时，利用车载扫描仪读取货物的条形码标签，并与先前收到的货物运输数据进行核对，确认运送货物。

(4) 货物承运方在物流中心对货物进行整理、集装，做成送货清单并通过EDI向接收仓库发送发货信息；在货物运送的同时进行货物跟踪管理，并在将货物交纳给接收仓库之后，通过EDI向发货方发送完成运送业务信息和运费请示信息。

(5) 接收仓库在货物到达时，利用扫描仪读取货物的条形码标签，并与先前收到的货物运输数据进行核对确认，开出收货发票，货物入库；同时通过EDI向发贷方和货物承运方发送收货确认信息。

通过EDI系统，仓储各方面能够共同分享信息，提高流通效率，降低物流成本；对仓库来讲还可以减少仓储作业的错误，节省货物检验入库的时间和成本，能够核对订货与到货的数据，提高货物入库的可靠性。

# 任务四　仓库管理信息系统

## 一、仓库管理信息系统的含义

仓库管理信息系统是通过入库业务、出库业务、仓库库存调拨和盘点管理等功能，结合批次管理、物料对应、库存盘点、质检管理和即时库存管理等功能综合运用的管理系统，能有效控制并跟踪仓库业务的物流和成本管理全过程，实现完善的仓储信息管理。因此，仓储管理中应用仓库管理信息系统将极大地提高信息传输的准确性和效率，降低仓储作业成本。

仓库管理信息系统以条码技术和数据库技术为基础，可实现仓库管理中货物的入库、出库、库存控制、点仓等管理功能，并可依托互联网进行客户订单和查询管理，其基本流程如图 9-1 所示。

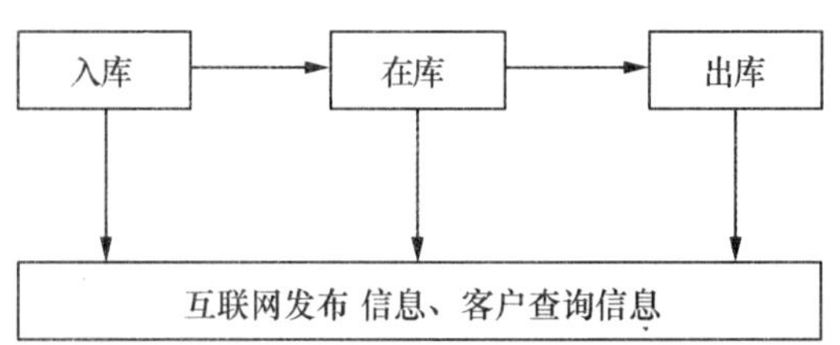


**图 9-1　仓库管理信息系统流程图**

## 二、仓库管理系统的组成

### （一）入库作业管理系统

入库作业管理系统包括预定进货数据处理系统和实际进货作业系统。预定进货数据处理为进货调度、人力资源组织及设备资源分配提供依据，基本数据包括预定进货日期，进货商品品种、数量，供应商预先通告的进货日期，商品品种及入库数量。

实际入库交货时，输入的数据有采购单号、厂商名称、商品名称和数量等。可通过输入采购单号来查询进货商品的名称、数量和内容是否与采购单内容相符，并确定进货的月台，由仓管员指定缺货地点及方式。仓管员检验后将入库数据输入库存数据库并调整库存数据库。

货物入库后，对需立即出库的商品，入库系统须具备待出数据查询功能并连接派车及出货配送系统，当入库数据输入后即访问订单数据库，取出该商品待出库数据信息并转入出货配送数据库，同时调整库存数据库。对需上架入库再出库的商品，进货系统须具备货位指定功能，当进货数据输入时即启动货位指定系统，由货位数据库、产品明细数据库来计算入库商品所需的货位大小，根据商品特性和货位状况来确定最佳货位。货位管理系统则主要完成商品货位登记、跟踪并提供货位状况报表，为货位分配提供依据。货位跟踪时可将商品编码或入库编码输入货位数据库来查询商品所在货位，输出的报表有货位指示单、商品货位报表、可用货位报表、各时间段入库一览表、入库数据统计等。

### （二）出库作业管理系统

出库作业管理系统以客户为对象，涉及的作业有自客户处取得订单、进行订单处理、仓库管理系统操作、从出库准备到实际将货物运送至客户手中为止的一系列作业。

1. 订单处理系统

订单处理系统主要包括客户询价、报价和订单接收、确认及输入。自动报价系统需输入的数据包括客户名称，询价商品的名称、规格等，然后系统根据这些数据调用产品明细数据库、客户交易此商品的历史数据库、此客户报价的历史数据库、客户数据库、厂商采购报价等，以取得此商品的报价历史资料、数量折扣、客户以往交易记录及客户折扣、商品供应价等数据，再由系统按其所需净利润与运输成本、保管成本等来制定估价公式并计算销售价格，然后打印报价单送交客户，客户签回后即成为正式订单。订单的传送可采用邮寄、电话、传真、通过互联网传输 EDI 报文或直接用电子邮箱传送。

2. 销售分析及销售预测

销售分析及销售预测主要包括销售分析、销售预测和商品管理。销售分析主要是为了使管理人员对销售现状能有全面的了解。通过输入销售日期、月份、年度、商品类别、名称、客户名称、操作员名称等查询各种销售统计资料，可提供商品销售统计表、年度商品数量统计表、年度及月份商品数量统计比较分析报表、商品成本利润表，并可查询各业务员的销售业绩。销售预测分析系统可根据不同的统计分析方法（如时间序列分析、指数平滑法、多元回归分析等方法）生成商品销售预测表、库存需求预测表、成本需求预测表、设备需求预测表等。商品管理系统可生成商品销售排行榜、商品销售周转率、获利率分析表。

3. 库存控制系统

库存控制系统主要完成库存商品分类分级、订购数量和订货点的确定、库存跟踪管理及库存盘点等作业。商品分类分级可根据分类分级标志按库存量排序和分类，生成各种排序报表。订购数量和订货点的确定可根据库存数据库、厂商报价数据库、采购批量计算公式数据库等生成。库存盘点方式有两种：定期盘点和循环盘点。盘点作业系统定期打印库存商品报表，待实际盘点后输入实际数据生成并打印盘盈盘亏报表、库存损失分析报表等。实际盘点前，仓管员调用盘存清单打印系统，输入某类商品的名称或仓库货区、货位名称，系统自动调用库存数据库或货位数据库进行检索并打印出盘点清单。根据此清单，仓管员会同有关人员用手持式数据采集器采集商品库存数据，然后将采集到的数据输入中央数据库，调整库存数据库的内容，最后由盘点作业系统打印出盘盈盘亏报表、库存损失分析报表等。

库存控制系统还可以根据需要设定定期盘点和循环盘点时间，使系统能够在预定的时间自动启动盘点作业系统，打印各种报表以便于实际进行盘点作业。

## 知识复习题

1. 什么是条码？
2. 简述 RFID、EDI 的含义。
3. 仓储管理信息系统的主要功能有哪些？

**【实训项目一】**

### 条码技术在仓库管理中的应用实例

以美国最大的连锁商业企业沃尔玛为例，该公司在全美有 25 个规模很大的配送中心，一个配送中心要为 100 多家零售店服务，日处理量约为 20 多万个纸箱。每个配送中心分三个区域：收货区、拣货区和发货区。在收货区，一般用叉车卸货。先把货堆放到暂存区，工人用手持式扫描器分别识别运单和货物上的条形码，确认匹配无误才能进一步处理，有的要入库，有的则要直接送到发货区。在拣货区，计算机在夜班时间打印出隔天需要向零售店发运的纸箱的条形码标签。白天，拣货员拿一叠标签打开一只只空箱，在空箱上贴上条形码标签，然后用手持式扫描器识读。根据标签上的信息，计算机随即发出拣货指令。在货架的每个货位上都有指示灯，表示那里需要拣货以及拣货的数量。当拣货员完成该货位的拣货作业后，按一下“完成”按钮，计算机就可以更新其数据库。装满货品的纸箱经封箱后运到自动分拣机，在全方位扫描器识别纸箱上的条形码后，计算机指令拨叉机构把纸箱拨入相应的装车线，以便集中装车运往指定的零售店。

在我国，条码在加工制造和仓储配送业中的应用也已经有了良好的开端。红河烟厂就是一例。成箱的纸烟从生产线下来，汇总到一条运输线。在送往仓库之前，先要用扫描器识别其条码，登记完成生产的情况，纸箱随即进入仓库，运到自动分拣机。另一台扫描器识读纸箱上的条码。如果这种品牌的烟正要发运，则该纸箱被拨入相应的装车线；如果需要入库，则由第三台扫描器识别其品牌，然后拨入相应的自动码托盘机，码成整托盘后通达运输机系统入库储存。条码的功能在于极大地提高了成品流通的效率，而且提高了库存管理的及时性和准确性。

问题：

1. 条码技术给沃尔玛的仓库管理带来哪些便利?

2. 除条码技术外，现代物流管理还可以应用哪些信息化的技术?

**【实训项目二】**

## 中远公司EDI系统应用情况

上海中远国际货运有限公司是中远集团（COSEO）下属的从事货物运输代理的公司，是上海最大的货运一级代理公司之一。该公司主要负责中远集团长江内支线集装箱的货运代理，通过中转枢纽——上海港，使长江内支线与中远遍布全球的干线运输网络相连接，真正体现其运输优势，各种进出口货物可直接抵达全球各地，做到一票到底、内地交货，为货主提供了极大的便利。公司有员工400多人，其中电脑部共10人。电脑部的员工不仅负责本公司信息系统的开发和维护工作，还要负责客户的信息系统维护工作，因此工作量是非常大的。公司的电脑部和其他部门如市场部等平行，归总经理直接管理。

上海中远国际货运有限公司是国内较早引入IBMRS6000/AS400的企业，因此具有良好的计算机应用基础。在公司内部，其业务全部利用计算机处理。也就是说，从客户提交数据到公司签发提单给客户，全部采用计算机处理技术。

客户传统的订舱方式往往是采用传真和信件的方式来传递双方需要的大量数据，但是传统的传真和信件方式有如下几个特点：首先，货代公司收到传真或信件后，需要将如此大量的数据输入公司的内部信息系统，这样就带来了很大的工作量，公司必须投入大量的人力来处理这些数据；其次，重新输入这些数据难免会出现差错，这样的差错会引起公司与客户之间的业务纠纷，给公司带来不必要的麻烦和经济上的损失。

因此，从1997年初开始，上海中远国际货运有限公司开始采用电子订舱的方式来逐步取代传统的传真和信件方式。公司采用两种电子订舱的方式，首先是开发应用系统：公司电脑部开发出应用程序，安装在客户端。客户只要使用该程序，通过调制解调器和电话线将大量的数据传送给公司，这种应用程序的界面类似于互联网和网页形式，只是在功能上根据客户的要求和业务的实际需要进行了加强，其实际上是EDI的一种形式。其次是在互联网上建立公司的网址，开发基于互联网的网页。

在互联网上，网页主要提供以下四个功能。信息发布：公司在网上公布公司的各个航线，各航线的航期、运价等。网上查询：根据公司在网上所发布的信息，客户就可以通过互联网来进行查询，从而可以比较不同货代公司的运价和航期。网上订舱：客户可以通过互联网来实现订舱，从而取代传统的订舱方式。订舱反馈：不管客户是通过何种途径进行订舱的，都可以通过互联网查询到货物的现状，跟踪其货物；通过电子订舱的客户还可以通过互联网得到公司的反馈，既快捷又方便。

如客户需要运输一批货物，出发地是苏州，目的地为芝加哥，货物可以走以下路线：苏州—上海—长滩—芝加哥。客户可先将这批货物的有关数据告诉货代，如日期、目的地、品种、重量等，货代就为客户办理单证，包括订舱、运输、报关、收费等，然后给客户签发提单。提单相当于收据，具有法律效力。客户将提单寄到芝加哥，收货人可凭提单在芝加哥提货。

中远国际货运有限公司电子信息服务系统的内容与特点如下。货运公报：船期更改等与货运有关的信息发布。船期表：查询和下载自上海港出发的船期，其他地点船舶链接至中远集运网站船期表页。运价：查询上海中远公布的从上海至世界各地的海运费、中转费、附加费和上海中远内陆运输人民币包干费用。订舱：可直接输入货运订舱委托内容，并查询委托的受理信息（船名、航次、提单号等）及运费、流转情况等信息。货物跟踪：目前提供按月提单号或箱号查询中远集装箱承运的上海港进、出港（包括中转）委托货物信息。

中远公司电子信息服务系统的应用所带来的影响如下：

(1) 企业形象的提升和企业竞争力的加强。通过采用新的信息技术，完善对客户的信息服务质量将成为取得竞争优势的必然选择。电子信息服务系统的应用，一方面使企业紧跟信息技术发展的时代潮流，从而不断地完善信息服务，取得竞争手段上的不断领先；另一方面提高了企业在客户中的形象，从而取得竞争优势。

(2) 工作量的减少和工作效率的提高。首先，电子信息服务系统的数据来源于客户的输入，既大大减少了本企业的数据输入量，又大大减少了数据的差错率，提高信息处理的准确性。其次，客户对于业务上的信息查询、货物跟踪等都可通过互联网来进行，客户在和电脑打交道，而不是同市场人员打交道，这大大减少了企业市场部人员的工作量。因为企业和客户之间80%的业务都是正常的，而只有20%的业务是需要人工干预的，这样正常的业务就交由电脑来处理，业务人员只处理必要的事情。

(3) 费用的减少。一方面，电子信息服务系统采用电子单证和电子函件代替了大量纸张单证，从而降低了传统的单证费用；另一方面，电子信息服务系统的应用深入到企业的订舱、查询、广告等环节，从而减少这些方面的费用。

(4) 客户满意度的提高。客户认为电子信息服务系统的使用提高了他们的工作效率，减少了工作量，使他们能更快捷、方便地了解货物的动态。

问题：

1. 中远公司EDI系统应用中提供的信息服务包括什么内容？
2. 中远公司EDI系统带来的好处哪些？

**【实训项目三】**

一、实训任务

条码、RFID、EDI、仓库管理信息系统的操作与管理。

二、实训目的及训练要点

1. 掌握条码、RFID、EDI、仓库管理信息系统的操作方法。
2. 了解条码、RFID、EDI、仓库管理信息系统的基本组成。

三、实训设备、仪器、工具及资料

物流信息实训室、实训作业指导书和实训区域的规章制度。

四、实训内容及步骤

1. 申请条码、RFID、EDI及仓库管理信息系统等设备。
2. 讲解实训目的、要求和具体实施的步骤。
3. 分组实践，并认真观察每组学生的实际操作过程及使用的方法。
4. 总结实训的作用，与学生共同讨论实训的整改建议。
5. 撰写实训报告。

附录一 仓储管理制度（范例）
附录二 仓储主要职业岗位工作职责
附录三 国家物资储备仓库安全保卫办法
附录四 危险化学品安全管理条例(2011年修订节录)

# 附录一 仓储管理制度（范例）

## 一、某仓储公司货物入库管理制度

（1）严把货物入库验收关，接收入库物品手续要清楚，责任要分明。如有货单不符、数量短缺、货物残损、包装损坏等现象的，一要摸清情况；二要分清责任；三要做好收入库验收记录。

（2）未经检验的货物不准验收入库。

（3）货物验收入库时，入库管理员要现场监卸，亲自同交货人办理交接手续，核对清点产品名称、数量是否一致，按《入库通知单》的要求签字，以明确承担保管的经济责任。

（4）货物数量验收准确后，入库管理员要及时存放就位，并及时登记《货物资料卡》及填写《实物保管明细账》，要求做到货物的货单数量、规格一致。

（5）入库管理员要正确、及时地记载货物进、出、存动态，与记账员每季对账两次，坚持“日动日碰”、季末盘点、年末彻底清点制度，保证账本、账实相符。发现差错，认真查找，确属责任事故而又无法挽回的，如实填报，不准匿而不报，不准弄虚作假，不准诿过他人。

（6）账簿的记载、更正、结账、换账必须符合规定。凭证每月装订，妥善保管，未经批准，不得销毁。

## 二、某仓储公司货物保管养护制度

（1）仓库货物养护工作应贯彻“以防为主、防治结合”的方针。

（2）根据货物的性能要求，适时采取密封、通风、吸潮和其他控制及调节温湿度的办法，力求把仓库温湿度保持在适应货物储存的范围内，确保货物质量安全。为此，仓管员每天 9：30 和 13：30 要对仓库的温湿度进行检查和记录，当仓库的温湿度超过客户要求上下限时，仓管员应在一小时内通知上级主管，根据仓库的实际情况采取相应的措施，降低或提高仓库内温湿度。

（3）做好储存货物的防霉腐工作和金属制品的防锈蚀工作。

（4）切实做好虫害防治工作。在仓库各个地面（一般靠墙）放上粘鼠胶，仓管员每天对库房内的粘鼠胶进行检查并记录，对出现问题的粘鼠胶应立即进行清理更换。仓库门窗应全部关闭，防止害虫进入，若门窗一定要长时间打开，必须安装防虫网。在仓库周围的树林沟渠及有可能滋生害虫的地方，每月要喷洒一次杀虫剂，如在库内喷杀虫剂必须保证三米以内无货物，所使用的杀虫剂必须是得到客户认可的。为防止昆虫的食物源，严禁在库内进食。各仓库每周检查白蚁一次，每年在白蚁繁殖期应对仓库建筑物和四周环境全面进行普检以防止蚁患滋生。检查过程中发现白蚁或者其他虫害时，应根据具体情况采取诱杀、药杀、挖巢、毒土等处理。

(5) 认真做好仓库卫生工作。每天要搞一小时卫生，包括：仓库地面清除垃圾、杂物，用鸡毛掸扫去产品上的灰尘。每周要进行一次中扫，包括：用湿的拖把擦地面和地台板，对产品包装上的灰尘进行清除，应尽量以除灰尘为主，避免过于弄湿或污染货物，应用干布或鸡毛掸进行清洁；对仓库内进行清扫，对墙角和天花板上的蜘蛛网进行清除。每月要进行一次大扫，包括：擦洗仓库的门窗及周边管道，对天花板进行清扫，对仓库四周的水渠进行清洗，防止积水和垃圾。清洁时应尽量避免溅湿货物，清洁后溅在货物上的水珠和地面上的积水应尽快擦干。所有清洁工作应在《仓库清洁记录》上记录。

(6) 努力抓好安全防范工作，确保货物、人身及设施安全。人身安全方面：①仓库人员在汽车对位时应防止汽车碰撞建筑物和伤及人员；②装卸人员在搬运、堆放过程中轻拿轻放、安全稳固，防止货物倒塌引起人身伤亡；③正确使用装卸工具，防止事故发生。货物安全方面：①每天检查货物，防止货物发生异变、虫蛀、鼠咬等；②作业完毕后对门窗进行检查，防丢、防盗、防害虫进入、防雨淋和水淹。设备安全方面：①检查电源电路是否处于安全状态；②"以防为主、防消结合"，对消防设施定期检查其有效性和存在的隐患，严格控制火种、火源；③定期对电梯、叉车等进行维修、保养；④禁止无证驾驶。

(7) 按时做好库存盘点工作，保证库存的货物与进仓单所列内容一致，且无混批、残损、短少现象。为此，仓管员每天要一小盘，一方面，抽检库存货物，具体对前一天所进仓的货物进行盘点；另一方面，用仓库货卡与货物核对，对品名代码、批号、数量、库存排位进行复核。每周要一中盘，对仓库所存货物进行盘点，利用仓库货卡与货物复核，检查货物批号、品名代码、库存排位、数量是否与进仓单相符。每月要一大盘，仓管员在每月初的每一个工作日对仓库所有储存货物进行盘点，用统计处代账联与仓库货卡进行复核，并检查货物的品名规格、数量、批号代码、库存位置与代账联、货、卡是否一致，对盘点过程中发现的单货不符、残损、混乱、短少等现象应做好记录并及时上报。每日、每周的盘点只在发现问题时填写《仓库盘点记录表》，其中货物明细项目从货卡上取得；每次月盘点都必须填写《仓库月盘点记录表》，其中成品明细项目由统计处取得，在盘点前填写，作为盘点的依据。仓库统计员应根据仓管员每次盘点的结果对代账联、货卡及电脑储存资料进行复核；仓库主管对每次盘点过程中发生的进仓单与货物及账目不符、混批、短少、残损等责任事故进行分析处理，及时整改。

(8) 加强在库保管养护货物的检查。特殊、贵重货物一天要检查一次，一般货物每周或每月检查一次，并做好检查记录。

(9) 加强货物出库复核工作。为此，公司设复核员，负责货物的出库复核工作。复核员必须逐一对照出库单的单位、品名、规格、批号、产地、数量等项目核对（多批号的应注明每个批号的数量），保证准确无误，质量合格，并办好交接手续；认真做好公司统一复核记录，出库复核记录应保存，复核完一个品种后应在发货单或凭证上签字。

## 三、某仓储公司货物出库管理制度

(1) 按“先进先出、按单发货”的原则出库。

(2) 货物出库必须有符合规定、符合制度、签字齐全的出库单，要严格执行凭出库单发货，无单不发货，内容填写不全不发货，名称不准不发货。

(3) 出库管理员接到发货通知后，应在仓库查看货物品种是否齐全，以备发货。

(4) 出库数量要准确（账面出库数量要和出库单、实际出库数量相符），做到账、货相符。发生问题不能随意更改，应查明原因，是否有漏出库、多出库问题。

(5) 出库货物当面点验、交接清楚，出库后不得退换。

(6) 货物不可以不经出库管理员直接出库，如特殊情况急用，必须经相关领导批准。

(7) 出库后要及时校对物、卡，结清账目，做到账、卡、物相符，并及时清理场地、整理货垛。

# 附录二 仓储主要职业岗位工作职责

## 一、仓库经理岗位工作职责

(1) 制定公司物资最低库存量的申购计划，做到合理库存，不积压资金。

(2) 对公司物资的保管和收发负有重要责任，加强控制、审查各部门领用物资审批手续、数量，严格把关，合理使用物料，降低消耗。

(3) 督促、监督仓管员严格把好物资进仓验收手续。

(4) 切实贯彻物资管理制度，督促部属加强对库存的管理，检查、落实防火、防盗、防虫蛀、防鼠咬、防霉坏等安全措施和卫生措施，保证库存物资的完好无损。

(5) 经常了解各种物资的使用情况，及时提出意见，供公司领导和各使用部门参考。

(6) 定期抽查物品与登记是否物、卡相符，账、卡相符，账、账相符。

(7) 管理好公司的财产物资，属于办公用具或固定资产的物品要专账登记；做好物资的收、发、存、报损等手续，定期进行盘查。

(8) 按制度要求及时填报收、发、存月报表。

(9) 对下属员工的工作素质有培训之责，不断提高部属业务水平和工作能力。

## 二、仓储主管岗位工作职责

(1) 负责安排库房各岗位人员的日常工作，保证货物进出库有序、准确、准时。

(2) 合理安排货位，做到货物码放整洁、清晰、便于操作，确保库容最大化利用。

(3) 通过加强各项管理提高客户的满意度，积极维护与库房相关单位的公共关系，确保突发（或困难）问题的及时、顺利解决。

（4）积极寻找有效方法，提高库房各项资源的利用率，降低单位成本。

（5）积极寻找改善各项操作规程、管理工具的方法，使公司的服务更趋合理完善。

（6）与财务部定期进行对账。

（7）对下属进行必要的岗位知识培训，同时对其工作进行激励及评估。

## 三、入库管理员岗位工作职责

（1）主要负责在货物入库过程中选用搬运工具与调派工作人员，并安排工具使用时段与人员的工作时间、地点、班次等。

（2）制定相应的货物入库管理制度及工作流程。

（3）负责货物的合理及安全存放。

（4）建立货物入库台账，每日进行货物入库记录及统计。

（5）严格按照手续办理货物入库。

（6）对退货及换货货物进行另外统计。

## 四、保管员岗位工作职责

（1）主要负责保管区内货物的保管工作，对保管区内的货物，做到账、卡清楚，账、卡、物相符。

（2）定期清扫保管区，保证保管区内清洁和卫生，无虫害、鼠害。

（3）定期检查保管区内通风设施、照明设施、防雨防潮设施的情况，保持库区内通风、干燥、温湿度适宜。

（4）定期检查保管的货物品种、数量、质量状况，定期或不定期地对保管货物进行盘点，及时掌握保管物资的动态。

（5）严格执行保管区的安全检查，包括消防器材的配备及其有效性，区内电器线路的使用状况是否存在老化、破损等安全隐患。

（6）严格执行保管区内的劳动纪律制度，严禁非保管区人员擅自进入保管区。

## 五、出库管理员岗位工作职责

（1）主要负责货物出库过程中选用搬运工具与调派工作人员，并安排工具使用时段，以及人员的工作时间、地点、班次等。

（2）严格按照出库凭证发放货物，做到卡、账、物相符。

（3）严格对货物进行复查，当出库货物与所载内容不符合时应及时处理，视具体情况，对出库货物进行加工包装或整理。

（4）严格监督货物的装载上车，进行现场指挥管理。

## 六、装卸搬运员岗位工作职责

（1）做好与上一道作业的衔接和配合，保证货物入库和出库的移动和搬运，不发生各种不合理的停顿。

（2）严格按照搬运业务规定进行，搬运货物时做到轻拿轻放，不野蛮搬运和装卸。

（3）根据货物的特性，合理选择和使用搬运作业设备和工具，做好日常维护和保养。

（4）根据特殊货物对搬运作业的要求，做出搬运作业设计，合理安排搬运人员和设备。

（5）加强搬运作业的安全生产管理，不发生各种安全事故。

## 七、理货员岗位工作职责

（1）核对货物品种、数量、规格、等级、型号和重量。

（2）按照凭证拣选货物。

（3）对拣出的货物进行复核。

（4）检验货物的包装、标志，对出库待选的货物进行包装、拼装、改装或加固包装，对经拼装、改装和换装的货物填写装箱单。

（5）在出库货物的外包装上设置收货人的标记。

（6）按货物的运输方式、流向和收货地点将出库货物分类整理、分单集中，填写货物启运单，通知运输部门提货发运。

（7）对货物进行搬运、整理、堆码。

（8）鉴定货运质量，分析货物残损原因，划分运输事故责任。

（9）办理货物交接手续。

## 八、养护员岗位工作职责

（1）主要负责库存货物的养护工作。

（2）把好货物入库关，严格执行货物入库手续，防止不合格品入库。

（3）对入库货物进行合理堆垛苫垫，做到堆垛合理，安全牢固。

（4）掌握库存货物的性能，适当安排储存场所。

（5）加强仓库的温湿度管理，保持货物储存的合理温湿度。

（6）采取适当的措施，防止库存货物的腐蚀和霉变。

（7）对库存的特殊货物，根据其特性要求采取相应的措施，保证货物在库期间数量完整、质量完好。

（8）经常检查库容，保持仓库的卫生和清洁，防止鼠害和病虫害。

（9）经常检查仓库设施设备的运转情况，保证库区的储存条件处于良好的状态。

## 九、设备管理员岗位工作职责

（1）主要负责对仓库使用的各类仓储设施和设备、搬运装卸设施和设备、商品养护设施和设备、运送车辆等进行维护和保养，保证其处于正常使用状态。

（2）制定合理的设备和车辆使用和维护保养计划，执行设备的预防保养制度。

（3）定期检查各种在用的仓储设施设备，及时发现设施设备使用的各种事故隐患，保证生产安全。

(4) 加强技术改造，节约设备的运营费用，降低仓储成本。

(5) 对机械设备操作员进行定期的技术培训。

# 国家物资储备仓库安全保卫办法

## 第一章 总 则

第一条 为加强和规范国家物资储备仓库的安全保卫工作，保障国家储备物资、储备仓库和职工群众的生命及财产安全，依据国家有关法律、法规，制定本办法。

第二条 本办法适用于国家物资储备系统所属的国家物资储备仓库（以下简称储备仓库）。

第三条 储备仓库及其附属设施属安全保卫重点单位和重要部位，任何组织和个人不得以任何方式侵害其安全。

第四条 储备仓库内部安全保卫工作贯彻“预防为主、单位负责、突出重点、保障安全”的方针。

储备仓库内部安全保卫工作应当坚持以人为本，保护职工人身安全。各级单位不得以任何理由忽视职工人身安全。

第五条 储备仓库安全保卫工作的任务是：以防火灾、防抢劫、防盗窃、防爆炸、防破坏、防恐怖活动和突发事件、防治安灾害事故为重点，加强重要部位的守卫和控制，建立健全安全保卫工作制度，落实治安防范措施，严防发生违法犯罪和其他治安问题，确保国家储备物资和储备仓库的安全。

第六条 储备仓库安全保卫工作实行地方政府和上级主管部门双重领导、以地方政府领导为主的体制，接受当地公安机关的指导、监督。国家发展和改革委员会国家物资储备局（以下简称国家局）对系统的安全保卫工作进行指导、监督。储备物资管理局、办事处（以下简称管理局）对所辖储备仓库的安全保卫工作进行管理和监督。

第七条 储备仓库安全保卫工作实行法定代表人负责制。法定代表人是安全保卫工作的第一责任人，通过建立安全保卫责任制，将安全保卫责任落实到各个部门、岗位和人员。

第八条 安全保卫工作第一责任人履行以下职责：

（一）贯彻执行国家有关安全保卫工作的法律、法规和规章；

（二）组织制定和落实安全保卫工作的制度和计划；

（三）组建保卫机构，配备保卫人员；

（四）落实安全保卫工作所需经费和设备；

（五）布置、检查、考核安全保卫工作；

（六）向地方政府和上级主管部门汇报安全保卫工作情况，提出工作建议；

（七）处理内部安全保卫工作的重大问题。

安全保卫工作第一责任人可以指定其他负责人分管安全保卫工作。

第九条　储备仓库应当在地方政府的统一组织下，积极会同政府有关部门与周边村镇、街道、企业、事业单位成立保卫工作联防组织。

第十条　储备仓库应当严格执行国家有关易燃、易爆、危险化学品管理及治安、消防等法律法规和技术标准。

储备仓库应当开展法制和安全防范宣传教育，增强全体人员的法制观念和防范意识。

第十一条　储备仓库应当及时消除安全隐患，化解不安定因素；在当地公安机关指导下制订保卫工作方案和可能发生的恐怖破坏活动及重大突发事件的处置预案，并定期演练；重要部位应当设置安全技术防范设施。

储备仓库新建、扩建、改建项目的安全防护、安全技术防范和消防设施应当与主体工程同时规划、设计、施工，同时验收交付使用。

第十二条　管理局和储备仓库应当设立值班室，24小时值班。对发生的刑事案件、治安案件、治安灾害事故、恐怖破坏活动、突发事件以及存在的重大不安定因素、重大治安隐患，应当及时报告地方政府、公安机关和上级主管部门，并采取相应的救援、控制和处置措施。地方政府、公安机关和上级主管部门接到报告后应当及时予以处理。

第十三条　储备仓库应当严格落实安全检查和隐患整改制度，及时排除隐患。

## 第二章　保卫机构和保卫人员

第十四条　储备仓库应当设置专职保卫机构，配备专职保卫人员，建立治安保卫委员会。

第十五条　保卫人员应当符合国家规定的条件。保卫人员上岗前应当接受有关法律知识和安全保卫业务、技能以及相关专业知识的培训、考核，在岗期间还应当定期接受安全保卫业务培训。

保卫机构的设置和保卫人员的配备、变更情况应当报当地公安机关备案。

保卫机构负责人的任免应当征求上级主管部门和当地公安机关的意见。

第十六条　保卫机构和保卫人员应当遵守法纪、办事公正、讲究文明，严格履行安全保卫职责，积极配合公安机关开展工作。

任何单位和个人不得妨碍保卫机构和保卫人员依法履行职责。保卫机构和保卫人员有权拒绝违反法律规定的指令。

第十七条　储备仓库应当为保卫机构配备安全防护器材、交通和通信工具，按规定为保卫人员发放各类津贴，办理有关保险。

保卫人员因履行职责负伤的，单位应当负责医疗费用；致残或死亡的，依照国家有关工伤保险、评定伤残、评定英烈的规定给予相应的待遇。

## 第三章　守卫工作与设施

第十八条　储备仓库应当组织专职守卫力量开展守卫工作。符合武警部队内卫执勤任务范围规定条件的火炸药储备仓库、油料储备仓库和存有稀贵金属的综合物资储备仓库应当按照国家有关规定申请派驻武警部队进行守卫。

第十九条 储备仓库应当制订守卫方案，指导、监督守卫力量，落实守卫勤务制度，对重要部位采取门卫值班与警戒巡逻相结合的方式进行守卫。由武警部队守卫的储备仓库守卫方案经武警支队和储备仓库批准后，报武警总队和管理局备案；其他储备仓库的守卫方案报管理局备案。

守卫方案应当根据目标内外情况、执勤部署和兵力等变化及时修订，并按前款权限报批。

储备仓库应当按照国家有关规定，在目标警戒控制区域内设置警戒标志，根据情况为守卫力量配备执勤设施、通信设备和交通工具。

第二十条 守卫人员应当严格履行执勤人员职责，遵守执勤纪律，熟悉有关要求，保障目标安全。主要任务是：

（一）负责库区、转运站、作业区的警戒控制，对出入的人员、车辆和所携物品进行检查、验证和登记；

（二）维护警戒区秩序，发现异常情况及时报告并予以处置；

（三）防范、打击敌特和不法分子的破坏和恐怖活动，预防和处置灾害事故；

（四）完成储备仓库的其他安全保卫任务。

第二十一条 储备仓库应当加强对守卫工作的组织、监督和指导，对守卫人员明确特别要求和可能发生情况的处置办法，根据情况及时提出守卫方案的修订意见。

## 第四章 安全技术防范设施

第二十二条 储备仓库应当按照国家有关规定划定风险等级，设置安全技术防范设施。

第二十三条 储备仓库的安全技术防范工程建设应当符合国家有关规定。

储备仓库应当加强对安全技术防范设施的检查、维护和保养，搞好值班操作人员的技术培训，确保设备设施正常运行。

第二十四条 安全技术防范工程的报警中心控制室应当设专人 24 小时值班，并与当地公安机关建立通信联络。图像与报警信息应当与保卫部门或者守卫分队的值班室连通。

发生报警时值班人员应当认真复核，遇有情况应当及时汇报和通知有关部门进行处置，并做好情况记录

## 第五章 消防安全

第二十五条 储备仓库的消防工作应当遵守国家有关规定，落实消防安全制度。

第二十六条 储备仓库应当成立消防安全领导小组，建立专职或者义务消防队伍，履行消防安全职责。

专职消防队的建设应当参照国家规定的城市消防站建设标准，在当地公安消防机构的指导下进行。专职消防队员可由本单位职工或者合同制工人担任，应当符合国家规定的条件，并通过有关部门组织的专业培训。

储备仓库应当根据国家规定，为专职消防队员发放补助费。

第二十七条　储备仓库消防设施的设计、施工应当符合国家工程技术标准，消防车辆、器材和消防安全标志应当符合规范要求，并按规定进行检查和维护保养，保证性能完好。

新建、改建、扩建项目的消防设计，应当按照国家工程建设消防技术标准进行，并报公安消防机构审核。未经审核或者审核不合格的，建设单位不得施工。项目竣工时须经公安消防机构进行消防验收，未经验收或者验收不合格的不得投入使用。

第二十八条　储备仓库应当通过多种形式开展经常性的消防安全宣传教育，每年对全体人员至少进行一次消防安全培训，对新上岗和进入新岗位的人员应当进行上岗前消防安全培训。

管理局应当组织或者协助有关部门对下列人员进行消防安全专门培训：单位的消防安全责任人；消防安全管理人员；消防控制室的值班、操作人员。

第二十九条　储备仓库的库区、转运站、作业区及其他重要部位属消防安全重点部位，应当严格执行有关规定和技术标准。

（一）消防安全重点部位应当设置明显的防火标志牌，配备灭火器材；

（二）消防安全重点部位的电气、照明、通信、防雷、消防设施及作业工具，应当符合国家有关规定的要求；

（三）库区、转运站、作业区及其周界外50米范围内严禁烟火和燃放烟花爆竹。火炸药储备仓库的地下库洞口及覆土库周围应当按照设计规范的要求设置防火隔离带。油料储备仓库的洞库、覆土库的计量孔、呼吸阀（透气孔）周围及地面罐的防护堤内应当符合隔火要求；

地处防火重点地区的储备仓库，应当按照地方政府的有关规定设置周界防火隔离带；

（四）库区、作业区、转运站及其他存有易燃易爆危险品的场所严禁使用明火和一切可能产生明火的操作；

因施工作业确需动火时，动火单位和人员应当按照单位的用火管理制度办理审批手续，并在落实现场监护人，确认无火灾、无爆炸危险后方可实施。动火施工人员应当遵守消防安全规定，落实相应的消防安全措施；

上述区域内设置的守卫人员生活点，应当划定用火范围并有隔离设施；

（五）储备仓库应当依照国家有关规定和储存物品的火灾危险程度分类标准的要求分类存放物资，设置防火间距和消防通道，正确使用作业工具和设备。

## 第六章　重要部位的管理

第三十条　储备仓库的库区、转运站、作业区为安全保卫重要部位。

第三十一条　重要部位及其外部安全距离内，严禁烧荒、爆破、打猎、射击及其他影响安全的活动。

重要部位及其附属设施的外部安全距离按照国家规定和有关标准执行。

第三十二条　重要部位的工作人员应当经过严格审查，符合规定的条件。凡不宜在重要部位工作的人员不得安排在重要部位。

第三十三条　重要部位应当严格执行国家有关的管理规定和行业标准，未经允许任何人员不得擅自进入。

重要部位应当设置醒目的警示标志，配备必要的防护设施。防护设施应当具备防火、防盗、防爆炸、防破坏功能。

进入重要部位的人员、车辆应当接受门卫值班人员的检查，不得携带火种及易燃易爆危险品。进入易燃易爆场所和运输易燃易爆危险品的车辆，应当符合国家规定的技术要求。

凡携带物品离开重要部位的人员、车辆，应当出具有效证明，交门卫值班人员查验。

重要部位不得进行与工作无关的摄影、摄像、测绘等活动，确因工作需要的应当经管理局批准。

重要部位施工作业时，应当严格执行国家局关于仓库改造期间安全管理的有关要求。

第三十四条　储备仓库的库房（罐室）应当按规定设置门锁，严格执行门锁钥匙管理规定。

存有稀贵金属和易燃易爆危险品的库房（罐室）应当实行双人管理制度，进入人员应当按规定登记、着装和使用工具设备。任何人员不得单独进入和滞留，无关人员严禁入内。

## 第七章　公务用枪的管理

第三十五条　储备仓库枪支管理使用工作应当严格遵守国家有关规定，并自觉接受公安机关的监督、检查。

第三十六条　储备仓库为专职守护押运人员申请持枪证件，应当凭管理局的批准文件和对专职守护押运人员的审查意见等材料，报公安机关主管部门办理。

储备仓库购置枪支、子弹，应当向县级公安机关申报。

第三十七条　配备公务用枪的专职守护押运人员应当符合并严格遵守国家有关枪支使用管理的规定。专职守护押运人员因工作需要携带使用枪支的，应当报经管理局审查批准，并携带持枪证件。

执行守护任务的人员不得携带枪弹离开警戒区域，执行押运任务的人员完成任务后应当及时交还所携枪支。

第三十八条　县级公安机关应当对储备仓库执行枪支管理制度的情况进行监督和定期检查。县级公安机关每半年应当向上一级公安机关报告储备仓库枪支管理情况，地（市）级及省级公安机关每年年初要向上一级公安机关报告储备仓库上年枪支管理情况。

## 第八章　附　则

第三十九条　各储备仓库应当按照安全管理目标责任制的要求，每半年对安全保卫工作目标执行情况进行考评，年终进行考核与总评。对安全保卫工作成绩突出的单位和个人应当给予表彰和奖励；对因违反规定造成事故和隐患的单位和个人给予处罚；构成犯罪的，依法追究刑事责任。

第四十条　储备仓库的负责人及其有关人员因违反本规定造成事故及人员伤害和财产损失的，视情节给予处罚；构成犯罪的，依法追究刑事责任。

第四十一条　本办法由国家发展和改革委员会与公安部负责解释。

国家物资储备局、各储备物资管理局应当依照本办法制定实施细则。

第四十二条　本办法自2004年10月1日起施行。

# 危险化学品安全管理条例（2011年修订节录）

## 第一章　总　则

第一条　为了加强危险化学品的安全管理，预防和减少危险化学品事故，保障人民群众生命财产安全，保护环境，制定本条例。

第二条　危险化学品生产、储存、使用、经营和运输的安全管理，适用本条例。

废弃危险化学品的处置，依照有关环境保护的法律、行政法规和国家有关规定执行。

第三条　本条例所称危险化学品，是指具有毒害、腐蚀、爆炸、燃烧、助燃等性质，对人体、设施、环境具有危害的剧毒化学品和其他化学品。

危险化学品目录，由国务院安全生产监督管理部门会同国务院工业和信息化、公安、环境保护、卫生、质量监督检验检疫、交通运输、铁路、民用航空、农业主管部门，根据化学品危险特性的鉴别和分类标准确定、公布，并适时调整。

第四条　危险化学品安全管理，应当坚持安全第一、预防为主、综合治理的方针，强化和落实企业的主体责任。

生产、储存、使用、经营、运输危险化学品的单位（以下统称危险化学品单位）的主要负责人对本单位的危险化学品安全管理工作全面负责。

危险化学品单位应当具备法律、行政法规规定和国家标准、行业标准要求的安全条件，建立健全安全管理规章制度和岗位安全责任制度，对从业人员进行安全教育、法制教育和岗位技术培训。从业人员应当接受教育和培训，考核合格后上岗作业；对有资格要求的岗位，应当配备依法取得相应资格的人员。

第五条　任何单位和个人不得生产、经营、使用国家禁止生产、经营、使用的危险化学品。

国家对危险化学品的使用有限制性规定的，任何单位和个人不得违反限制性规定使用危险化学品。

第六条　对危险化学品的生产、储存、使用、经营、运输实施安全监督管理的有关部门（以下统称负有危险化学品安全监督管理职责的部门），依照下列规定履行职责：

（一）安全生产监督管理部门负责危险化学品安全监督管理综合工作，组织确定、公布、调整危险化学品目录，对新建、改建、扩建生产、储存危险化学品（包括使用长输管道输送危险化学品，下同）的建设项目进行安全条件审查，核发危险化学品安全生产许可证、危险化学品安全使用许可证和危险化学品经营许可证，并负责危险化学品登记工作。

（二）公安机关负责危险化学品的公共安全管理，核发剧毒化学品购买许可证、剧毒化学品道路运输通行证，并负责危险化学品运输车辆的道路交通安全管理。

（三）质量监督检验检疫部门负责核发危险化学品及其包装物、容器（不包括储存危险化学品的固定式大型储罐，下同）生产企业的工业产品生产许可证，并依法对其产品质量实施监督，负责对进出口危险化学品及其包装实施检验。

（四）环境保护主管部门负责废弃危险化学品处置的监督管理，组织危险化学品的环境危害性鉴定和环境风险程度评估，确定实施重点环境管理的危险化学品，负责危险化学品环境管理登记和新化学物质环境管理登记；依照职责分工调查相关危险化学品环境污染事故和生态破坏事件，负责危险化学品事故现场的应急环境监测。

（五）交通运输主管部门负责危险化学品道路运输、水路运输的许可以及运输工具的安全管理，对危险化学品水路运输安全实施监督，负责危险化学品道路运输企业、水路运输企业驾驶人员、船员、装卸管理人员、押运人员、申报人员、集装箱装箱现场检查员的资格认定。铁路主管部门负责危险化学品铁路运输的安全管理，负责危险化学品铁路运输承运人、托运人的资质审批及其运输工具的安全管理。民用航空主管部门负责危险化学品航空运输以及航空运输企业及其运输工具的安全管理。

（六）卫生主管部门负责危险化学品毒性鉴定的管理，负责组织、协调危险化学品事故受伤人员的医疗卫生救援工作。

（七）工商行政管理部门依据有关部门的许可证件，核发危险化学品生产、储存、经营、运输企业营业执照，查处危险化学品经营企业违法采购危险化学品的行为。

（八）邮政管理部门负责依法查处寄递危险化学品的行为。

第七条　负有危险化学品安全监督管理职责的部门依法进行监督检查，可以采取下列措施：

（一）进入危险化学品作业场所实施现场检查，向有关单位和人员了解情况，查阅、复制有关文件、资料；

（二）发现危险化学品事故隐患，责令立即消除或者限期消除；

（三）对不符合法律、行政法规、规章规定或者国家标准、行业标准要求的设施、设备、装置、器材、运输工具，责令立即停止使用；

（四）经本部门主要负责人批准，查封违法生产、储存、使用、经营危险化学品的场所，扣押违法生产、储存、使用、经营、运输的危险化学品以及用于违法生产、使用、运输危险化学品的原材料、设备、运输工具；

（五）发现影响危险化学品安全的违法行为，当场予以纠正或者责令限期改正。

负有危险化学品安全监督管理职责的部门依法进行监督检查，监督检查人员不得少于2人，并应当出示执法证件；有关单位和个人对依法进行的监督检查应当予以配合，不得拒绝、阻碍。

第八条　县级以上人民政府应当建立危险化学品安全监督管理工作协调机制，支持、督促负有危险化学品安全监督管理职责的部门依法履行职责，协调、解决危险化学品安全监督管理工作中的重大问题。

负有危险化学品安全监督管理职责的部门应当相互配合、密切协作，依法加强对危险化学品的安全监督管理。

第九条　任何单位和个人对违反本条例规定的行为，有权向负有危险化学品安全监督管理职责的部门举报。负有危险化学品安全监督管理职责的部门接到举报，应当及时依法处理；对不属于本部门职责的，应当及时移送有关部门处理。

第十条　国家鼓励危险化学品生产企业和使用危险化学品从事生产的企业采用有利于提高安全保障水平的先进技术、工艺、设备以及自动控制系统，鼓励对危险化学品实行专门储存、统一配送、集中销售。

## 第二章　生产、储存安全

第十一条　国家对危险化学品的生产、储存实行统筹规划、合理布局。

国务院工业和信息化主管部门以及国务院其他有关部门依据各自职责，负责危险化学品生产、储存的行业规划和布局。

地方人民政府组织编制城乡规划，应当根据本地区的实际情况，按照确保安全的原则，规划适当区域专门用于危险化学品的生产、储存。

第十二条　新建、改建、扩建生产、储存危险化学品的建设项目（以下简称建设项目），应当由安全生产监督管理部门进行安全条件审查。

建设单位应当对建设项目进行安全条件论证，委托具备国家规定的资质条件的机构对建设项目进行安全评价，并将安全条件论证和安全评价的情况报告报建设项目所在地设区的市级以上人民政府安全生产监督管理部门；安全生产监督管理部门应当自收到报告之日起 45 日内做出审查决定，并书面通知建设单位。具体办法由国务院安全生产监督管理部门制定。

新建、改建、扩建储存、装卸危险化学品的港口建设项目，由港口行政管理部门按照国务院交通运输主管部门的规定进行安全条件审查。

第十三条　生产、储存危险化学品的单位，应当对其铺设的危险化学品管道设置明显标志，并对危险化学品管道定期检查、检测。

进行可能危及危险化学品管道安全的施工作业，施工单位应当在开工的 7 日前书面通知管道所属单位，并与管道所属单位共同制订应急预案，采取相应的安全防护措施。管道所属单位应当指派专门人员到现场进行管道安全保护指导。

第十四条　危险化学品生产企业进行生产前，应当依照《安全生产许可证条例》的规定，取得危险化学品安全生产许可证。

生产列入国家实行生产许可证制度的工业产品目录的危险化学品的企业，应当依照《中华人民共和国工业产品生产许可证管理条例》的规定，取得工业产品生产许可证。

负责颁发危险化学品安全生产许可证、工业产品生产许可证的部门，应当将其颁发许可证的情况及时向同级工业和信息化主管部门、环境保护主管部门和公安机关通报。

第十五条 危险化学品生产企业应当提供与其生产的危险化学品相符的化学品安全技术说明书，并在危险化学品包装（包括外包装件）上粘贴或者拴挂与包装内危险化学品相符的化学品安全标签。化学品安全技术说明书和化学品安全标签所载明的内容应当符合国家标准的要求。

危险化学品生产企业发现其生产的危险化学品有新的危险特性的，应当立即公告，并及时修订其化学品安全技术说明书和化学品安全标签。

第十六条 生产实施重点环境管理的危险化学品的企业，应当按照国务院环境保护主管部门的规定，将该危险化学品向环境中释放等相关信息向环境保护主管部门报告。环境保护主管部门可以根据情况采取相应的环境风险控制措施。

第十七条 危险化学品的包装应当符合法律、行政法规、规章的规定以及国家标准、行业标准的要求。

危险化学品包装物、容器的材质以及危险化学品包装的形式、规格、方法和单件质量（重量），应当与所包装的危险化学品的性质和用途相适应。

第十八条 生产列入国家实行生产许可证制度的工业产品目录的危险化学品包装物、容器的企业，应当依照《中华人民共和国工业产品生产许可证管理条例》的规定，取得工业产品生产许可证；其生产的危险化学品包装物、容器经国务院质量监督检验检疫部门认定的检验机构检验合格，方可出厂销售。

运输危险化学品的船舶及其配载的容器，应当按照国家船舶检验规范进行生产，并经海事管理机构认定的船舶检验机构检验合格，方可投入使用。

对重复使用的危险化学品包装物、容器，使用单位在重复使用前应当进行检查；发现存在安全隐患的，应当维修或者更换。使用单位应当对检查情况做出记录，记录的保存期限不得少于2年。

第十九条 危险化学品生产装置或者储存数量构成重大危险源的危险化学品储存设施（运输工具加油站、加气站除外），与下列场所、设施、区域的距离应当符合国家有关规定：

（一）居住区以及商业中心、公园等人员密集场所；

（二）学校、医院、影剧院、体育场（馆）等公共设施；

（三）饮用水源、水厂以及水源保护区；

（四）车站、码头（依法经许可从事危险化学品装卸作业的除外）、机场以及通信干线、通信枢纽、铁路线路、道路交通干线、水路交通干线、地铁风亭以及地铁站出入口；

（五）基本农田保护区、基本草原、畜禽遗传资源保护区、畜禽规模化养殖场（养殖小区）、渔业水域以及种子、种畜禽、水产苗种生产基地；

（六）河流、湖泊、风景名胜区、自然保护区；

（七）军事禁区、军事管理区；

（八）法律、行政法规规定的其他场所、设施、区域。

已建的危险化学品生产装置或者储存数量构成重大危险源的危险化学品储存设施不

符合前款规定的，由所在地设区的市级人民政府安全生产监督管理部门会同有关部门监督其所属单位在规定期限内进行整改；需要转产、停产、搬迁、关闭的，由本级人民政府决定并组织实施。

储存数量构成重大危险源的危险化学品储存设施的选址，应当避开地震活动断层和容易发生洪灾、地质灾害的区域。

本条例所称重大危险源，是指生产、储存、使用或者搬运危险化学品，且危险化学品的数量等于或者超过临界量的单元（包括场所和设施）。

第二十条　生产、储存危险化学品的单位，应当根据其生产、储存的危险化学品的种类和危险特性，在作业场所设置相应的监测、监控、通风、防晒、调温、防火、灭火、防爆、泄压、防毒、中和、防潮、防雷、防静电、防腐、防泄漏以及防护围堤或者隔离操作等安全设施、设备，并按照国家标准、行业标准或者国家有关规定对安全设施、设备进行经常性维护、保养，保证安全设施、设备的正常使用。

生产、储存危险化学品的单位，应当在其作业场所和安全设施、设备上设置明显的安全警示标志。

第二十一条　生产、储存危险化学品的单位，应当在其作业场所设置通信、报警装置，并保证处于适用状态。

第二十二条　生产、储存危险化学品的企业，应当委托具备国家规定的资质条件的机构，对本企业的安全生产条件每3年进行一次安全评价，提出安全评价报告。安全评价报告的内容应当包括对安全生产条件存在的问题进行整改的方案。

生产、储存危险化学品的企业，应当将安全评价报告以及整改方案的落实情况报所在地县级人民政府安全生产监督管理部门备案。在港区内储存危险化学品的企业，应当将安全评价报告以及整改方案的落实情况报港口行政管理部门备案。

第二十三条　生产、储存剧毒化学品或者国务院公安部门规定的可用于制造爆炸物品的危险化学品（以下简称易制爆危险化学品）的单位，应当如实记录其生产、储存的剧毒化学品、易制爆危险化学品的数量、流向，并采取必要的安全防范措施，防止剧毒化学品、易制爆危险化学品丢失或者被盗；发现剧毒化学品、易制爆危险化学品丢失或者被盗的，应当立即向当地公安机关报告。

生产、储存剧毒化学品、易制爆危险化学品的单位，应当设置治安保卫机构，配备专职治安保卫人员。

第二十四条　危险化学品应当储存在专用仓库、专用场地或者专用储存室（以下统称专用仓库）内，并由专人负责管理；剧毒化学品以及储存数量构成重大危险源的其他危险化学品，应当在专用仓库内单独存放，并实行双人收发、双人保管制度。

危险化学品的储存方式、方法以及储存数量应当符合国家标准或者国家有关规定。

第二十五条　储存危险化学品的单位应当建立危险化学品出入库核查、登记制度。

对剧毒化学品以及储存数量构成重大危险源的其他危险化学品，储存单位应当将其储存数量、储存地点以及管理人员的情况报所在地县级人民政府安全生产监督管理部门（在港区内储存的，报港口行政管理部门）和公安机关备案。

第二十六条　危险化学品专用仓库应当符合国家标准、行业标准的要求，并设置明显的标志。储存剧毒化学品、易制爆危险化学品的专用仓库，应当按照国家有关规定设置相应的技术防范设施。

储存危险化学品的单位应当对其危险化学品专用仓库的安全设施、设备定期进行检测、检验。

第二十七条 生产、储存危险化学品的单位转产、停产、停业或者解散的，应当采取有效措施，及时、妥善处置其危险化学品生产装置、储存设施以及库存的危险化学品，不得丢弃危险化学品；处置方案应当报所在地县级人民政府安全生产监督管理部门、工业和信息化主管部门、环境保护主管部门和公安机关备案。安全生产监督管理部门应当会同环境保护主管部门和公安机关对处置情况进行监督检查，发现未依照规定处置的，应当责令其立即处置。

## 第六章 危险化学品登记与事故应急救援

第六十六条 国家实行危险化学品登记制度，为危险化学品安全管理以及危险化学品事故预防和应急救援提供技术、信息支持。

第六十七条 危险化学品生产企业、进口企业，应当向国务院安全生产监督管理部门负责危险化学品登记的机构（以下简称危险化学品登记机构）办理危险化学品登记。

危险化学品登记包括下列内容：

（一）分类和标签信息；

（二）物理、化学性质；

（三）主要用途；

（四）危险特性；

（五）储存、使用、运输的安全要求；

（六）出现危险情况的应急处置措施。

对同一企业生产、进口的同一品种的危险化学品，不进行重复登记。危险化学品生产企业、进口企业发现其生产、进口的危险化学品有新的危险特性的，应当及时向危险化学品登记机构办理登记内容变更手续。

危险化学品登记的具体办法由国务院安全生产监督管理部门制定。

第六十八条 危险化学品登记机构应当定期向工业和信息化、环境保护、公安、卫生、交通运输、铁路、质量监督检验检疫等部门提供危险化学品登记的有关信息和资料。

第六十九条 县级以上地方人民政府安全生产监督管理部门应当会同工业和信息化、环境保护、公安、卫生、交通运输、铁路、质量监督检验检疫等部门，根据本地区实际情况，制订危险化学品事故应急预案，报本级人民政府批准。

第七十条 危险化学品单位应当制订本单位危险化学品事故应急预案，配备应急救援人员和必要的应急救援器材、设备，并定期组织应急救援演练。

危险化学品单位应当将其危险化学品事故应急预案报所在地设区的市级人民政府安全生产监督管理部门备案。

第七十一条 发生危险化学品事故，事故单位主要负责人应当立即按照本单位危险化学品应急预案组织救援，并向当地安全生产监督管理部门和环境保护、公安、卫生主管部门报告；道路运输、水路运输过程中发生危险化学品事故的，驾驶人员、船员或者押运人员还应当向事故发生地交通运输主管部门报告。

第七十二条　发生危险化学品事故，有关地方人民政府应当立即组织安全生产监督管理、环境保护、公安、卫生、交通运输等有关部门，按照本地区危险化学品事故应急预案组织实施救援，不得拖延、推诿。

有关地方人民政府及其有关部门应当按照下列规定，采取必要的应急处置措施，减少事故损失，防止事故蔓延、扩大：

（一）立即组织营救和救治受害人员，疏散、撤离或者采取其他措施保护危害区域内的其他人员；

（二）迅速控制危害源，测定危险化学品的性质、事故的危害区域及危害程度；

（三）针对事故对人体、动植物、土壤、水源、大气造成的现实危害和可能产生的危害，迅速采取封闭、隔离、洗消等措施；

（四）对危险化学品事故造成的环境污染和生态破坏状况进行监测、评估，并采取相应的环境污染治理和生态修复措施。

第七十三条　有关危险化学品单位应当为危险化学品事故应急救援提供技术指导和必要的协助。

第七十四条　危险化学品事故造成环境污染的，由设区的市级以上人民政府环境保护主管部门统一发布有关信息。

# 参考文献

[1] 李志勇．仓储物流实训任务书[M]．北京:北京理工大学出版社,2011.
[2] 李万秋．仓储管理[M]．北京:高等教育出版社,2005.
[3] 梅艺华,吴辉,李海波．仓储管理实务[M]．北京:北京理工大学出版社,2010.
[4] 全琳琛．物流管理工作[M]．北京:人民邮电出版社,2008.
[5] 孙秋高．仓储管理实务[M]．上海:同济大学出版社,2007.
[6] 邬星根．仓储与配送管理[M]．上海:复旦大学出版社,2009.
[7] 牛艳莉,杨力．仓储管理实务[M]．天津:南开大学出版社,2009.
[8] 沈瑞山．仓储管理实务[M]．北京:中国人民大学出版社,2011.
[9] 李念．仓储与配送管理[M]．大连:东北财经大学出版社,2005.
[10] 田源．仓储管理[M]．北京:机械工业出版社,2005.
[11] 朱新民．物流设施与设备管理[M]．北京:清华大学出版社,2007.
[12] 周云霞．仓储管理实务[M]．北京:电子工业出版社,2008.
[13] 王金萍．物流设施与设备管理[M]．大连:东北财经大学出版社,2006.
[14] 黄中鼎．仓储管理实务[M]．武汉:华中科技大学出版社,2009.
[15] 钱芝网．仓储管理实务[M]．北京:电子工业出版社,2012.
[16] 王瑜．仓储管理实务[M]．北京:清华大学出版社,北京交通大学出版社,2011.
[17] 张卓远等．仓储管理实务[M]．北京:航空工业出版社,2012.